培根固本 铸魂育人

——四川大学课程思政探索与实践

主 编／张红伟

副主编／兰利琼

Cultivating Integrity and
Noble Character:
Exploration and Practice on Ideological and Political Education in Sichuan University

四川大学出版社
SICHUAN UNIVERSITY PRESS

图书在版编目（CIP）数据

培根固本　铸魂育人：四川大学课程思政探索与实践 / 张红伟主编 . — 成都：四川大学出版社，2022.7
ISBN 978-7-5690-5282-4

Ⅰ . ①培… Ⅱ . ①张… Ⅲ . ①高等学校－思想政治教育－教学研究－中国 Ⅳ . ① G641

中国版本图书馆 CIP 数据核字（2022）第 000001 号

书　　名：培根固本 铸魂育人——四川大学课程思政探索与实践
　　　　　Peigen Guben Zhuhun Yuren——Sichuan Daxue Kecheng Sizheng Tansuo yu Shijian
主　　编：张红伟
副 主 编：兰利琼

选题策划：曾益峰　李金兰
责任编辑：李金兰
责任校对：廖苾峰
装帧设计：墨创文化
责任印制：王　炜

出版发行：四川大学出版社有限责任公司
　　　　　地址：成都市一环路南一段 24 号（610065）
　　　　　电话：（028）85408311（发行部）、85400276（总编室）
　　　　　电子邮箱：scupress@vip.163.com
　　　　　网址：https://press.scu.edu.cn
印前制作：四川胜翔数码印务设计有限公司
印刷装订：四川五洲彩印有限责任公司

成品尺寸：170 mm×240 mm
印　　张：24.25
字　　数：411 千字

版　　次：2022 年 8 月　第 1 版
印　　次：2022 年 8 月　第 1 次印刷
定　　价：69.00 元

本社图书如有印装质量问题，请联系发行部调换

四川大学出版社
微信公众号

编写说明

长期以来，四川大学始终以习近平总书记关于教育的重要论述为根本遵循，坚守教书育人初心，以立德树人为立身之本，以提高人才培养质量为生命线，持续全面推进思想政治教育融入教育教学各环节，坚持以社会主义核心价值观统领人才培养全过程、全课程，形成了全员、全程、全方位育人的大思政格局。

《培根固本 铸魂育人——四川大学课程思政探索与实践》汇集了四川大学近年来课程思政建设的理论研究和教育实践成果，结合各学科专业和各门课程的特点，探讨了如何有效挖掘思政元素，创新课程思政教学模式及方法，使课程思政真正实现盐溶于水、润物无声。

本书由四川大学教务处组织编写。张红伟担任主编，负责选题策划和统稿工作；兰利琼担任副主编，负责栏目策划和稿件遴选工作；李晶莹、蒋明霞和卿培亮也参与了全书的编写和出版工作。

目 录

| 理论探索 |

| 育人模式创新 |

| 课程思政实践 |

体系与保障

理论探索

海纳百川 1896
有容乃大

SICHUAN
UNIVERSITY

新时代高校学生思想政治教育模式创新研究

李佐红

（四川大学经济学院）

【摘要】目前，我国高校思想政治教育出现了教学方式陈旧、课程内容抽象、队伍建设落后等问题，同时面临信息爆炸等挑战，亟待革新。高校思政教育模式创新应当把握教育内容的革新与扩充、教育队伍的建设与培养和教学形式的丰富与发展三个着力点，通过创新教育理念、充实教育内容和更新教学形式三个方面具体落实。

【关键词】新时代；思政教育；模式创新；方法创新

一、前言

习近平总书记指出："中华民族伟大复兴的中国梦，终将在一代代青年的接力奋斗中变为现实。"为此，我们要全面贯彻党的教育方针，实施全面育人方针，培养综合素质高、全方位发展的社会主义建设者和接班人，从而为夺取新时代中国特色社会主义伟大胜利奠定基础。

我国高校是党领导下的高校，是中国特色社会主义高校，肩负着为党育人、为国育才的重大职责使命。而高校学生是十分宝贵的人才资源，是民族的希望，是祖国的未来。习近平总书记在全国高校思想政治工作会议上强调，"要把思想政治工作贯穿教育教学全过程，开创我国高等教育事业发展新局面。"思想政治教育工作不仅能传道授业解惑，更能引导学生树立正确的三观，是立德树人的关键环节。高校通过加强学生思想政治教育工作，提高学生的思想政治素质，才能使学生坚定理想，志存高远，投身于新时代的建设中，为中国梦建设添砖加瓦。

二、当前高校思政教育的现状、机遇与挑战

我们党历来高度重视高校思想政治工作，探索形成了一系列基本方针原则和工作遵循。近年来，高校在思想政治教育领域取得了一系列卓越成绩，培养了一批有理想、有信念、有作为、有担当的优秀人才。但目前，我国思想政治教育还存在着一些问题亟待解决：在教学方法上，还沿用传统的"灌输式"教学模式与方法，以成绩为导向，忽视了大学生的个性需求与主体地位；在课程内容上，理论性极强且内容抽象，缺乏现实意义与实践，没有体现新时代的特征；在队伍建设上，个别思想政治教育工作者没有加强学习，授课内容与方式一成不变，无法顺应时代潮流与时俱进。

以上问题造成高校学生的获得感较弱，难以有效地将理论知识转化为内在素养，高校思想政治教育的效果大打折扣。而当下新时代呈现出的一些特征，更是给高校思想政治工作带来了诸多挑战，但只要能做到顺势而为、因势而动，便能够将挑战化为机遇，迎来思想政治教育的改革春潮。

三、高校思政教育模式创新的着力点

《关于加强和改进新形势下高校思想政治工作的意见》指出，加强和改进高校思想政治工作，事关办什么样的大学、怎样办大学的根本问题，事关党对高校的领导，事关中国特色社会主义事业后继有人，是一项重大的政治任务和战略工程。新时代，如何顺应时代发展的潮流与趋势，解决高校思想政治工作中显现的问题，培育出一批学术底蕴扎实、思想素质过硬的当代大学生，显得尤为重要。因此，高校要秉承主体性、创造性、系统性、可操作性等原则，对思想政治课堂教学模式进行改革创新。

（一）教育内容的革新与扩充

新时代，高校思想政治教育工作要坚持以习近平新时代中国特

色社会主义思想为指导，全面贯彻党的十九大和十九届历次全会精神，增强"四个意识"、坚定"四个自信"、做到"两个维护"，紧紧围绕统筹推进"五位一体"总体布局和协调推进"四个全面"战略布局，坚持稳中求进工作总基调，围绕巩固马克思主义在意识形态领域的指导地位、巩固全党全国人民团结奋斗的共同思想基础这一根本任务，自觉承担起举旗帜、聚民心、育新人、兴文化、展形象的职责使命，把思想政治工作作为治党治国的重要方式，着力固根基、扬优势、补短板、强弱项，提高科学化规范化制度化水平，充分调动一切积极因素，为巩固和发展中国特色社会主义制度服务，为改革开放和社会主义现代化建设服务。高校思想政治教育工作应坚持遵循教育规律、思想政治工作规律、学生成长规律，把握师生思想特点和发展需求，注重理论教育和实践活动相结合、普遍要求和分类指导相结合，提高工作科学化精细化水平。例如，根据学生的发展需求，开设心理健康、两性教育、传统文化等课程。此外，中共中央、国务院印发的《关于加强和改进新形势下高校思想政治工作的意见》中指出，"坚持全员全过程全方位育人。把思想价值引领贯穿教育教学全过程和各环节，形成教书育人、科研育人、实践育人、管理育人、服务育人、文化育人、组织育人长效机制"。高校的思想政治教育工作，不能只在思想政治教育课堂进行，也不能只依靠专门的思想政治教育队伍来开展。要打破"专人思政"的局面，破除思政课与专业课、通识课的隔阂，将思想政治教育融入课程体系中，让每位老师都承担起立德树人的责任，让每门课都能起到思想政治教育作用，将"思政课程"转化为"课程思政"，构造全课程、全方位、全人员的大思政教育体系。

（二）教师队伍的建设与培养

高校思想政治教师人才队伍是我国高等教育事业的主力军，是教育模式创新的实施者，因而要保持先进性。要保证教师队伍的先进性，首先需要高校思想政治教育工作者树立"以人为本"的教学理念。思想政治教育工作本质上是人的工作，事关学生的学习、生活、工作等各方面，思政教师要尊重学生，掌握新时代学生的心理需求与根本需要，从学生实际出发，对其进行关心引导，才能将其培养为德才兼备的人才。其次，优秀的思想政治教育工作者应具备开放的思想与广阔的视野，不故步自封，不随波逐流，积极学习先进的教学经验，不断提高教学水平、完善教学方法。最后，思想政治教育工作者要注重提升创新素质，要能熟练运用新媒体等工具，根据学生特点，结合时事热点话题，创新教学内容及授课方式，以带有个人特色的课堂风格进行教学，而不是千篇一律的照本宣科。

（三）教学形式的丰富与发展

传统的思想政治教育课程内容理论性强，通常采用"灌输式"的教育方式，个别高校学生感到枯燥无味。要使思想政治教育入脑入心，高校思想政治教育工作者在教学过程中，就要结合高校学生的心理需求丰富教学形式。照本宣科、注重理论的教学形式是枯燥无趣的，自然不能引人关注，更别提入耳、入脑、入心。根本而言，思想政治教育要尊重学生的主体地位，结合学生实际，创造出与时代特点紧密结合的教学形式，引导学生主动融入课堂。

四、高校思政教育模式创新方法

当代大学生的思想素质、道德水准的高低，将会对实现中华民族伟大复兴的"中国梦"有着重要影响。因此，高校思想政治教育模式的创新是高校实现立德树人这一教育根本任务的必然选择。

（一）创新高校思政的教育理念

教育理念的革新是创新高校思政教育工作模式的重要前提。具体来说，一是构建完整的育才理念，以社会主义核心价值观为主线，将新媒体与现实的思政工作深度融合，串联起家庭、社会和学校三个主体，形成"海纳百川"的思政教育理念。二是借鉴学习先进教学模式的同时，将其先进的教学理念转化为具有高校思政教育特色的教学理念。

（二）充实高校思政的教育内容

高校思政教育的内容要紧跟潮流，与时俱进。一是要在实际课堂教学中，利用影、音、图、文等媒介，结合时事热点，将课本中深奥的理论转化为通俗易懂的实例，并通过开展小组讨论、课堂展示等活动，助力学生理解消化；二是要重视传媒的作用，通过广播、电视、微博、微信等传递社会正能量，积极宣传思想政治教育内容，对课堂教育的内容进行延伸，利用新媒体可视化高、覆盖面广、交互性强等特点达到潜移默化的效果；三是要摒弃单纯以理论知识为学习目标的观念，倡导知行合一，打造第二课堂，鼓励学生走出课堂开展实践活动，将所学知识内化于心、外化于行，促进理论与实践的融会贯通。

（三）更新高校思政的教学形式

教学形式是教学内容的表现形式，更是教学内容的延伸与拓展。

一是融入互联网思维。考虑借助网络数据，通过发放问卷调查、分析网络行为等方式，进行舆情监控与分析，在思想政治、心理健康、热点评价等方面进行持续跟踪与数据分析，把握学生的最新思想动态。依托微信、微博等打造一批校园云媒体，引导主流舆论，与学生进行学习、生活、工作等多方面的信息交互，构建全方位、零距离、跨时空的思政互动空间。将新媒体平台作为传统课堂的延伸，在课上应用视频教学、弹幕评论等新的教学形式，在课后通过慕课、课程中心等平台发布课程内容与作业，充分调动学生的积极性，提升其兴趣与参与度。

二是让学生成为教育主体。不再延用以往划重点、分数为王的教学机制，而是注重学习的过程性考核，通过小组课堂讨论、论文撰写、视频拍摄、校外参访等形式，引导学生在课外进行自我学习与探究，尽可能使用非标准化、开放式考察方式，鼓励学生有所得、有所悟。实践是思想政治教育的重要环节，要推动第二课堂成绩单制度建设，鼓励、引导与支持学生在课堂学习之余，开展文艺体育、学科竞赛、社会调查、创新创业、志愿服务等多种形式的实践活动，让学生在丰富课余生活的同时，全面提升综合素质。挖掘一批学生先进典型进行宣传，树立榜样引领，发挥学生党员及学生干部的先进性，成立学生宣讲团，通过进社团、进支部、进寝室的形式，让学生成为思想政治教育的宣传主体，利用学生群体间的亲和力与影响力，定能起到"1+1>2"的效果。

参考文献

［1］曹红梅. 高校思想政治教育模式创新研究［J］. 教育与职业，2015（13）：55—57.

［2］单玉龙. 新形势下思想政治教育原则和途径探究［J］. 赤峰学院学报（汉文哲学社会科学版），2010，31（1）：68—69.

［3］冯淑萍. "互联网＋"时代高校思想政治教育模式创新［J］. 思想教育研究，2017（8）：111—115.

［4］郭君. 新时期大数据时代高校思想政治教育模式创新研究［J］. 湖北函授大学学报，2017，30（4）：54—55.

［5］韩飞. 新媒体环境下应用型本科高校大学生网络思想政治教育创新研究［J］. 佳木斯职业学院学报，2020，36（10）：9—10＋13.

［6］侯萍，陶霞. 新媒体时代高校思想政治教育模式创新研究［J］. 科教导刊（下旬），2017（1）：56—57.

［7］胡珊. 高校思想政治教育模式创新［J］. 科教导刊（下旬），2016（36）：75—76.

［8］雷丽蓉，邱建国. 新形势下思想政治教育方法创新的原则与要求［J］. 山西高等学校社会科学学报，2003（6）：116—119.

［9］刘冀玉，赵秀月. 新时代高校思想政治教育方法创新研究［J］. 吉林广播电视大学学报，2020（10）：137—138.

［10］马富春. 高校思想政治教育模式创新探索［J］. 产业与科技论坛，2015，14（11）：164—165.

［11］孟庆楠. 教育新常态下大学生思想政治教育模式创新探究［J］. 民营科技，2017（3）：226.

［12］吴琼. 课程思政：高校思想政治教育的创新模式［J］. 高教学刊，2020（22）：30—33.

［13］于科宇. 大数据时代高校思想政治教育模式创新分析［J］. 黑龙江教育（理论与实践），2017（4）：29—30.

［14］章琼. 融媒体环境下高校思政教育方法创新探究［J］. 延边教育学院学报，2020，34（5）：49—51.

固本培元 以优质教材铸魂育人

冉桂琼

（四川大学教务处）

【摘要】教材是学校开展教学活动的基本工具，是解决培养什么人、怎样培养人、为谁培养人的重要载体。教材建设是事关未来的战略工程、基础工程，体现了国家意志。如何选好教材、建设高质量教材体系值得高等学校长期探索与实践。

【关键词】教材；优质教材；教材建设

教育乃国之大计、党之大计。教材是各级各类教育育人育才的重要载体。党和国家历来高度重视教材建设，特别是党的十八大以来，党中央和国务院将教材建设提高到了培养什么人、怎样培养人、为谁培养人的高度加以强调，突出了教材建设的极端重要性。习近平总书记在全国高校思想政治工作会议上讲话时指出，教材建设是育人育才的重要依托。建设什么样的教材体系，核心教材传授什么内容、倡导什么价值，体现国家意志，是国家事权。首届国家教材委员会主任、国务院原副总理刘延东强调，教材建设是事关未来的战略工程、基础工程，教材体现国家意志。为进一步加强教材建设，2016年以来，党中央和国务院先后制定了新中国成立以来第一个指导教材建设的中央文件——《关于新形势下加强和改进大中小学教材建设的意见》，成立了国家教材委员会、教材局和首个国家级课程教材研究专业机构——课程教材研究所，这样，"国家教材委员会及其专家委员会、教育部教材局、课程教材研究所，形成决策、实施、研究三位一体的工作格局，为推进教材建设提供了有力的组织保障。"[1]2019 年，国家教材委员会印发了《全国大中小学教材建设规划（2019—2022 年）》，对各级各类教育教学的基本内容如何有机融入教材体系进行了全方位、系统性的顶层设计和整体布局；教育部印发了《中小学教材管理办法》《职业院校教材管理办法》《普通高等学校教材管理办法》和《学校选用境外教材管理办法》，为加强和改进新形势下大中小学教材建设、建立健全大中小学教材管理制度提供了指南。2020 年 9 月 22 日，教育部在京召开了首届全国教材工作会议，站在新的历史起点上，全面部署进一步贯彻落实习近平总书记关于教材建设的重要论述，扎实推进下一阶段教材建设与管理工作。党和国家对教材的统筹谋划为全面提升教材建设质量和科学化水平注入了强劲动力，切实为保障广大青少年接受良好的教育、呵护他们健康成长保驾护航。

一、教材与教育教学和人才培养的关系

教材反映社会进步情况、学科发展趋势和教育教学水平，是学校开展教学活动的基本工具。古往今来，综观世界各国，教材在教育教学活动和人才培养过程中皆被广泛使用。高教司吴岩司长曾说：教学改革改到深处是课程，改到痛处是教师，改到实处是教材。教材乃教学之材，没有高质量教材，就算有一个好的专业、好的学科、好的老师，也很难把一个人培养成高水平人才，就如同没有好的食材，即便一个好的厨师也很难炒出色香味俱全的好菜，又如同没有一个好的剧本，即便再好的导演，再大腕大咖的演员，也拍不成一部很生动、传世的、高水平的、经典的电影。[2]在我国，教材对各级各类教育，特别是高等教育的教学和人才培养有着特殊的重要意义，它是高等学校坚持社会主义办学方向、扎根中国大地办大学，坚持党的教育方针、服务学生德智体美劳全面发展，培养担当民族复兴大任的时代新人的重要基石。"作为高等教育教学基本建设工程的高校教材，是对大学生进行知识传递和价值引领的重要蓝本，是高校课程教学实现价值塑造、能力培养、知识传授'三位一体'教学目标的主要载体，是'课程思政'的主阵地。"[3]教材作为教师"教"与学生"学"的主要依据，要真正肩负起其神圣的使命与职责，"根本在编写、关键在使用，教师和学生的使用是教材建设的'硬道理'。"[4]可以说，教师教什么、

怎样教、如何有效使用教材，直接关系到课堂教学质量和人才培养的成效。

"以学生的学习和发展为中心，是课程、教材改革的依据和核心。"[5]近十余年来，中国高等教育领域一直致力于推行"以学为中心"的教育，既注重老师"教得好"，更注重学生"学得好"，即关注学生的学习成效、促进学生长远发展。对于教材，各高校秉持"以学为中心"的育人理念，强调教材为"教"和"学"所用，切实做到"用好"教材、"用活"教材[6]。一是适应高等学校积极推广启发式小班化教学、线上线下相结合的混合式教学和翻转课堂教学改革的需要，教师作为课堂教学的引导者、组织者，立足于学生为学习主体的视角处理教材内容，将教材内容、教学内容与互动探讨交流的学习过程有机结合，引导学生在探究与讨论中获取知识，培养学生创新思维的意识与能力，避免学生视教材为"权威"，盲从教材、机械照搬教材。二是克服教材本身的弊端，如受篇幅所限，教材内容往往择其要者而述之；作者为个人或少数几人组成的团队，观点难免偏颇[6]；教材从写作到出版再到课堂需经历一定的过程，与学术前沿有一定的时间差距，等等。教师应重视将学术研究成果、学科前沿与教材内容衔接，做到相辅相成、取长补短，避免过度依赖教材。三是践行课程思政，强化教材的育人功能。教材作为师生"教"与"学"的范本，除了为实现课程目标提供重要的课程资源、信息资源，帮助学生建构学科知识体系，培养学生提出问题、分析问题和解决问题的功能外，还是提高学生思想觉悟和道德品质，引导学生求真求善求美的媒介。

二、优质教材的特点

中华人民共和国成立以来，特别是改革开放 40 年来，高等教育领域的教材层出不穷，出现一门课程有多种教材可供选择的现象。同一门课程的不同教材探讨的主题虽有一致性，但篇章结构、研究旨趣互有差异，甚至质量参差不齐。在教学活动中，"教"和"学"，以及"用好"教材、"用活"教材的前提是要有好的教材。那么，什么样的教材才能称得上是好教材呢？好教材的标准常常仁者见仁，智者见智。尽管如此，共性的认识通常认为，一本好的教材至少应具备四个鲜明特点：思想性、科学性、时代性和创新性。

（一）思想性是好教材的首要条件

好的教材能形象生动地将中国化的马克思主义、中国特色社会主义、中华优秀传统文化、国家和民族的基本价值导向润物无声地融入字里行间，告诉青年学子应该追求什么、肯定什么，必须摒弃什么、否定什么，引导青年学生树立正确的世界观、人生观、价值观，能在拔节孕穗的关键时期，起到固本培元、凝魂聚魄的作用，给青年学子以智慧和力量，陶冶他们的心灵和情操，提升他们的人格修养和精神境界，激励他们为中国特色社会主义事业励精图治、奋力拼搏。

（二）科学性是好教材的本质意蕴

好教材应以卓越学术为牵引，全面、系统、准确地剖析学科的基本理论、基本观点、基本问题以及基本方法，体现人类文明的知识积累与传承创新，反映学科领域教育教学改革和科学研究的最新成果，做到结构严谨、体系完备、逻辑严密、论证充分、学术表达规范、实验数据真实可靠，能展示出厚重的学术积淀和编写者深厚的学术功底；能贴近学生的学习生活和社会实际，具有时效性和感染力；更能培养学生实事求是的科学态度和尊重科学的科学精神、激发学生的学习兴趣，启迪学生的创造性思维。

（三）时代性是好教材的基本要求

教材内容需要紧跟时代步伐、站在时代前沿，把握时代进程，充分反映时代特色。一本好的教材必然是对时代课题全方位、系统性的回答。如在党和国家努力推进实现"两个一百年"奋斗目标和实现中华民族伟大复兴的"中国梦"的进程中，好的教材应立足时代的发展变化，从学科特点出发，阐释人民重大的社会实践活动，讲述当代中国的发展历程，书写当今时代史诗般变迁的精彩华章，同时，还应站在时代的高处，登高望远，预判识变，体现出独特的前瞻性。

（四）创新性是好教材的价值体现

创新性是好教材的生命力所在。好的教材应以广阔的学术视野、敏锐的学术眼光，从深度和广度上展示出其新颖、独到的见解，富有创新性。从广度而言，好教材能涵盖所探讨主题各个方面的内容，对所探讨的主题能提出一系列新的观点与看法，或从全新的视角给予深刻阐发；从深度而言，好教材能高屋建瓴、推陈出新，从较深入的层次，细腻、有针对性地分析所探讨的内容，揭示出其本质，体现出独特的理论价值，能丰富和发展既有理论，或对学术界长期以来争论不休、悬而未决、观点纷呈的问题提供有力度、有开创性意义的思考与探索。

三、新时代优质教材建设的路径探索

党的十九届五中全会指出，高等教育进入普及化阶段。这意味着广大人民上大学不再是难题，而上好大学日益成为人们的美好期盼。优质教材作为大学开展教学活动的核心介质，与大学的育人质量息息相关，所以，建设优质教材体系是好大学的题中应有之义。

（一）依托强势学科支撑，将学科优势转化为教材建设优势

习近平总书记在哲学社会科学工作座谈会上的重要讲话指出，学科体系同教材体系密不可分。学科体系建设上不去，教材体系就上不去；反过来，教材体系上不去，学科体系就没有后劲。教育部出台的《普通高等学校教材管理办法》明确指出"一般高校以选用教材为主，综合实力较强的高校要将编写教材作为规划的重要内容。""'双一流'建设高校与高水平大学应发挥学科优势，组织编写教材，提升我国教材的原创性，打造精品教材。"在国家推进建设世界一流大学和一流学科的征程中，首批入选的42所一流大学建设高校和95所一流学科建设高校具有强大的学科优势，这为教材的编写、开发奠定了坚实基础，他们有责任、有义务将学科优势转化为教材优势，编写一批有中国温度、有家国情怀、有学术深度和国际影响力的优质教材，为高等学校教材体系建设贡献智慧和力量。从近两轮学科评估看，优质教材的编写不仅满足了相关学科领域人才培养的需要，而且充分体现了学科实力，在高等教育界产生了广泛影响，为学科提高了社会认可度，为学科评估起到了增砖添瓦的良好效果。

（二）高水平专家团队领衔，打造优质教材

2018年，改革开放四十年来首次召开的新时代全国高等学校本

科教育工作会成功召开后，高等学校全面贯彻落实"回归常识、回归本分、回归初心、回归梦想"，加快建设高水平本科教育，着力提高人才培养能力。为此，教育部实施了"双万计划"，规划建设1万个国家级一流专业点和1万个省级一流专业点，1万门国家级一流课程和1万门省级一流课程，引领支撑高水平本科教育。"双万计划"的负责人往往是对本学科专业有深入研究和较高造诣的全国知名专家或学术领军人物，或者在教学改革方面取得了有影响的研究成果，高等学校可有意识地组织他们领衔编写相关教材，以便他们及时将理论探索的创新成果、科学技术的最新突破、学术研究的最新进展和教学改革的最新实践等，充实到教材编写内容中，确保编写的教材能成为相关学科领域的精品。相关高校还可以加强与出版机构通力协作，合力打造优秀教材；借力高校学科专业教学指导委员会平台，跨校跨区域联合编写教材。

（三）完善体制机制，助力教材建设与选用

教材建设作为一项长期的、需要不断改革创新、与时俱进的系统工程，迫切需要高等学校完善体制机制，扎实建设一批世界一流、中国风格、彰显特色的优质教材。一是各高校宜编制教材建设五年或十年规划，制定推进教材建设的硬招实招，使教材建设从教师自主编写、"单兵作战"向学校规划指导、团队合作转变。二是完善激励机制，通过教材立项经费支持、教材表彰奖励、纳入职称晋升和二三级岗教授遴选条件等，增强教师编写教材强烈的荣誉感、成就感和获得感，激发高水平学科专业的专家学者投身教材编写的动力，将习近平总书记对文艺作品"思想精深、艺术精湛、制作精良"的期盼作为高水准打造优质教材的要求，打造一批与国家级、省级"金专""金课"相配套或与战略性新兴产业专业、人工智能与大数据等新兴学科专业及"四新"建设相适应，融纸质介质与数字化于一体的新形态教材，促进课程与教材深度融合创新。三是推进优质教材进课堂，按照"凡选必审"的原则，发挥专家组织作用，严把政治关和学术水平关，确保选用教材有利于培养学生对中国特色社会主义的理论认同、政治认同、情感认同，有利于增强道路自信、理论自信、制度自信和文化自信。四是建立教材评价机制，开展教材建设与选用质量评估、督查，通过专家评估、学评教、教学督导、问卷调查等方式跟踪使用效果，监测教材建设与选用质量。五是加强教材建设基础理论研究工作，完

善教材选用、教材建设信息化、智能化服务平台，加强教材出版信息交流和教材建设与选用经验分享，为教师编写教材、选用教材提供科学化、专业化的一流服务。

参考文献

［1］王湛，顾海良，韩震．我国大中小学教材建设步入新的历史阶段——三位专家谈国家教材委员会成立［N］．中国教育报，2017—07—14（7）．

［2］鹰硕教育．吴岩司长：教学改革改到深处是课程，改到痛处是教师，改到实处是教材［EB/OL］．（2019—09—02）［2020—11—14］．https://www.163.com/dy/article/EO3BTHKG05148EB7.html.

［3］李虹．高校教材建设与新时代同向同行［N］．中国社会科学报，2019—04—25（1）．

［4］顾海良．教材体系建设是育人育才的关键［J］．中国校外教育，2018（1）：1.

［5］张大良．提高人才培养能力要在课程、教材、师资建设上下功夫［J］．中国大学教学，2018（5）：13—18.

［6］陆国栋，张力跃，孙健．终结一本教科书统治下的教学［J］．高等工程教育研究，2015（1）：17—24.

新型冠状病毒肺炎疫情下医学检验人才教育的思考与思维导图的应用

聂　鑫　宋昊岚　王婷婷　应斌武　谢　轶

（四川大学华西临床医学院）

【摘要】新型冠状病毒肺炎疫情的发生突显了新时代对医学检验人才职业道德修养和职业技术能力等方面的多重要求，也为医学检验人才教育提供了一套全面的教育素材。怎样适应新时代对医学检验人才的需求和充分利用疫情素材进行医学检验人才教育值得深思。本文通过对新型冠状病毒肺炎疫情下医学检验人才教育的思考，制作新型冠状病毒肺炎疫情下医学检验人才教育的思维导图，以期优化医学检验人才培养目标和创新医学检验专业教学方法，提高医学检验人才教育效率，适应时代发展与变化。

【关键词】新型冠状病毒肺炎；医学检验教育；思维导图

自 2019 年 12 月以来，我国多地陆续发生以 2019 新型冠状病毒（severe acute respiratory syndrome coronavirus 2，SARS－CoV－2）感染引起的新型冠状病毒肺炎（corona virus disease 19，COVID-19）疫情。疫情的突然暴发，从病原体分离与确定到确诊试剂盒研发与生产，到检测实验室规划与建立以及实验室检测的临床实际应用，每一个环节对于医学检验技术人员来说都是新的巨大挑战。疫情期间，广大医学检验技术人员不顾被感染的风险，积极快速响应，迎难而上，为 COVID-19 患者的临床诊断、治疗监测和隔离解除提供了专业、科学、精准、有效的数据支撑，在此次病毒攻坚战中做出了巨大贡献。

此次疫情突显了新时代对医学检验人才职业道德和岗位胜任力的高要求。然而，目前检验医学教育人才培养目标还比较单一，主要是培养的技能型人才[1]并不能完全满足当今社会需求。此外，COVID-19疫情也为当今医学检验人才教育提供了一整套优秀的医学检验整合课程的教学素材。这套素材内容丰富，涉及医学检验职业道德教育，也囊括了临床分子诊断、临床微生物学等多专业的医学检验技术，还提示了医学检验教学单位在当今信息时代下应掌握多样化的教育教学方式与手段。因此，怎样理清思路，更好地将这套素材运用到综合型医学检验人才的培养和教育中，值得医学检验教学单位深思。

思维导图（The Mind Map）也叫脑图，或者心智图，由英国著名的脑力开发专家托尼·博赞最早提出。它是一种使用可视化图形来组织和表达发散性思维的教学工具[2]。近年来，思维导图作为一种教学工具已被广泛应用于教育、医疗和职业培训等多个领域，均取得了较好的效果，逐渐成为人们工作和学习知识的有效工具[3-4]。本文尝试以新型冠状病毒肺炎疫情为背景，通过思维导图建立一套医学检验教育整合课程模式，探索全员、全程、全方位的"三全育人"教学实践，以期优化和创新医学检验专业教学方法，为今后的检验医学教育提供新思路，以适应新形势和新时代对兼具职业道德修养和专业技术能力的医学检验人才的要求。

一、新型冠状病毒肺炎疫情下突显的新时代医学检验人才需求与培养目标

COVID-19是以肺部病变为主的一种新发烈性传染病，可使人的肠道、肝脏和神经系统受到损害，同时引发相应症状。2020年1月20日，我国国家卫生健康委员会宣布将COVID-19纳入乙类传染病并按甲类传染病进行管理。随着疫情的蔓延，世界卫生组织在日内瓦当地时间2020年1月30日晚将COVID-19定为国际关注的突发公共卫生事件，我国各地政府也相继宣布启动公共卫生事件I级响应。现已证实，COVID-19可在人际传播，且具有传染性强、人群易感性高、潜伏期长、临床表现多样化等特点，给人们的健康造成了巨大威胁。随着发病人员数量的剧增，疫情防控对医学检验的需求也迅速提升，医学检验人员与呼吸科、传染科、重症医学科、影像科以及相关护理团队成为这次疫情防治的主力军。中国自古就有林则徐"苟利国家生死以，

岂因祸福避趋之"的名句，作为当代医务人员，医学检验人员更是应该谨记"健康所系，性命相托"的医学生誓言，不忘初心、牢记使命，以正确的心态面对病毒和疫情，不畏惧、勇担当，应用扎实的专业知识科学防控与布局，有序地开展 COVID-19 相关标本的检测，为 COVID-19 患者的临床诊断、治疗监测和隔离解除提供专业、科学、精准、有效的数据支撑。这就要求我们医学检验技术人员必须同时具备良好的心理素质、能担当的职业道德素养和能胜任的专业技术技能。这就是我们新时代背景下医学检验人才的需求与培养目标。

二、关于"新型冠状病毒肺炎疫情背景下医学检验人才教育"的思考

（一）新型冠状病毒肺炎疫情背景下医学检验人才职业道德培养的思考

COVID-19 疫情期间，包括医学检验人员在内的广大医务工作者以无私大爱向社会诠释了《医学生誓言》，他们带着"健康所系，性命相托"的医学初心与使命，勇敢逆行，在抗疫一线与病毒短兵相接，竭力奋战，在危难时期成为民族的脊梁。他们在疾病面前无私无畏、不辞艰辛、乐观向上的精神，让"医者仁心"得到了最本质、最真实的体现。疫情期间，医学检验人员奋战在抗击疫情最前线，与病毒近距离交锋，同时与其他多学科团队共同作战、合作共赢，为我们医学检验人才培养提供了丰富的课程思政真实素材，也为广大医学生树立了职业道德标杆。新时代，医学检验人才不仅应该具有检验技术、能完成标本检测的能力，更应该具有良好的心理素质、端正的专业思想、全心为患者服务的初心，以及懂得团结协作和勇于开拓创新的精神[1,5-6]。医学检验教学单位只有让本专业学生明确责任与担当，才能使医学检验人才更好地学习、掌握、探索和发展。

（二）新型冠状病毒肺炎疫情背景下医学检验人才专业技术教学的思考

这场没有任何预兆的 COVID-19 疫情是一场医学检验人才专业技术知识掌握与运用的实战考验。不管是生物安全防护还是病毒及并发症的监测，不管是报告解读、结果解释还是进一步的科学研究，涉及

临床试验室管理、临床分子诊断技术、临床微生物检验、临床免疫学检验、临床血液学检验和临床生物化学检验等各专业基础知识与技能的扎实掌握与灵活运用。当代医学检验人才在疫情期间快速响应，迅速制定了疫情相关的医学检验实验室生物防护操作指南与标本检测实验室路径[7-8]，及时与临床沟通、向社会大众宣讲科普知识，积极开发病毒核酸和抗体检测试剂，并随着对病毒的了解持续优化改进各个环节，为COVID-19疫情防治做出了巨大贡献。同时，这也为医学检验教学单位提供了一套专业整合课程教案。从COVID-19疫情期出发，教学内容可向医学检验各亚专业扩展，从相关医学基础知识到检验技术和临床沟通，再到科研创新和转化医学，都有覆盖。这样从临床实际需求出发向检验专业多向展开，打破了传统分专业课堂教学的局限，利于学生将各亚专业知识融会贯通、全面掌握，也避免出现相同内容在不同亚专业课堂重复讲授的情况。

（三）新型冠状病毒肺炎疫情背景下医学检验教学方式的思考

COVID-19疫情期间，为避免人员聚集，传统意义上的学校与教室都不能开放，各学校都陆续开展了"线上教学，停课不停学"的教学工作。这就提示我们，新时代的医学检验教学机构应该紧跟时代步伐，让教师掌握多样化的教学方式，利用多元化的教学工具，使课堂不再受传统教室限制，利于拓宽学生视野，培养具有综合素质的医学检验人才。疫情当下，线上教学成为医学检验专业教学的主要方式。这就要求教师能够灵活掌握和利用线上教学工具。目前，"慕课""虚拟仿真实验""超星学习通""雨课堂""腾讯在线会议""问卷星"及"微信群"等广大网络平台为医学检验线上教学提供了便利，教师在直播教学的同时还可在线为学生提供多元化的教学资料。同时，除了在线课堂，老师的线下备课和学生线下完成作业也必不可少，"线上＋线下"的模式可对教学过程起到促进和监督的作用，这在我们前期的教学实践中也得到了初步证实[9]。此外，大多数医学院校的医学检验专业教师同时也是医院临床检验专业技术人员，在此次COVID-19疫情中，检验医生在抗疫一线用高尚的职业道德修养和精湛的检验专业技术为广大医学检验专业的学生做出了表率。而在日常的教育教学活动中，医学检验教学人员也应该以身作则，真正做到全员、全程、全方位的立德树人。

三、思维导图在新型冠状病毒疫情下检验人才教育中的应用

综合上述关于"新型冠状病毒肺炎疫情背景下医学检验人才教育"的思考，本文制作了新型冠状病毒疫情下检验人才教育思维导图（如图 1 所示），该图尝试以 COVID-19 疫情为导向，以疫情期间医学检验人员担当与责任为基础，向临床、科研和教学各方面延伸，建立一套包括职业道德修养培育、专业技术技能教学和多元化教学方式在内的医学检验人才教育理念和模式，为医学检验教育教学事业和医学检验行业发展添砖加瓦。

同时，授课教师还可让学生在课前根据自己对疫情的了解及医学检验专业知识的预习绘制出思维导图，让学生从疫情期间的检验临床实际需求出发，通过发散性的思维方式对相关内容进行预习和思考，这样更利于学生在课堂中更好地关注和吸收重点和难点知识。此外，课后授课教师和学生还可以根据课堂中的教学情况和相互探讨的过程对各自的思维导图进行优化改进，为日后的复习及新一轮的教学提供更为全面和清晰的思路。本文认为，除了 COVID-19 疫情下的医学检验人才教育，只要合理运用，思维导图在任何医学检验教育教学中均可帮助我们获得高效的教学课堂。

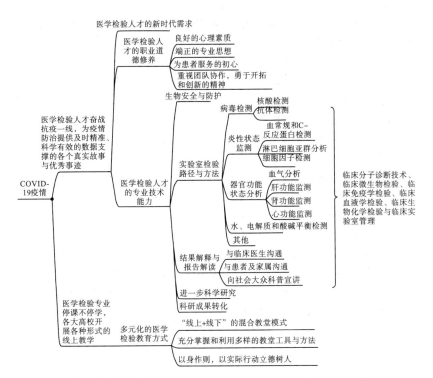

图1　新型冠状病毒肺炎疫情背景下医学检验人才教育思维导图

四、结语

COVID-19 疫情进一步突显了新时代对医学检验人才的需求，培养具有能担当的职业道德素养和能胜任的职业技术技能的综合型医学检验人才是医学检验教育事业的目标与任务。思维导图作为一种新兴的教学工具，能将抽象的医学检验专业思维转化为可视性的图形，可通过以点到面的发散性思维方式帮助医学检验教学单位引领学生全面掌握医学检验人员应具备的职业道德修养和专业技术知识，促进教学质量的提高，满足新时代对医学检验人才的社会需求。

参考文献

［1］徐克前. 检验医学教育：挑战与机遇［J］. 中华检验医学杂志，2017，40（11）：904—906.

［2］徐维祯，王燕，庄敏，等．思维导图引入医学微生物学教学的设计和思考［J］．卫生职业教育，2020，38（2）：69—70.

［3］程雪，王刚．思维导图在神经病学临床教学中的应用［J］．中国继续医学教育，2019，11（20）：27—29.

［4］李迎春，吴晓燕，朱一超，等．思维导图在医学生理学"肾小球滤过"教学中的应用探究［J］．教育教学论坛，2020（8）：254—255.

［5］潘柏申．检验医学的发展和展望［J］．中华检验医学杂志，2019，42（8）：585—589.

［6］谭超，韩莉，罗春华，等．医学检验技术学与职业道德相结合的教学研究［J］．国际检验医学杂志，2019，40（11）：1403—1405.

［7］何超，江虹，谢轶，等．新型冠状病毒肺炎诊治的实验室检验路径探讨［J］．中国呼吸与危重监护志，2020，19（2）：125—127.

［8］孙艳婷，胡礼仪，杨磊，等．医学检验科应对新型冠状病毒肺炎的管理方案及医务防护措施［J］．国际检验医学杂志，2020，41（15）：1915—1917.

［9］贺勇，聂鑫，梁珊珊，等．"线上＋线下"形成性考核促进医学检验教学质量提升初探与实践［J］．国际检验医学杂志，2019，40（11）：1399—1401.

社会主义核心价值观建设在
康复治疗学本科教学中的应用综述①

徐 扬 王 谦

（四川大学华西临床医学院）

【摘要】 在康复专业本科教学中，社会主义核心价值观的培育和践行是培养高素质康复医疗人才的重要内容。基于我国康复治疗学发展的实际情况，本文论述了社会主义核心价值观建设在康复治疗学中的必要性及其影响因素，从课堂教学改革、教学实践协同、社区康复建设三个方面，探索社会主义核心价值观培育与践行的有效方法。

【关键词】 核心价值观；康复治疗学；高等教育；思想政治；教学改革

一、引言

党的十八大提出"倡导富强、民主、文明、和谐，倡导自由、平等、公正、法治，倡导爱国、敬业、诚信、友善"[1]。之后，党的十九大报告中再一次强调，要积极培育社会主义核心价值观，将社会主义核心价值观融入生活并转化为人民群众的情感认同和行为习惯。新时代的大学生作为社会主义的接班人，需要树立正确的社会主义核心价值观[2,3]。在建设"健康中国"的进程中，康复治疗学的高等教育

---

① 四川大学思想政治教育专项研究项目（SCUSZ2017110）及 2018 年四川大学华西临床医学院教学改革研究与实践项目资助。

发挥了重要的作用。康复专业教育着眼于培养一支为残疾人、老年人、慢性病人和先天发育障碍患者服务的专业技术团队。因此，培育和践行康复治疗学专业本科生的社会主义核心价值观势在必行。本文通过康复治疗学的课堂改革、教学实践协同、社区康复建设，思考新时代康复专业本科生的思想政治教育的创新载体，为在康复治疗学高等教育中培育与践行社会主义核心价值观提供参考路径。

二、康复治疗学高等教育融入社会主义核心价值观的重要性

医学高等教育承载着培养高素质卫生人才的重要使命，不仅传授学生医学知识，还要以多种形式开展医德医风素质教育，培养学生人文关怀精神和"关爱病人、尊重他人、尊重生命"的职业操守；培养学生的爱国主义、社会主义、集体主义和人道主义精神；树立科学的世界观、人生观、价值观和社会主义荣辱观，增强发展祖国卫生事业和保障人类身心健康的使命感[4]。康复治疗学作为医学高等教育的一个重要分支，在"生物—心理—社会医学"模式下，要求康复医务工作者具备较高的专业技术水平和人文素养[5]。首先，康复治疗学的服务对象主要为残疾人、老年人、慢性病和先天发育障碍等患者。由于生理或心理功能不同程度的受限，患者表现为日常生活活动能力受限，学习、工作和社交等参与能力受限。因此，康复医疗人员不仅应在专业上具有扎实的技术知识，而且应在医德上具有强烈的责任感。其次，患者的康复过程较长，涉及医学、人文、社会等问题，康复医疗人员必须更加耐心细致，与患者一起树立长期康复的信念。再次，康复治疗学强调多学科协同合作，包括疾病诊治、功能康复和重返社会三大部分，每部分中又涉及不同方面的知识。因此，协同合作体现在各学科之间的密切配合、互融互通，以及康复团队内部医师、治疗师及护士的工作协同、执行与反馈。最后，面对广大的慢性病、老年病患者，康复医疗人员需要宣传与普及科学、规范的康复治疗学知识，为患者培养战胜疾患、恢复功能、重返家庭与社会的信心；协助培养和指导更多的康复技术人才服务社会。综上所述，康复治疗学具有社会属性强、协同性高、覆盖性广的特点，在讲授这门学科理论与技术的同时，加强医德教育、培育和践行社会主义核心价值观具有重要的意义。将培育和践行社会主义核心价值观融入康复治疗学专业学

生的教育中，能够帮助和引导学生形成正确的世界观、人生观和价值观；培养学生正确的医德医风，塑造疾患康复的同理心；提高康复治疗学教育水平，促进思想政治教育与康复治疗学教育的有机融合。

三、影响康复治疗学高等教育社会主义核心价值观培育的原因分析

对高校医学院校本科生社会主义核心价值观现状的调查分析发现，大多数医学生能够认同社会主义核心价值观，然而，个别医学生出现功利性增强、通识知识匮乏、人文底蕴浅薄、缺乏整体临床观念和医患沟通技巧等问题。结合文献，笔者总结了影响当代医学生社会主义核心价值观认同的主要原因[6—10]：

首先，社会医疗环境的负面影响。随着社会经济的高速发展，技术冲击和资本运作充斥并渗透在医学的各个方面，评价医院是否优秀的标准不是治病救人的成功率，而是引进了哪些先进设备和创造了多少利润。由此导致医疗行业过度市场化，非正常医疗的市场导向使过度医疗、防御性医疗等非正常医疗现象层出不穷。同时，部分社会媒体的报道往往断章取义，使在校的医学生对社会主义核心价值观的判断受到影响，从而在实际学习与工作中不能够统一思想。

其次，医学人文教育不足。医学人文学科师资力量较为薄弱，使用的教材缺乏合理性、科学性，这些现象都不利于医学生社会主义核心价值观的培育。医学人文课程作为基础课程，基本上设置在本科一、二年级阶段。然而，当医学生进入临床实习或见习阶段，真正接触临床患者时，很少开设医学人文课程。医学人文知识实践往往需要在临床实习阶段才能实现，如进行医患沟通。尽管医学生在学校学习时，通过了医患沟通方面的考试，但是在实际工作中，大部分的医患矛盾都来自无效的医患沟通。康复治疗学作为需要长时间和病患相处的学科，特别是康复治疗学的对象多为老年人和残疾人，让康复专业学生掌握医学人文内容显得尤为重要。只有把医学人文精神和医学专业技能有机结合起来，才能全面提升医学生人文素养。

最后，学生对医学人文的兴趣不浓导致对医学人文课程重视程度不足。在学校的课程体系中，尽管学校将医学人文课程设置为必修课，但是一般以公共课形式进行教学，采用单一式教学方法，无法做到因材施教，导致课程内容枯燥，大大降低了学生学习的兴趣；教师

因难以得到真实反馈也无法实施改革，因此形成了恶性循环。

四、康复治疗学高等教育中培育与践行社会主义核心价值观的对策与方法

培养学生以人为本、平等公正、诚实守信、富强文明、爱岗敬业、和谐友善、仁心仁术、尊重患者等价值观，是康复治疗学专业本科生社会主义核心价值观教育的重要体现。结合文献分析，笔者认为应从以下三个方面加强康复治疗学高等教育的社会主义核心价值观教育，帮助学生树立正确的社会主义核心价值观。

（一）康复课堂教学改革

首先，应重视康复治疗学人文教育，合理设置课程，充分发挥课堂教学在社会主义核心价值观教育中的主渠道作用。教师在教授过程中要尽可能将社会主义核心价值观与康复内容相结合，或将康复专业内容与思政教学相结合，以生动形象的临床案例进行授课。例如，在讲授《传统康复技术》时提出了"渗透、契合、适度"三原则，将两学科结合进行教授，既丰富了课堂厚度，又优化了教学资源[11]。研究报道，在《康复治疗基础》教学中联系康复医疗行业实际热点问题，与社会事实相结合，可提升学生学习兴趣及教学现实感[12]。

其次，充分将现有技术资源与科技相融合，开创虚拟化康复教学场景[13]。针对康复治疗学专业特色，将社会主义核心价值观融入医患沟通的教学内容中，借助虚拟现实增强技术，打造线上医患沟通技术、康复评定技术、康复治疗技术等模拟场景，呈现在康复治疗学本科生的课程教学上，创新课程形式，让学生切实感受与体会到康复医疗人员工作的真实场景，增强学生的社会主义核心价值观认同感。

最后，针对康复专业大学生的专业特点和实际需要，开展形式多样的教育活动。同时，优化校园文化建设，加强环境熏陶，通过校园广播台、学校官网、微博和微信公众号等媒体，弘扬社会主义核心价值观，让学生领会和认同社会主义核心价值体系的内涵，增强学生对社会主义核心价值观的认同感、自信心和践行力。

（二）教学实践协同

教学实践是康复治疗学高等教育中社会主义核心价值观从认知认

同向行为认同转化的最佳途径[14,15]。康复治疗学专业本科生未来的工作岗位是要不断与人打交道，具有极强的实践性。不管是医学专业技能还是职业素养，都需要在具体的临床康复教学实践中反复磨砺才会最终由知识、习惯内化为行为方式。教学实践的方式有康复临床实习、社区康复医疗、康复义诊、医疗法规政策宣讲、康复知识宣教、扶困敬老志愿者活动等。教师应在课程教学基础上，通过教学实践协同促进医学生掌握康复专业技能，同时，学生应通过自己的亲身经历和体验，深化对社会主义核心价值观的理解和践行，提高对社会的适应能力，增强社会责任感。

（三）社区康复建设

随着经济社会的发展，在联合国组织的持续推动下，社区康复已逐渐成为多个国家，尤其是发展中国家社区发展的主要策略之一，也是我国推行分级诊疗制度的重要基础[16]。在新时代的医疗环境下，国家提出了在疾病治疗时做到"小病在社区、大病在医院、康复回社区"的指导意见[17]。社区康复作为连接医院与家庭的桥梁，是康复医疗人员帮助患者回归家庭、迈入社会的重要环节；为老年疾患、慢性病的预防与早期康复提供了重要的就诊平台[18]。因此，在社区康复教育与培训基地的建设可作为促进康复治疗学高等教育中学生社会主义核心价值观培育和践行的载体。

在实际执行过程中，医学院校可以充分发挥自身优势，组织康复治疗学专业本科生积极参与社区康复义诊，让学生接触到更多的患者，给予学生更多的实践机会。在此过程中，学生可切实体会患者的康复需求，实践医患之间的沟通技能，帮助社区病伤残者进行康复训练，为社区医务人员及广大居民进行康复科普培训，针对孤寡老人开展康复知识培训志愿活动。学校也可充分利用教学资源，建立社区"导师负责制"，将社区康复负责人作为导师，指导学生开展社区工作。

社区康复建设作为一个潜在的思想道德教育建设载体，不仅能提高康复治疗学专业学生的专业技术能力，而且能培育其文明、和谐、友善、敬业的职业素养，积极践行社会主义核心价值观。

五、结论

习近平总书记在北京大学师生座谈会上指出，核心价值观，其实就是一种德，既是个人的德，也是一种大德，就是国家的德、社会的德。国无德不兴，人无德不立[19]。在新时代背景下，在培养康复治疗学专业学生知识和技能的同时，将培育和践行社会主义核心价值观融入康复治疗学高等教育中，帮助和引导学生形成正确的世界观、人生观和价值观。在认真分析和总结影响医学生社会主义核心价值观认同的因素基础上，结合我国康复发展实际情况，从课堂教学改革、教学实践协同、社区康复建设三个方面加深康复治疗学专业本科生对康复需求及实践的认知，培育其社会主义核心价值观，探索与引导学生践行社会主义核心价值观的有效方法。

参考文献

［1］人民论坛"特别策划"组. 特别关注：习近平文化战略思想［EB/OL］.（2014—8—21）［2021—3—12］. http：//theory. people. com. cn/n/2014/0821/c112851—25513531. html.

［2］周欣，肖伟元，王伟. 社会主义核心价值观在医学临床教育中的探索［J］. 继续医学教育，2021，35（1）：25—26.

［3］纪元，张桓，周翠. 医学人文素养与医学生社会主义核心价值观认同研究［J］. 法制与社会，2016（25）：244—245.

［4］白波，程刚. 重视医学人文教育 培养高素质医学人才［J］. 济宁医学院学报，2018，41（1）：5—8+12.

［5］赵一瑾，余彬，刘锐芬，等. 医学人文教育融入康复治疗专业教育的思考［J］. 中国康复医学杂志，2019，34（5）：576—578.

［6］刘骎骎，张黎娜，曲海英. 基于社会主义核心价值观的医学生伦理价值观的内涵研究［J］. 中华医学教育杂志，2017，37（1）：65—68.

［7］王群林，孙基梁，白华. 社会主义核心价值观融入医学生教育全过程实效性对策研究［J］. 长江丛刊，2017（20）：179—181.

［8］王晴，唐锦，王岩，等. 医学生社会主义核心价值观认知现状分析［J］. 中国高等医学教育，2019（5）：25—26.

［9］谢孝东，杜冬杰，麦锦城，等. 思想政治教育视域下医学生生命责任意识探析——基于广东省9所医学高校的调研［J］. 思想教育研究，2016（11）：

106－109.

[10] 潘文丽. 基于责任思想视阈下的高校思想政治教育工作研究 [J]. 山西能源学院学报，2019，32（3）：54－57.

[11] 蒋宗伦. 传统康复治疗技术课程思政建设探索与实践 [J]. 现代职业教育，2018（23）：96.

[12] 李杨. 高职高专院校《康复治疗基础》课程思政教学改革的实践与研究 [J]. 科技资讯，2019，17（23）：174－175.

[13] ROSE T，CHANG S N，CHEN K B. Immersion of virtual reality for rehabilitation-Review [J]. Applied Ergonomics，2018，69(1)：153－161.

[14] 陈镭. 医学生社会主义核心价值观的培育和践行 [J]. 湖北函授大学学报，2015，28（5）：41－42.

[15] 周宁宁，王吉伟，杨玲英，等. 中华优秀传统医学文化培育医学生社会主义核心价值观作用与对策研究 [J]. 智库时代，2020（11）：233－234.

[16] CLEAVER S，NIXON S. A scoping review of 10 years of published literature on community-based rehabilitation [J]. Disability and Rehabilitation，2014，36（17）：1385－1394.

[17] 何成奇. 解读《卫生部建立完善康复医疗服务体系试点工作方案》的基本思路 [J]. 中国康复医学杂志，2012，27（6）：494－496.

[18] LIU Q，WANG S，LIN J，et al. The burden for knee osteoarthritis among Chinese elderly：estimates from a national representative study [J]. Osteoarthritis and Cartilage，2018，26（12）：1636－1642.

[19] 习近平. 核心价值观其实就是一种德 国无德不兴 [EB/OL]. （2014－05－05）[2021－3－12]. http://politics. people. com. cn/n/2014/0505/c1024－24975911. html.

高校大学生心理健康教育
课程实施现状与对策研究[①]

袁 媛 陈明佑

（四川大学商学院）

【摘要】课堂教学是开展大学生心理健康工作的主渠道，但目前大学生心理健康教育存在课程内容心理学化、课程模块缺乏层次性、课程形式较为单一、任课教师缺乏专业知识等问题。本文旨在通过问卷调查了解当今大学生的总体心理健康状况，收集大学生对大学生心理健康教育课程的反馈意见，结合工作实际对大学生心理健康教育课程改革提出针对性的建议，增强大学生心理健康教育课程实效，为培养德智体美劳全面发展的新时代人才打下坚实的基础。

【关键词】大学生；心理健康教育；现状；对策

大学生心理健康教育是高等教育为社会培养具有综合素质人才的基础性教育。为深入贯彻落实《中共中央国务院关于进一步加强和改进大学生思想政治教育的意见》（中发〔2004〕16 号），2011 年，教育部印发了《普通高等学校学生心理健康教育课程教学基本要求》，深入推进大学生心理健康教育工作科学化建设，发挥课堂教学在大学生心理健康教育工作中的主渠道作用，不断提高大学生心理健康素质。2018 年，教育部印发的《高等学校学生心理健康教育指导纲要》

① 基金项目：四川大学中央高校基本科研业务费研究专项项目（sksz201603）；四川大学"双一流"建设项目（2019XZX-24）。

指出，心理健康教育是提高大学生心理素质、促进其身心健康和谐发展的教育，是高校人才培养体系的重要组成部分，也是高校思想政治工作的重要内容；要求把心理健康教育课程纳入学校整体教学计划，规范课程设置，对新生开设心理健康教育公共必修课，大力倡导面向全体学生开设心理健康教育选修和辅修课程，实现大学生心理健康教育全覆盖。各地区、各高校纷纷制定相应政策和措施，在不断实践中寻找改革方向。然而，大学生心理健康教育课程既不是代表各高校办学水平的特色课程，也不是各院系的专业课程，再加上专业教师不足、缺乏校际交流与合作等原因，导致各高校对大学生心理健康教育课程目标的规划、课程内容的选择和编排、课程实施的效果和评价等缺乏深入细致的研究。本文旨在通过调查反映当今中国大学生的总体心理健康状况，收集在校大学生对目前大学生心理健康教育课程的反馈意见，并根据调查数据对大学生心理健康教育课程改革提出针对性的建议，以期增强大学生心理健康教育课程实效，为培养德智体美劳全面发展的新时代人才打下坚实的基础。

一、对象与方法

（一）研究对象

本文采用方便抽样方法，于 2019 年 5 月 1 日至 2019 年 5 月 6 日对我国全日制高校大学生进行网络问卷调查，共回收问卷 1321 份。删除答题时间少于 60s、多于 1000s 等无效作答问卷后，剩余有效问卷 1223 份，问卷有效回收率为 92.58％。其中，男性 640 份（52.3％），女性 583 份（47.7％）。参与者中最小年龄为 16 岁，最大年龄为 26 岁，平均年龄为 20.18 岁。问卷调查的范围实现了各个年级（大一、大二、大三、大四）和各个专业（经管类、理工类、历史类、艺体类、医科类）全覆盖。

（二）问卷编制

本文采用课题组自编"大学生心理健康教育课程调查表"对我国高校大学生进行网络问卷调查，问卷共有 20 项条目，涉及受访者基本情况、受访者心理状况、受访者面临心理问题的应对措施、受访者对大学生心理健康教育课程感受、受访者对心理健康教育课程的改进建议等五个方面。

该调查表由四川大学心理健康教育课程授课教师、心理学专业教师和管理类本科生参考以往类似的相关文献后编制而成。在问卷编制过程中，课题组成员结合关于高校心理健康教育课程要求和同学反映，在确定了上述五个方面内容的基础上，分别进行各部分的补充和完善，形成初步的"大学生心理健康教育课程调查表"。随后，团队成员进行了多次充分的讨论，对题目内容进行修改与完善，对性质相似题目进行了区分或合并。根据初稿和讨论的结果，对调查表的内容、表述和格式等细节进行规范化修改，最后形成定稿。在该调查表正式发放之前，课题组邀请了从事心理健康教育的教师和部分学生进行预调查，同时收集反馈意见。最后，结合预调查反馈内容，进一步修改和完善调查表部分题目，形成正式问卷。

二、分析与结果

本文使用 Excel 2010 和 SPSS 22.0 软件对原始数据进行统计处理。根据资料类型，采用了描述性统计方法等不同统计学方法对数据进行处理与分析。调查内容及分析结果如下：

（1）受访者的心理状况。调查结果显示，有 44.3% 的受访者认为自己的心理状况为"健康"，有 38.5% 的受访者认为自己的心理状况为"一般"，有 9.0% 的受访者觉得自己的心理状况为"糟糕"，还有 8.2% 的受访者称并未关注自己近期的心理状况。

（2）受访者面临的困惑。从学习、生活、情感 3 个方面调查了受访者面临的困惑。学习方面，排位前三的分别是"缺少学习兴趣""学习目的不明确"和"对考试充满焦虑"；生活方面，排位前三的分别是"人际圈子小，感觉没有多少可以倾诉的朋友""有意无意地将真正的情绪隐藏起来，努力表现出自己开心的一面""缺乏自信，总觉得别人比自己更优秀，不断否定自己"；情感方面，最突出的是友情方面的问题（"觉得没有太多可以依赖的朋友""觉得友情都是建立在利益基础上的""觉得拥有相同兴趣爱好的朋友很少""觉得没有友情自己也会过得很好"）。

（3）受访者解决心理问题的措施。调查结果显示，有 77.1% 的受访者选择"向朋友求助"，有 76.6% 的受访者选择"独自承担（通过电子产品分散注意力、在空旷地方大叫、大哭一场、暴饮暴食）"，有50.3％的人选择"向家人求助"，仅有20.4％的人会选择"向老师求助"或是"寻求心理咨询"。

（4）大学生心理健康教育课程实施现状。通过调查发现，在大学生心理课程开设时间方面，不同高校有所差异，但普遍将课程设置在大一阶段；在关于所在的学校是否提供大学生心理健康教育课程的教材的问题上，80％的受访者选择了"是"；在关于大学生心理健康课程老师的来源问题上，45.0％的受访者选择了"心理学专业教师"，27.5％的受访者选择了"辅导员老师"，9.7％的受访者选择了"外聘讲师"，8.5％的受访者选择了"教务处人员"，还有9.1％的受访者选择了"其他"；在"心理教育课程是'水课'吗?"这个问题上，高达60％的受访者选择了"是"；在对学校开设的心理课程的满意度调查方面，60％的受访者选择了"满意"。调查结果还显示，心理健康教育课程授课的方式以讲授法和举例法为主，心理健康教育课程的考核标准主要以考勤、期末考试、作业为主，而受访者最想删掉的一项考核标准是期末考试。

（5）关于大学生心理健康教育课程的改进建议。调查结果显示，在学习内容方面，大部分受访者希望可以在心理健康教育课程中学到如何提高抗压能力、如何进行社交、如何进行重大的抉择等更为实用可操作的知识；在授课的方式方面，受访者希望游戏法和课题研究法可以得到更广泛的应用；而在课程期末考核的问题上，82.3％的受访者选择了非常规考核（例如，要求画一幅画）。

三、讨论与结论

（一）高校大学生的心理健康状况

由调查结果可知，绝大多数的在校大学生心理健康状况良好，但仍存在一定心理健康状况不太良好的人群，且仅针对调查问卷样本而言，平均每12个人中就有1个人存在不同程度的心理问题，占比8.3％。根据调查分析结果，造成大学生心理问题的原因主要有以下三个方面。

1. 学习的盲目性和压力

大多数受访者表示"学习缺乏兴趣""学习目的不明确"，并且有来自考试和同龄人之间的竞争等压力。这在一定程度上表明大学生的学习动力是由外界压力而被迫产生的，这种非自发的学习驱动力导致大学生承受了较大的心理压力。

2. 人际交往上的不自信和缺少谈心的知己

调查显示，近半数受访者表示感到社交困难，社交半径小，难以实现深度社交。值得注意的是，接近六分之一的受访者表示自己不被社会接纳，这种悲观的人生态度可能正在大学里蔓延，需要及时得到控制。

3. 友情、亲情和爱情方面的问题

友情、亲情、爱情方面的问题均是大学生产生心理健康问题的重要诱因。友情的问题主要体现在朋友圈子小，知心朋友少；亲情的问题表现在无法得到家人的认可和支持；而爱情的问题体现在伴侣不够体贴，或者觉得爱情难以维系，没有结局等。

在心理问题应对方式上，大学生的情感宣泄途径主要为独自承受或找朋友述说，其次选择向家长述说，而选择寻找专业心理健康人士咨询的不到七分之一。选择不向外界倾诉的学生主要依靠移情，即通过暴饮暴食、游戏等刺激性的外界活动转移自己对不良情绪的感知。

（二）高校心理健康教育课程实施现状

1. 心理健康教育师资建设亟待加强

调查结果显示，国内大多数高校都开设了心理健康教育课程，且主要在大一或大二年级开设。但是具有相关心理专业知识的心理健康教育老师在半数以下，心理健康教育课程的教师队伍建设亟待加强。

2. 心理健康教育课程内容有待丰富

通过调查发现，超过六成的学生认为心理健康教育课程是"水课"（即缺乏实用知识，对自身发展和学业指标不重要的课程），并且对心理健康教育课的满意度较低。在理想的课程安排中，学生更希望通过学习心理健康知识，提高抗压能力、社交能力，以及应对重大问题的能力等。

3. 心理健康教育授课方式有待创新

从授课方式来讲，现有的主要授课方式为讲授法和举例法。而学生更希望的是小班化和体验式教学等创新授课方式；从考核形式来看，考勤、作业、期末考试这类传统的考核方式是当前的主要考核形式。

（三）高校心理健康教育课程改进建议

1. 提高授课教师队伍的专业素养

目前，在高校中担任《大学生心理健康教育》课程教学工作的人员大部分是心理健康教育中心教师、学生辅导员等非专业人士，大部分心理健康课程任课教师并没有经过系统的理论学习，缺乏心理健康工作实践。而在授课时，内容不充实、运用的案例陈旧、缺乏针对性、脱离学生实际等问题反映出了当前此课程存在的诸多问题。因此，建议在今后的授课教师选择上，尽量让有相关心理专业知识的教师承担授课任务；若因条件有限，确实无法配备专业教师，则需对非专业授课教师进行专业的、系统的教学培训，提高心理健康教育课程授课教师的整体素质。此外，学校还可以聘请校外从事心理学相关工作的专业人士进行辅助授课，借鉴成功的教学案例。

2. 及时更新和完善课程教学内容

大学生心理健康教育课程教学内容应根据大学生心理健康状况的现状和未来发展趋势而适时做出调整，借鉴大学生心理普查的结果和大学生心理健康教育课程教学大纲，通过调查研究，找出大量学生关注且普遍存在的问题，针对这些问题调整心理健康教育的授课内容，并以此作为素材编写教学内容。同时，至少每年更新一次教学内容的细节，删减一些已经不合时宜、不再具有教授意义甚至不准确的内容，增加一些最新的典型、热点案例，结合心理健康知识进行综合分析。这样，一方面可以保证授课内容的时效性，另一方面也可以调动学生的学习兴趣。

3. 合理延长心理类课程授课周期

大学生心理健康教育课程应该作为必修课贯穿大学四年的本科教育，使其在对学生进行心理疏导方面发挥持续作用和长效作用。此次调查显示，大一学生的心理问题主要是学习和生活（不适应）方面的问题；大二、大三阶段，学生开始面临人际交往、专业学习、职业规划、恋爱等问题；大四阶段，学生主要面临的是就业，以及人生未来发展等方面的问题。

4. 丰富课程教学方法和教学形式

开设大学生心理健康教育课程的重要目的之一是培养大学生掌控调节自身心理健康的方法，这就需要改变传统的授课方式，不断丰富课程教学方法和教学形式，积极探索新型的授课方式，如案例讨论、情景模拟和故事分享等有很强互动性的教学模式，充分调动学生学习该课程的积极性，使学生主动融入课堂，成为课堂的主人，而非被动地接受枯燥乏味的理论知识。新型的授课方式，一方面可以在很大程度上改变学生对此课程的偏见，另一方面，在课堂上进行的案例分析可以给学生提供参考，让学生通过自我审视主动进行心理健康调节。

5. 探索构建科学合理的课程体系

在未来，高校可以建立健全课程管理机制，成立自上而下的大学生心理健康教育工作领导小组，加强对心理健康教育工作的指导。学校教务处、学生处、团委等部门要认真研究，制定具体可行的教学体系，同时要根据不同专业、年级情况对教学内容和安排进行合理规划和调整，提高教学的针对性和实效性。另外，可以建立相应的课程评价体系，及时反馈和总结课程实施中存在的利弊，通过评教、问卷调查、心理测试等多种方式对课程结果进行评价，较为真实地反映学生对课程的满意程度，从而及时发现存在的教学缺陷，以便及时解决，达到教学目的。

6. 提供丰富的心理健康教育资源

高校在基础心理健康教育课程以外，可以另外组织各种形式的多样化心理建设活动。学生可根据自己的兴趣，或者自身存在的问题自主选课。在条件允许的前提下邀请社会知名心理学专家或业界内的专家学者来学校举办讲座、分析现状、预估未来发展趋势，帮助学生更加深刻地认识心理健康教育的重要性。另外，可以考虑将心理健康教育融入学校日常举行的各类活动，以有奖问答、知识竞赛等方式激发学生的参与热情，学生可以在参与活动过程中，潜移默化地接受心理健康教育。将心理健康教育融入活动的方式，解决了学生因被动学习所导致的学习效果不佳的问题。

参考文献

[1] 邓嘉宁. 大学生思想政治教育与心理健康教育关系探究——评《大学生思想政治教育工作与心理健康教育》[J]. 中国学校卫生，2019，40（12）：1921.

[2] 付超. 高校心理健康教育与思想政治教育的关系研究——评《当代视阈下大学生心理健康教育理论与实践研究》[J]. 领导科学，2020（4）：126.

[3] 郝颖. 新时代大学生心理健康教育创新的现实难题与对策 [J]. 教育与

职业，2020（9）：107—111.

［4］黄斌. 思想政治教育视角下体育专业大学生心理健康教育研究——评《高校心理健康教育与思想政治教育》［J］. 领导科学，2020（10）：128.

［5］寇明英. 大学生心理健康教育模式的创新研究——评《大学生心理健康教育新编》［J］. 中国食用菌，2020，39（5）：37—38.

［6］李宝丽. 理论与实践相结合推进大学生心理健康教育——评《大学生心理健康教程》［J］. 教育与职业，2020（9）：115.

［7］潘焱. 大学生心理健康教育方法改革与创新研究——评《21世纪大学生心理健康与成才教育》［J］. 中国学校卫生，2019，40（11）：1761.

［8］唐海龙. 大学生心理健康教育对策研究——评《大学生心理健康教育》［J］. 中国高校科技，2020（3）：99.

［9］赵国祥，单格妍，李永鑫. 河南省大学生在新冠肺炎流行期间心理援助需求的调查研究［J］. 河南师范大学学报（哲学社会科学版），2020，47（3）：150—156.

［10］赵玉萍. 完善心理健康教育 创新人才培养体系——评《大学生心理健康教育》［J］. 山西财经大学学报，2020，42（7）：2.

［11］张引凤. 以爱为核心的大学生心理健康教育课程内容体系构建［J］. 教育理论与实践，2020，40（9）：48—50.

［12］郑华. 学科交叉视阈下的大学生心理健康教育模式探索——评《高校心理健康教育与思想政治教育结合30年的研究》［J］. 高教探索，2019（12）：145.

新时代高校艺术学研究生
思政教育策略研究①

赵 帅 岳 阳

（四川大学艺术学院）

【摘要】思政理论课教学在高校教育中具有重要的价值和意义，其不仅关乎学生个人发展，更与国家命运紧密相连。坚持以习近平新时代中国特色社会主义思想为指引，发挥艺术的认知功能、审美功能和教育功能，将之应用于艺术学研究生课程教育之中，合理安排课程教学方法、教学形式、教学课时，形成学生参与、过程贯穿、全程互动的多维局面是本文研究的初衷。本文认为，"灵活"的课堂教学形式，就是探索调动研究生主动参与课堂实践积极性，学习贯彻落实习近平新时代中国特色社会主义思想和党的十九大精神，践行社会主义核心价值观，培养知行合一的大学生的重要方式。基于此，本文将着重探讨在思政课程教育过程中，以教学方法为主要切入点的策略研究。

【关键词】思政课程；艺术学研究生；教学方法

2016 年 12 月，习近平总书记在全国高校思想政治工作会议上强调，"高校思想政治工作关系高校培养什么样的人、如何培养人以及为谁培养人这个根本问题。要坚持把立德树人作为中心环节，把思想

① 本文系四川大学研究生教育教学改革研究项目"艺术学研究生思政理论课课堂教学'活'起来实现方式研究"（项目编号：YJSKCSZ2019019）成果之一。

政治工作贯穿教育教学全过程，实现全程育人、全方位育人，努力开创我国高等教育事业发展新局面。"① 落实立德树人根本任务，必须建立全员育人、全过程育人、全方位育人机制，发挥好课堂教学作为人才培养的主渠道主阵地作用，培养又红又专、德才兼备、全面发展的中国特色社会主义合格建设者和可靠接班人。思政课程教育在高校教育教学中，有着重要的价值和意义，是实现全程育人、立德树人的重要平台和抓手。

高校思政课堂教学建设贯穿普通高等教学始终，作为较高阶段的研究生教育，其教育思路、教学理念、教学方法等均不同于本科教育。在艺术学研究生教育过程中，具有其特殊性和针对性，同时亦应关注到综合类艺术大学中的艺术学科与专业院校中的艺术学科研究生的共通性与差异性，为研究的深化提供更多的可能。

基于此，本文将围绕艺术学研究生思政课堂教学内容、过程管理、效果评价等方面进行策略研究。从"艺术学"学科特点着眼，力求以思政课程为平台，实践健全课堂教学、自主学习、结合实践、指导帮扶、文化引领为教学目标的方法和路径。

一、艺术学研究生的现状与思政教育

中国进入了由世界大国走向世界强国的新时代，新时代赋予了青年学生思政引领的新使命。目前，艺术类的研究生主要为"95"后，个别专业为"00后"的群体。研究生的家庭结构中，独生子女偏多，学生对于家庭的依赖偏重，而家庭所给予学生的物质基础和条件保障相对较为优裕，学生的自我意识较强。从外部发展的环境来看，在经济调整、新的发展理念下，我国经济从高速调整转变为中高速发展，处于优化和转换产业结构的过程中，对艺术类的市场带来了一定的冲击。在内外因素相互作用的影响下，艺术类研究生择业、就业的外部压力增加，对学生的心理产生了一定影响。个别艺术类学生存在缺乏长远人生发展规划、拼搏与抗压能力不足等问题。在艺术创作和艺术实践过程中，个别学生缺乏"现实主义"题材的表现作品，缺乏"针砭时弊"的思考与探索，缺失了深度哲理思辨的能力，导致艺术创作

① 新华社. 习近平：把思想政治工作贯穿教育教学全过程[EB/OL]. (2016−12−08)[2020−12−13]. http://www.xinhuanet.com//politics/2016−12/08/c_1120082577.htm.

作品走向了情感的宣泄、欲望的满足、世俗情感的表达、娱乐化发展的趋势。

因此，思政课程教育教学应当适应新时代青年学生群体的特点，增强思政教育、教学的针对性、时代性和有效性，注意把握和提升学生思想引领的吸引力。在时代语境中，要求艺术学研究生教学应当坚持从新时代青年学生新群体的实际特点出发，做好学生思想的引领工作，培养学生，尤其是艺术学研究生的大局意识、忧患意识和悲天悯人的情怀。

二、艺术学学科特点中的研究生思政课程

（一）在艺术学思政教育教学的过程中，应当注重艺术的多重功能和思政教育的协同关系

艺术家在艺术创作的过程中，饱含着对世界的丰富情感和深刻洞见，尤其在当今世界，通过艺术鉴赏所提升的审美品质成为强大的软实力，进而使之成为"思想的时代"或"创意文化的时代"。文化是民族强盛的灵魂和引擎，通过艺术创作和艺术实践反思人类社会和现实生活，更是学术精神中"践行精神"的体现，正如汉末思想家和诗人徐幹所言，"艺"产生于"智"，而"事"依照"艺"而立。

2011年9月，由中国文联、财政部、文化部主办，中国美协承办的中华文明历史题材美术创作工程正式启动，该创作工程以中华民族五千年文明为脉络，遴选中国历史上体现国家统一、民族团结、社会进步、文化创造的重大事件、重要人物、文明成果为艺术表现内容，生动展示中华文明的历史演进，描绘中华民族五千年波澜壮阔的奋斗史诗和各族人民勤劳勇敢、正直善良、自强不息的民族精神与品格[1]。此次创作工程具有重要的价值和意义：从参与艺术家群体和单位来看，全国艺术院校、综合性高校成为创作主力之一，此次创作工程吸引了中国美术学院、广州美术学院、四川美术学院、清华大学等院校教授、导师等艺术工作者参与，在校学生全程见证；通过艺术实践，让高等艺术院校师生进一步认清和明确了新时代的历史使命和历史任务，找准自己的方位和扮演的角色，增强了国家民族认同感，时代新人的历史责任感、使命感和紧迫感，更好地把握远大抱负与脚踏实地的关系；培养了艺术学专业学生的家国情怀，使其自觉树立正确

的历史观、民族观、国家观和文化观。

（二）在艺术作品的创作、实践和表达过程中，应当正确把握艺术学学科特点与思政教育的关系

研究生教育教学，更注重对研究能力、对情感的把握和塑造能力、对历史深厚的体察和感知能力、对社会的反思和表达能力等素质的培养。例如，为进一步深入理解和着力践行"以人民为中心"的发展思想，学生们深入生活、关注现实，用心感受时代变化，潜心研究艺术规律，努力用真情实感和创造性的艺术语言开展"为人民发声、为人民抒情、为人民抒怀"的艺术实践活动，该活动不仅进一步激发了学生艺术创作的活力，而且使"以人民为中心"的文艺思想贯穿美术创作实践和美术活动全过程。

（三）在艺术学课程思政教学过程中，应当注重思政教育介入艺术课程和实践互动的方式

在艺术学课程思政教学过程中，应注意把握思政教师与研究生群体的师生关系，尤其是在教学实践中，要注重师生互动，运用"翻转课堂"，通过教学研讨、全程育人、思想引领、评价体系建设等多种方式，探索适应于学生需求的、丰富多样的教学方式。

2018 年 8 月 30 日，习近平总书记给中央美术学院 8 位老教授回信，向他们致以诚挚的问候，并强调美术教育是美育工作的重要组成部分，对塑造美好心灵具有重要作用。做好美育工作，要坚持立德树人，扎根时代生活，遵循美育特点，弘扬中华美育精神，让祖国青年一代身心都健康成长。结合习近平总书记回信精神，四川大学于2019 年开启"美育专题系列展览"，是国内综合性大学将"美育"贯穿于各学科的一次重要尝试。这次展览，撷取了宋代书画的宝贵资源，将传统文化中的"文人艺术"和"文人思想"贯穿于展览始终。以艺术化的行为、高雅的格调，打动了校内各专业门类学生，引起了广泛关注。学校在开展此次展览活动过程中，通过调动艺术学研究生的积极性，使全校学生参与到"美育"的活动实践中。这一次尝试，就是以"美育"的理念契合"德育"的思想，通过多维协同、协作的方式，将"美育"与思政教育相融合。

（四）在艺术学思政教育教学中，亦当注重艺术学研究生的特点

艺术学研究生思想活跃、具有较强的创造能力，对新鲜的事物保持着较高的兴趣，在新的社会语境中，注重对新媒体的掌握与应用。思政教育在教学方法和教育理念中应结合艺术学研究生的这些特点，通过艺术的方式、图像的表达和肢体语言，传递中华文化深厚的文化底蕴和文化情感，让新时代的大学生在学习艺术人文精神的同时，认识并理解自己肩负的责任。

三、艺术学研究生思政课堂教学方法探究

在艺术学研究生思政教育教学中，教师应当牢牢把握艺术学人文精神实质，注重运用将课程内容与课堂形式相结合的课程结构模式，在创新教学方法、传递精神内核、提升教学魅力等方面有所突破。特别应注重铸魂育人与以文化人的教育理论模式，通过丰富校园文化建设、导入社会核心文化、拓展艺术学创造文化等多种途径，发挥艺术学的优势，提升思政课堂的教学效果，更好地完成教育目标和课堂任务。同时，教师应注重提升学生的格局和视野，引导学生发挥专业优势和学科特点，让学生运用专业技能进行文化创作实践，鼓励和引导学生通过艺术创作实践创作出反映时代精神、大学人文素养的艺术作品。

在艺术学研究生教育教学中，亦要注重在网络时代，视觉文化和图像手段的应用。例如，在四川大学的思政课程教育教学实践中，探索实践的"8秒正能量"社会主义核心价值观典型案例，移动媒介成为课堂表现的主要手段，更适应于大学生的需求和时代的发展。这种方式，在艺术学研究生教育教学中，可以得到进一步的凝练：结合专业特点，通过讲故事、讲道理的形式，讲出深厚的情感，引导学生创作出震撼心灵的作品。

艺术对于社会、人生具有审美认识功能，人们通过艺术创作和鉴赏，可以更加深刻地认识自然、社会、历史和人生，反映更深层次的真谛和内涵。近年来，艺术学门类的研究生在艺术创作中，更加注重通过作品响应"讲好中国故事"的号召。通过艺术的表达方式，展示中华文化魅力、塑造民族形象、挖掘文化资源、展示国家形象。学生

在艺术创作的实践过程中，也完成了自我身份的确证、文化的体认和现实感知的自我教育。总而言之，在艺术学研究生教育教学过程中，艺术功能可助力于思政教学，通过艺术创作与实践，提升思政教学成效。

艺术还可以让人们感受到真、善、美，引起人的思想、情感、理想和追求发生深刻的变化，引导人们正确理解和认识生活。例如，在新型冠状病毒肺炎（简称"新冠肺炎"）疫情防控期间，艺术家们通过动漫、音乐、新媒体、图像和文字等为载体的艺术作品，满足民众需求、传递精神力量、展现对美好事物的向往。这反映出艺术审美认知、审美教育、审美娱乐和寓教于乐的基本功能。艺术学大学生在这一时期的艺术实践中，逐渐发挥出了重要的作用和影响，为信息时代的新媒体探索带来了新的启发。新冠肺炎疫情暴发后，全国各高校学生围绕抗击疫情主题创作海报、绘画等架上艺术作品，在线上宣传中占据了主要板块。学生的创作初衷是通过艺术作品展现最质朴的情感，让人们发现生活中的感人细节，传递生活中的美好。通过艺术探索生命、感知世界、触摸温度，是艺术创作的魅力所在，这在特殊时期，发挥出更加积极的作用。

四、新媒体与艺术学研究生思政课程教学

新媒体时代的来临，赋予青年学生思想引领的新形态，通过"网络育人"等主要形态有所表现。应当看到，网络时代是基于互联网技术的时代，网络时代也是跨疆域的信息共享时代，更是大众传播的新媒体时代。在 2020 年疫情防控期间，"线上"教学模式已基本普及，尤其在艺术学研究生教育教学过程中，这种"线上"模式得到了更多同学的欢迎。以网络为基础，移动新媒体为途径的教学模式，在艺术学课程思政教学中，有了具体的体现和表征。

首先，在新的形势中，新媒体介入课堂教学成为新常态。习近平总书记在 2013 年全国宣传思想工作会议中，将我国思想舆论领域划分为"三个地带"，即红色地带、黑色地带和灰色地带，要求我们要巩固和拓展红色地带、改变黑色地带、稳住并转化灰色地带。其实，在新媒体教育教学中，教师也面临着相同的问题。网络是我们面临的最大的变量，是青年学生思想引领的主战场，也是舆论斗争的主战场。学生关注的焦点在哪里，思政教育工作的重点就集中在哪里。网

络的舆论生态是可以塑造的，思政教育课程的教育教学，应当与网络语言、网络动态相结合，发挥价值引领作用。

其次，电子媒介的设计与表达成为艺术学研究生艺术探索和艺术实践的新途径。信息无国界的共享和覆盖，使得艺术学研究生在艺术创作和艺术实践的过程中，有了不同于传统的新途径。新媒体、多媒体、全媒体、自媒体的迅速发展，让人人都可成为传播者。近年来，"短视频"的出现，受到了艺术学研究生的普遍欢迎，尤其在艺术学理论专业中，如何在较短时间的影像表达中，阐明观点、传递情感和主题表现，成为影视编导课程中的专门课题。学生喜欢利用这种"稍纵即逝"的图像，通过小的角度切入，表达大的主题的创作方式，传递自己在学习和生活中的感悟和诉求。例如，学生在新冠肺炎疫情防控期间的艺术实践，通过纪实影像引发现实关注。以微图像、微时间和微主题等为特征的短视频作品，成为各移动媒体的"流量担当"。移动端口的艺术作品，着重通过小主题、小人物和小情节，映衬作品背后的大视野、大格局和时代温情，这样的艺术作品，在传递情感中输送力量。以疫情期间《战"疫"故事》《武汉按下了暂停键》《武汉因你不同》等微视频为代表，为大学生的艺术创作提供了新的视野，进而各高校创作的艺术作品不断涌现，如四川大学学生创作的《听说你想回学校了》、武汉大学学生创作的《樱花雨》《战役宣传》，等等。

五、艺术学研究生思政课程发展与变革

艺术学研究生思政教育教学应当注重育人体系与教学团队协作机制探究。在基层团体的建设中，发挥党、团支部优势，在以党带团的过程中，以团建的平台带动学生社团的引领和建设，以党的力量凝聚学生。在思政教育的过程中，大学生思想政治教育应当以党建为核心，大学生党建以思想建设为核心，大学生党的思想建设以理想信念、宗旨教育为核心。有树立学生榜样的意识，注重发挥党员同学的先进性和党员先锋模范带头作用，提升党员学生的质量，发挥学生的支部优势，通过党、团组织，提升研究生的凝聚力，以更好地发挥思政教育的教学效果。

艺术学研究生思政教育教学，应当注重教学效果的推广和应用。课堂理论教育教学方式的灵活，体现在"全程育人"的教学思想中。不仅要注重教学理论联系艺术思想，也要通过艺术思想指导艺术实

践，通过艺术作品，投身于社会的实践，更进一步地发挥艺术学的优势。在源远流长的艺术发展脉络中，艺术的优秀传统、深厚的民族底蕴、深切的国家情感，通过艺术作品进行传递。因此，在教学目标中，应当明确鼓励学生通过艺术实践，明晰艺术思想、阐释艺术观念、发挥艺术价值。

在思政教育教学的过程中，线上与线下的互动已经成为不可忽视的主题。这主要表现在网络虚拟与真实空间的互动、校内课程与校外实践的互动、理论明晰与作品表达的互动。在教学效果的评估中，应当注重研究生在面对网络世界和现实社会的感受与反馈，把握学生在虚拟空间中可能出现的"集体无意识"现象和艺术情感的正确表达。由此，更应注重鼓励研究生切实参与到社会公益实践的过程中，以艺术创作和实践的方式，参与到社会精神文化的建设之中。研究生不同于本科生的特点之一，就是其与社会的关系脉络：高年级学生介入社会、走入社会脉络的趋向更为活跃，在教学过程中，更应以此鼓励学生以艺术的角度去观照社会、感知现实和增强体验。

参考文献

［1］冯远. 中华史诗图文志：中华文明历史题材美术创作工程文献集［M］. 北京：人民美术出版社，2018.

［2］骆郁廷. 思想政治教育原理与方法［M］. 北京：高等教育出版社，2010.

［3］中国文联. 中国艺术发展报告 2018［M］. 北京：中国文联出版社，2019.

［4］骆郁廷. 精神动力论［M］. 武汉：武汉大学出版社，2017.

［5］徐刚. 综合改革背景下的研究生思想政治教育研究［D］. 武汉：华中师范大学，2013.

［6］黄宗贤. 延绵中的振兴与突破——现实主义主题性创作的新作为［J］. 美术观察，2020（3）：16—19.

多措并举推动研究生"诚信教育"的探索[①]

孙晓东[1]　张媛媛[1]　高　祥[2]

(1. 四川大学华西基础医学与法医学院；2. 四川大学华西医院)

【摘要】我国高度重视科研诚信建设。作为我国未来科研主力军，研究生的"诚信教育"刻不容缓。本文提出，在课题组组会中融入学术道德与规范教育，通过核实科研原始记录和检查学术报告等途径，将思政教育与科学精神有机融合，全过程对研究生开展"诚信教育"，同时强调课程思政在研究生培养中的重要性，由研究生导师、授课教师、科研院所多维协作、多措并举，推动研究生"诚信教育"。

【关键词】诚信教育；研究生；科研伦理；学术道德与规范；高等教育

《国家中长期教育改革和发展规划纲要（2010—2020年）》提出要培养拔尖创新人才。诚信是一切创新的基础，"诚信教育"在拔尖创新人才的培养中一定要发挥关键作用。研究生首先要准确理解科研诚信和学术不端行为的定义、概念和危害，才能进一步遵守学术道德与规范。研究生来自五湖四海，入学时差异很大，有的研究生来自"985"或"双一流"高校，有的来自普通高校。有的研究生在本科阶段接受过"诚信教育"，有的则全然不知"诚信"是什么，跟自己有什么关系。当前社会竞争激烈，研究生在学习过程中承受着不小的压

① 本文系四川大学研究生教育教学改革研究项目（项目号：YJSJG056，YJSKCSZ2019014），及四川大学华西基础医学与法学院首期高等教育教学改革研究项目资助。

力，个别学生难免多了些功利心。个别研究生由于毕业或申请奖学金的压力，或是由于无知，就可能出现科研不端行为。目前的研究生课程大多只是给研究生传授专业知识，极少引导学生树立"诚信"意识，导致各种学术不端行为频发。有的学术不端行为非常隐蔽，导师难以监管，给社会造成了负面影响。研究生是未来科研的主力军，如果他们对学术不端和科研诚信一无所知或者一知半解，会对我国未来的科研产生巨大而长远的危害。

一、"诚信教育"的必要性和迫切性

人才的竞争是当前世界综合国力的决定性竞争因素。研究生等高层次人才培养是我国科研型大学和研究所的核心任务之一，因此，在研究生培养过程中，要把立德树人的理念和成效作为根本，以思政教育与科学精神培养为主要手段，实施高质量的人才培养方案。近十几年来，国内外学术不端行为屡见不鲜，更加凸显了"诚信教育"的必要性和迫切性。

我国对科研诚信高度重视，颁布了若干科研诚信的规范性文件。2006年，中华人民共和国科学技术部（简称"科技部"）印发了《科技部科技计划课题预算评估评审规范》的通知，强调管理部门应逐步建立评估评审机构信用记录和动态调整机制。同年，科技部印发的《国家科技计划实施中科研不端行为处理办法（试行）》文件将科研不端行为总结为六种，针对科学技术部归口管理的国家科技计划项目的申请者、推荐者、承担者在科技计划项目申请、评估评审、检查、项目执行、验收等过程中发生的科研不端行为，制定了查处的具体办法。根据该办法，科技部于2007年成立了专门的科研诚信管理机构——科研诚信建设办公室（简称"科技部诚信办"）。2007年，科技部又印发了《关于在国家科技计划管理中建立信用管理制度的决定》，切实推进我国科技信用体系建设。2018年，中共中央办公厅、国务院办公厅印发了《关于进一步加强科研诚信建设的若干意见》，明确了完善科研诚信管理工作机制和责任体系，提出要加强科研活动全流程诚信管理，进一步推进科研诚信制度化建设，并切实加强科研诚信的教育和宣传。2019年10月，科技部印发了《科研诚信案件调查处理规则（试行）》的通知，定义了七种科研失信行为，并明确了调查处理的职责分工和举报、受理、调查、处理、申诉与复查、保障与监督要求。2019 年 6 月，中共中央办公厅、国务院办公厅印发《关于进一步弘扬科学家精神加强作风和学风建设的意见》，提倡自觉践行、大力弘扬新时代科学家精神，加强作风和学风建设，营造风清气正的科研环境，构建良好科研生态。

研究生的科研诚信不仅影响国家的科学研究事业，更重要的是，他们未来会成长为行业的领军者和社会大众的榜样，他们是否具有诚信精神会对整个社会风气产生直接影响。因此，诚信教育是新时代立德树人的关键，是研究生培养的育人目标的核心。坚守学术道德和学术诚信应该成为研究生的基本价值观，非常有必要在研究生们刚刚开始自己的科研生涯之时，就在其心中种下科研诚信的"种子"。加强诚信教育不仅是培养拔尖人才的要求，更是党中央对教育者的要求，具有高度的重要性和紧迫性。

二、推动诚信教育的举措

（一）学术道德与规范教育，与课题组组会结合

作为研究生，应该清楚地认识到，学术不端行为不仅从道德角度来看是错误的，更是违规的，还会断送自己的科研前途，甚至会造成更严重的后果。根治学术不端行为不能依靠行为发现后的严格处罚，鼓励研究生自觉践行学术道德与规范才能正本清源。因此，学术道德与规范教育刻不容缓。

然而，目前大多数高校的研究生课程体系尚未纳入学术道德与规范教育相关课程。事实上，国内外大多数生物医学领域的课题组都有组会制度，通过定期组会，开展组内学术讨论、文献报告、进展汇报等，并通过组会解决项目推进中的困难，商讨下一步实验方案。组会这种形式已经被证明是一种行之有效的研究生个性化培养模式，受到导师和研究生的广泛认同。在组会常规内容之外，如果把学术道德与规范教育作为组会的常规内容，将在研究生的"诚信教育"中发挥巨大的作用。首先，组会是定期进行的，通过召开组会，定期提醒研究生遵守学术道德和规范，起到警钟长鸣的作用。其次，组会是要解决具体问题的，导师可以结合实验记录、实验数据处理、论文撰写等环节中可能出现的问题，对学术规范的具体操作和细节进行针对性的指导，而非泛泛空谈，让研究生真正掌握学术道德与规范，学会如何避

免出现学术不端的问题。最后，组会的氛围比课堂轻松，如果每次组会都能结合具体案例或实际操作，传授科研诚信的具体做法，研究生的"诚信教育"才能取得实效。

（二）实验原始记录检查制度

对实验原始记录的核查起源于 1980 年前后美国 FDA 对科研记录和数据完整性的要求。实验原始记录是科研项目开展的具体记载，具有法律效力，其重要性毋庸置疑。只有从原始记录开始规范，才能从源头推进科研诚信和学术伦理。

2020 年 5 月，中科院召开了全院科研诚信建设工作视频会，并发布了《关于科研活动原始记录中常见问题或错误的诚信提醒》，旨在提醒科研人员重视日常科研活动中的原始记录环节。该文件中着重指出了 10 种常见问题和错误，包括研究机构未提供统一编号的原始记录介质；未按相关要求和规范进行全要素记录；将人为处理后的记录作为原始记录保存；以实验完成后补记的方式生成"原始"记录；人为取舍实验数据生成"原始"记录；随意更正原始记录；使用荧光笔、热敏纸等不易长时间保存的工具和介质进行原始记录；未备份重要科研项目产生的原始数据；人事变动时未进行原始记录交接；使用未按规定及时标定的实验设备生成原始记录。该文件针对每一条问题给出了相应的规范，具有重要的指导价值。

目前，不少研究生在实验原始记录方面未能得到足够的指导和培训，导致科研记录的关键细节不完整、不准确、不规范。为了避免学术不端行为的发生，研究生导师应加强实验原始记录管理意识，高度重视原始记录的规范性。并应结合本课题组的学科特点和课题进展情况，定期检查研究生的实验原始记录。也有不少单位已经在指定实验记录规范的基础上，对研究生的实验记录进行"开始培训、过程监督和最后建档"管理，对培养研究生的良好的科研习惯有很大帮助，且能从源头上杜绝学术不端行为的产生。

（三）学术报告学习记录检查制度

国内外都要求研究生在培养阶段参加足够多的学术报告会，通过参加学术报告会，快速了解本领域及相近领域的学术前沿，了解行业动态，开拓视野，为未来的发展打好基础。现有不少单位对研究生参加学术报告会的数量都有要求，一般使用刷卡、签到等方式进行检查，但是对于研究生参加学术报告会的具体收获没有相应的检查。而且，简单的签到方式催生了不少代签到、代打卡等现象，反而削弱了研究生的"诚信"意识。

如果研究生导师或研究机构能够在研究生每次参加学术报告会时，要求研究生认真对学术报告内容进行记录，且不是千篇一律的报告内容记录，而是结合自己的课题，记录自己从中得到的启发和收获。一方面可以提高研究生参与学术报告会的积极性，促使他们深度思考自己的课题；另一方面可以有效杜绝代签到、代打卡等弊端，从细节上增强研究生的"诚信"意识。

（四）传统文化在研究生"诚信教育"中的作用

中华民族传统文化强调"诚信"美德，将传统诚信文化融入研究生培养，不仅能弘扬和传承我国传统诚信文化，增强研究生的文化认同和文化自信，也有利于研究生的人格塑造和科研素养。因此，非常有必要在研究生课程中积极开展课程思政建设，研究生课的授课教师应发挥积极的育人作用，将我国传统的诚信文化融入研究生课的教学内容，采用多种技术手段强化诚信教育，也可在课程考核中采用无人监考等模式，让学生感悟诚信。

三、总结

弘扬科学精神、维护科研诚信是每一位科研工作者的职责。一方面，授课教师要发挥积极的育人作用，在研究生课程中融入中国传统文化中的诚信文化，让研究生掌握必要的科研伦理和学术规范；另一方面，研究生导师发挥着关键作用，通过组会、原始记录检查等多种方式加强研究生的"诚信"意识。只有研究生导师、科研院所、研究生课程授课教师等多方面协作，多措并举，才能积极推动研究生"诚信教育"顺利实施，为我国早日成为科研强国贡献力量！

参考文献

［1］中华人民共和国教育部. 国家中长期教育改革和发展规划纲要（2010—2020 年）［Z/OL］.（2020－07－29）［2021－03－12］. http://www.gov.cn/jrzg/

2010—07/29/content _ 1667143. htm.

[2] 中共中央办公厅，国务院办公厅. 关于进一步加强科研诚信建设的若干意见[Z/OL]. (2018—05—30)[2021—03—12]. http://www. gov. cn/zhengce/2018—05/30/content _ 5294886. htm.

[3] 中共中央办公厅，国务院办公厅. 关于进一步弘扬科学家精神加强作风和学风建设的意见 [Z/OL]. (2019—06—11) [2021—03—12]. http://www. gov. cn/zhengce/2019—06/11/content _ 5399239. htm.

[4] 张冠茂，王志爽. 组会在研究生教育培养模式中的应用研究 [J]. 工业和信息化教育，2017 (8)：27—31.

[5] 刘懿婕，王科，吴震. 定期组会制度在神经外科专业研究生培养中的体会 [J]. 中国卒中杂志，2016，11 (8)：709—712.

[6] 中国科学院科研道德委员会办公室. 关于科研活动原始记录中常见问题或错误的诚信提醒 [Z/OL]. (2020—05—22) [2021—03—12]. http://www. jianshen. cas. cn/kyddwyh/zdgf/202005/t20200522 _ 4747247. html.

[7] 龚华芳，于沛. 科研原始记录的规范与管理研究——以药学研究生的科研记录规范为例 [J]. 科技管理研究，2018，38 (11)：75—80.

[8] 孔雅娴，郝禹，曾辉，等. 规范传染病研究所研究生实验记录管理的有效措施探讨 [J]. 中华实验和临床感染病杂志（电子版），2014，8 (5)：721—723.

[9] 冯健，赵京. 加拿大研究生教育模式、特点及启示 [J]. 高教学刊，2017 (15)：14—16.

[10] 高瑾，姜琳琳. 关于将传统诚信文化融入研究生思想政治教育的思考 [J]. 佳木斯职业学院学报，2020，36 (9)：6—8.

高校外语专业语言教学与文化自信

蒋红柳

（四川大学外国语学院）

【摘要】 语言与文化交互影响并透过人们的语言使用而体现文化的特质，语言不仅用文字记载所属的文化，也促进了不同国家和民族间人们的相互了解与交流互动。如何在外语专业的语言课程教学过程中，既能让学生学习掌握运用目的语并了解其所承载的异域文化和社会习俗，同时通过学习互鉴又能对自己的母语和文化有更深切的认知，进而对自己所属的文化有更强烈的认同与自信，是新时代高校教师需要不断探索并在课堂教学中努力实践的课题。青年代表国家的未来，是中华民族实现伟大复兴延绵不断的中坚力量。对外语专业的学生而言，能够运用目的语实现与母语人群的交流互动，架起不同文化间交流的桥梁，在跨文化交际过程中充分展现对祖国文化发自内心的热爱与自信，应是我们教学的根本目标。

【关键词】 外语语言教学；文化自信；中西方文化

一、引言

2020 年 9 月 22 日，习近平总书记主持召开了教育文化卫生体育领域专家代表座谈会并强调：全面推进教育文化卫生体育事业发展，不断增强人民群众获得感、幸福感、安全感。他对教育提出了具体要求："坚守为党育人、为国育才，努力办好人民满意的教育，在加快推进教育现代化的新征程中培养担当民族复兴大任的时代新人。"中共中央办公厅、国务院办公厅[1]在《关于深化新时代学校思想政治理论课改革创新的若干意见》中指出：教育是国之大计、党之大计，承担着立德树人的根本任务。思政课是落实立德树人根本任务的关键课程，发挥着不可替代的作用。要贯彻落实党的教育方针，解决"培养人""怎样培养"以及"为谁培养"等一系列问题，要求高校教师坚持不懈地以习近平新时代中国特色社会主义思想来教书育人。教育部在《高等学校课程思政建设指导纲要》[2]中强调：全面推进课程思政建设，就是要寓价值观引导于知识传授和能力培养之中，帮助学生塑造正确的世界观、人生观、价值观，这是人才培养的应有之义，更是必备内容。对高校外语专业的语言教学而言，如何在外语专业的语言课程教学过程中，既能让学生学习掌握运用目的语并了解其所承载的异域文化和社会习俗，同时通过学习互鉴又能对自己的母语和文化有更深切的认知，进而对自己所属的文化有更强烈的认同与自信，是新时代高校教师需要不断探索并在课堂教学中努力去实践的课题。本文结合教学工作实践及学生对教学活动的反馈，简要探讨外语语言教学与培养学生文化自信的路径。

二、语言与文化的相互影响关系

每一种语言在其语音的"外壳"里都有各自内在的"编码"，该"编码"体现了该语言所属社会的世界观、价值观和历史文化的传承，简而言之，语言即"文化编码"，能客观地反映一种社会文化现象。在当代语言学研究中，学者们越来越重视探讨语言与文化的关系。诺曼·费尔克拉夫[3]提出："语言使用中的变化方式是与广泛的社会文化过程联系在一起的，因此，也逐渐意识到将语言分析作为研究生活变化的一种方法的重要性。"社会语言学便是在这一背景下于20世纪60年代中期发展起来的跨学科语言研究。语言与社会文化互动关系是社会语言学研究的基本课题，这一综合性的跨学科研究在研究人类语言时，除继续关注语言内部因素外，同时将很大一部分研究重心移到了语言外部因素（社会因素）上，主要从社会学、心理学等不同的视角来考察现实中的各种语言现象，讨论分析语言与社会文化间的相互影响关系；考察人们因社会地位、社会阶层、性别和种族等因素而形成的语言变体或话语特征。社会语言学是从语言的社会属性出发，用社会学的方法研究语言，从社会的角度解释语言变体和语言演变[4]。社会语言学不仅成为语言研究的一个重要领域，也成为语言教学中分析解释语言使用中的社会文化现象的重要理论工具。

按照《关于深化新时代学校思想政治理论课改革创新的若干意见》所阐述的指导思想和要求，新时代的教育工作应做到：全面贯彻党的教育方针，坚持马克思主义指导地位，贯彻落实习近平新时代中国特色社会主义思想，坚持社会主义办学方向，落实立德树人根本任务，坚持教育为人民服务、为中国共产党治国理政服务、为巩固和发展中国特色社会主义制度服务、为改革开放和社会主义现代化建设服务，扎根中国大地办教育，同生产劳动和社会实践相结合，加快推进教育现代化、建设教育强国、办好人民满意的教育，努力培养担当民族复兴大任的时代新人，培养德智体美劳全面发展的社会主义建设者和接班人。

在外语教学领域，外语习得能让非母语的学习者更好地观察了解母语之外的世界，掌握了一门外语，就能更直接地去了解目的语民族说话人的思维方式、社会习俗和行为规范，是熟悉目的语所属社会文化的一个非常重要的途径。同时，掌握了外语就能更好地开展跨文化交际活动，通过有效沟通和积极介绍本民族的历史与文化，能更好地达成不同国家间人们的相互理解并尊重相互的文化和社会习俗，达到跨文化间沟通交流的目的，并为构建人类命运共同体做出贡献。

在高校外语专业语言教学过程中，教师通过讲解社会变量与语言的相互影响关系，能让学生清楚地了解语言如何受社会文化规约的规范和影响；同时，人们利用语言开展社会交往活动，通过语言反映社会结构、社会制度等社会文化问题。从社会语言学视角来看，语言与文化交互影响并透过人们的语言使用而体现独有的文化特质，因此，外语学习除了让学习者习得目的语的语言使用能力外，还能帮助学习者了解并感受到异域文化的总体风貌。因而，外语习得应与该目的语所承载的文化学习相结合，从而达到自由表意并避免跨文化交际时出现误会与冲突的目的。基于此，高校外语专业的语言教学不能只讲授目的语的语言形式及内部结构等静态关系，也不能仅对现实生活中的语言现象进行经验性地客观描述，更为关键的是，要努力去合理解释产生这些语言现象的社会、历史和文化源流，以及民族属性等社会文化因素。在此基础上，还应将非母语的社会文化因素与本民族母语所属的社会文化特质、文明发展历程等进行比较分析，切实做到既尊重目的语所属历史文化及其文明，又对本民族的语言、历史文化及文明充满自信，博采众长进而达到不同文明间的交流互鉴的目的。要达成这一目标，就需要我们对语言与所属社会文化的相互影响关系开展整合教学。

三、外语语言教学应与所属文化知识学习相结合

在教育部《高等学校课程思政建设指导纲要》中，针对专业教育课程提出：要根据不同学科专业的特色和优势，深入研究不同专业的育人目标，深度挖掘提炼专业知识体系中所蕴含的思想价值和精神内涵，科学合理拓展专业课程的广度、深度和温度，从课程所涉专业、行业、国家、国际、文化、历史等角度，增加课程的知识性、人文性，提升引领性、时代性和开放性。从宏观文化视角来看，文化是人类在社会历史发展进程中所创造的物质财富和精神财富的总和。文化既总括了人类发展历程中所形成的价值观与创造力，也概括了人类所掌握的认知体系、生活方式和行为规范。

外语语言教学的基本目标是培养一批拥有目的语语言使用能力，能够在跨文化交际过程中熟练运用目的语的跨文化交际人才。从语言与文化相互影响的视角，基于"语言结构，包括语音、词汇和语法结构对客观世界的现实有一种深刻的对应关系。"[5]这一认知，我们便可领会到语言是与文化相辅相成的，语言既是人类社会交际的工具，也是文化的载体。例如，与中华文明共同发展的汉语便表征了地大物博、历史悠久，地域山川风貌多姿多彩，民族源流多元共生，经历数千年的互融而凝结成的博大精深、气象万千的中华文化。

如上所述，习得并掌握外语的主要难点之一在于人类话语本身不仅受各自语言的句法、词汇等语言内部结构的规范，同时也会受所属社会文化习俗等语言外部环境的约束，即所谓的社会规范。正如语言学家索绪尔指出的："从社会规范中产生出来的行为必须用社会规范来解释。同样，发出声音本身不是社会现象，但说一句话却是社会现象。能产生这一社会现象的原因是人与人之间有一套约定俗成的规则系统——语言"。[6]语言在人们的话语交际过程中起着十分重要的作用，是人们社会交往的主要载体，这是语言与文化相互影响所决定的。在西方语言学和社会语言学研究中，较早便开始关注语言与文化的相互关系问题，例如，著名的萨丕尔—沃尔夫假设（Sapir—Whorf hypothesis）。该假设认为，一个人的世界观形成会受到所使用语言

的深刻影响,当人们使用语言时,其句法词汇以及语音语调等语言内部要素会在人的无意识中构建人的语言习惯,而这些语言习惯又反映了社会现实。不同语言所反映的社会现实具有差异,语言特别是语言使用会受所属社会文化的深刻影响,语言同时又表征了所属社会文化。徐大明等[7]同样指出:"同一个民族的人,或生活在同一个文化区域里的人,往往有着类似的生活经验,这就是人类语言在现代体现为民族语言和方言的基础。"社会语言学研究发现,即使是使用同一种语言,人们仍然会因为地区方言、社会阶层、年龄、性别以及种族等社会因素而出现话语交流困难的现象,于是开始重视并考察同一语言因不同的地理区域、不同的社会阶层、性别和年龄等因素所产生的语言变体现象,同时也研究语言特别是话语实践对社会文化的影响和作用。

明确了语言与文化的相互影响关系,我们就应在语言教学中更多地让学生观察体会语言使用过程中或明示或隐含的社会习俗规约与文化表征现象,进而通过不同语言与文化特征的比较,了解掌握目的语与母语在使用上的异同,在习得外语语言能力的同时,加深对母语知识的掌握并强化对本民族文化的认知,提升文化自信。例如,我们在学习莎士比亚的诗文戏剧作品时,可将我国优秀的传统古典名著《红楼梦》加以对比分析,让学生从东西方的精神财富中习得更多的人文知识,并在这样的学习过程中把握东西方文化的异同之处,感受中华民族悠久历史所积淀的文明力量。让学生们懂得任何一种长久存在并对历史产生重大影响的文化理念和精神都不是偶然出现的,都有其产生的自然、社会、历史、传统以及杰出人物贡献等深层原因[8]。

母语与非母语的语言习得,实质上都是在获得语言能力的同时了解该语言所表征的社会现象,也就是了解语言使用的社会作用,了解语言与社会文化的相关性和规约性关系,即通过规约性来理解语言的社会性,从而认识到人类在使用语言时会受到社会文化习俗的约束。正因为语言与文化具有如此紧密的相互影响关系,那么当我们学习属于不同文化的外语时,就必须学习了解目的语所处的社会文化环境,以及目的语受其文化影响的状况。以外语语音教学为例,当我们学习掌握外语的音系特征、语音语调的音高特性时,通过与母语的音系系统、语音语调特征异同开展对比教学,不仅可以让学习者更好地习得目的语的语音语调,同时还能加深对自己母语音系特征的认识和掌握。历史演进表明,汉语不仅是汉族的通用语,也是形成我国多民族共同文化的纽带和基石。中华文化的特质折射在语言上，便是在"书同文"的前提下，既有统一的文字，又存在众多的方言方音，这些方言方音不仅代表了我国悠久的历史和不同区域的人文特色，同时也构成了我国丰富多彩的多元人文环境，承载了数千年不曾断裂的中华文化。从文化传承的视角，方言作为地方民俗文化的重要载体，承载了丰富的地域文化内涵，正是这些不同的地域文化共同组成了我们中华民族丰富多彩、博大精深的文化特性，成为中华民族宝贵的文化资源，也是我们文化自信的底气之源。

四、文化自信与高校外语专业教学

习近平总书记在庆祝中国共产党成立95周年大会上指出，文化自信，是更基础、更广泛、更深厚的自信。在5000多年文明发展中孕育的中华优秀传统文化，在党和人民伟大斗争中孕育的革命文化和社会主义先进文化，积淀着中华民族最深层的精神追求，代表着中华民族独特的精神标识。他说，没有高度的文化自信，没有文化的繁荣兴盛，就没有中华民族伟大复兴。要深入挖掘中华优秀传统文化蕴含的思想观念、人文精神、道德规范，结合时代要求继承创新，让中华文化展现出永久魅力和时代风采。习近平总书记在教育文化卫生体育领域专家代表座谈会[9]上，再次强调了要坚定文化自信，推动中华优秀传统文化创造性转化、创新性发展，继承革命文化，发展社会主义先进文化，不断铸就中华文化新辉煌，建设社会主义文化强国，并指出，统筹推进"五位一体"总体布局、协调推进"四个全面"战略布局，文化是重要内容；推动高质量发展，文化是重要支点；满足人民日益增长的美好生活需要，文化是重要因素；战胜前进道路上各种风险挑战，文化是重要力量源泉。要把文化建设放在全局工作的突出位置，坚持以社会主义核心价值观引领文化建设，加强社会主义精神文明建设，繁荣发展文化事业和文化产业，提高社会文明程度，发挥文化引领风尚、教育人民、服务社会、推动发展的作用。这些高屋建瓴的表述和对中华优秀文化的尊崇，指明了我们文化自信的根基所在。

由《中华文化论坛》杂志社举办的"中华文化论坛·文化传承与文化强国学术研讨会雅安倡议"提出[10]："文化作为一种精神力量，转化为人们认识世界、改造世界的思想先导和价值引领，广泛而深刻地融入经济社会发展之中，成为推动国家现代化进程的内驱力。"纵观人类发展历程，社会发展与繁盛，人类物质与精神文明的提高，都离不开文化的滋养和引领。解决人类共同面临的各种挑战，更需要从不同文明中去寻求智慧、探索解决方案。而要构建人类命运共同体的人文基础，则需要世界各国不同民族和不同文化间的交流互鉴。站在文化自信的高度，从文化传承和发扬光大的视角，我们需要在外语教学的过程中，一方面学习其他国家、民族在语言文化方面的丰富成果，另一方面也要加强对中华文化和汉语的学习，做到取长补短和互鉴融通。在习得外语语言能力的同时，了解异域文化；通过与母语及其文化异同的对比学习，让学生加深对本民族文化的认知，促进不同文化间的交流沟通，对传播、传承和保护本民族优秀文化均具有重大的现实意义，也会进一步助力和增强我们的文化自信。

以助力文化自信为目标的高校外语专业语言教学，能让教师更加明确如何在教学过程中让学习者了解外语学习与掌握母语具有同等重要性，明确学习和掌握外语是为了在跨文化交际活动中能够与不同国家的人民之间开展沟通交往，学习互鉴。我们应认识到，学好外语的前提是要对自己母语的语言文化有深刻的了解和掌握，认识到汉语所承载的中华文化积聚了中华民族五千年的民族智慧，对大自然和社会文化的认知以及价值创造，是一笔巨大而宝贵的精神财富，值得我们认真学习和汲取其中的丰富营养。只有这样，学习者才能在未来的跨文化交际活动中博采众长，充分展现驾驭外语的能力和对中华文化的高度自信。就语言习得而言，通过外语和母语之间比较学习，能让学习者从不同语言在语音、词汇等语言使用的差异中探索不同国家社会文化异同，同时加深对本民族语言文化的理解。因此，教师的使命是让我们的年轻一代不仅能熟练使用外语，而且能用好其生长、生活环境所属的母语，成为跨文化交际和传播中华民族灿烂文化的使者，增强年轻一代的文化自信和更全面的成长，为中华民族的伟大复兴做出贡献。

五、结语

同在一个地球上的不同民族的一个共同性，便是在人类社会发展的漫长历程中，各自创造、发展和形成了多姿多彩的人类文明。无论是中华文明还是世界上的其他文明，都是人类文明创造的成果，属于全人类。文明的多样性是人类进步的动力之源，而不同文明的交流互鉴则是各国人民所拥有的共同愿望。正如习近平总书记在 2014 年 3 月 27 日于联合国教科文组织总部发表演讲时所强调的，"文明因交流而多彩，文明因互鉴而丰富"，不同文明之间应该加强交流互鉴。

《关于深化新时代学校思想政治理论课改革创新的若干意见》指出：发挥所有课程育人功能，构建全面覆盖、类型丰富、层次递进、相互支撑的课程体系，使各类课程与思政课同向同行，形成协同效应。高校外语专业的语言教学应在教学过程中以习近平总书记所倡导的"文明互鉴"为指引，充分利用外语教学的独特性，很好地将不同语言所属社会文化与中华文化进行互鉴介绍，让学生既学习其他民族的优秀文化，又能够了解掌握自己民族的优秀文化，并利用掌握外语的优势而自发对外传播中华民族的灿烂文化，从而助力和强化我们的文化自信。

参考文献

［1］中共中央办公厅，国务院办公厅．关于深化新时代学校思想政治理论课改革创新的若干意见［Z/OL］．（2019－08－14）［2020－09－16］．http://www.gov. cn/zhengce/2019－08/14/content＿5421252. htm.

［2］教育部．教育部关于印发《高等学校课程思政建设指导纲要》的通知：教高〔2020〕3 号［A/OL］．（2020－05－28）［2020－09－16］．http://www.gov. cn/zhengce/zhengceku/2020－06/06/content＿5517606. htm.

［3］诺曼·费尔克拉夫．话语与社会变迁［M］．殷晓蓉，译．北京：华夏出版社，2003.

［4］游汝杰，邹嘉彦．社会语言学教程［M］．上海：复旦大学出版社，2004.

［5］束定芳．隐喻学研究［M］．上海：上海外语教育出版社，2000.

［6］乔纳森·卡勒．索绪尔［M］．宋珉，译．北京：昆仑出版社，1999.

［7］徐大明，陶红印，谢天蔚．当代社会语言学［M］．北京：中国社会科学出版社，1997.

［8］GU, SHARRON. A cultural history of the Chinese language［M］. Jeferson：McFarland & Company, Inc. , Publishers，2012.

［9］人民日报．习近平主持召开教育文化卫生体育领域专家代表座谈会强调全面推进教育文化卫生体育事业发展 不断增强人民群众获得感幸福感安全感

［EB/OL］．（2020－09－23）［2020－09－23］．http：//politics．people．com．cn/n1/2020/0923/c1024－31871246．html.

　　［10］李明泉．中华文化论坛·文化传承与文化强国学术研讨会雅安倡议［J］．中华文化论坛，2018（6）：4－5.

高校课程思政中的思政元素
的挖掘、梳理分析

梁 瑜

（四川大学高分子科学与工程学院）

【摘要】 课程思政的表达内容、推行进度和教学效果都会受到思政元素多寡的影响，如何更好地在各科专业教学中进行思政元素的挖掘、梳理成为当前的教育难点。本文以"立德树人"为立足点，首先阐述了思政元素的概念以及挖掘梳理时应遵循的原则，其次分析了课程思政中思政元素挖掘梳理的主要路径，最后概述了提升课程思政教学质量的途径，希望为课程思政的开展提供理论支撑。

【关键词】 课程思政；思政元素；挖掘；梳理

马克思主义认为，历史时代的变革会引起该时代人们普遍理论思维的内容和形式变更。思政要素的本质是一种在教育中体现立德树人思维理念的精神文化内涵，因此，思政元素的存在并非简单的政策或教条，而是在整个教育体系中平衡兼顾教书与育人的联系[1]。本文认为，思政教育贯穿教育教学全过程，实现对学生全方位的培养。思政元素蕴含在专业知识体系中，负责价值引导和品德培育，致力于立德树人根本任务，可以说，思政要素的核心在"思想"、定位在"政治"、根本在"育人"。

一、挖掘、梳理思政元素遵循的逻辑原则

挖掘、梳理思政元素的本质是观察、反思和揭示真理与价值，遵

循以具体事件为根本对本质根源进行提纯，以客观材料为基础对内涵逻辑进行凝练，以直观感知为根本对辩证思维进行抽象，矛盾关联借鉴于经验表象，意志情怀由印象认知得以升华[2]。因此，挖掘、梳理思政元素的过程需要对教学目标进行精细化管理，对师资力量进行整合。首先，应该对课程的学科属性、教学体系等进行深挖，从而达到在不同专业、不同规格的人才培养体系中融入"立德树人"的根本要求。其次，挖掘、梳理思政元素的最终目标是拓展教育内容的深度和广度，拓展学生的视野和格局。当然，提炼、梳理、挖掘思政元素并不是单纯地将各学科专业知识中的部分知识进行剥离、收集、整合，而是以学科知识中蕴含着的科学文化思想为基础对其进行提炼。

二、课程思政中思政元素挖掘、梳理的主要路径

（一）思政元素的分类挖掘

思政元素不是独立存在于某类专业中，而是蕴含在各类专业知识中，通过结合各类知识理念而诞生的学科体系。在各类思政课程中，将思政元素进行挖掘、梳理的过程，就是对人们思想的进一步引导与铸育的过程，相当于对现有思政元素的"再加工"。因此，只有结合了课程性质、学科背景、教学内容的总体教育内容，对思政元素进行分类、挖掘、梳理、提炼，才能总结凝练出蕴含其中的思政元素。

从不同学科专业的发展进程与中国特色社会主义的改革建设历程出发，对辨识能力和经验教训进行深入挖掘；从学科原理和专业知识出发，对社会主义基本立场以及观点方法进行深入挖掘；从专业素养与职业要求出发，对使命担当和理想责任进行深入挖掘；从民族复兴与个人成才出发，对人类高品质的精神追求进行深入挖掘；从教师个人经历与大师成长之路出发，对价值认同和榜样力量进行深入挖掘；从社会主义文化建设和中华民族优良文化出发，对自尊自信和文化内涵进行深入挖掘。单论个体包含有思政元素的价值观，如果其中不以专业知识为根基进行构建发展、优化，其体现出的价值与对人类的贡献是空洞虚无的，而经过与专业知识结合之后的分类提炼再加工，才是对思政内容重组后的细化推进，其蕴含的思想精髓才能更好地在教育内容中表现出来，并与专业知识进行融会贯通。

（二）思政元素的分层挖掘

人类的逻辑思维在对世界概念与理解的把握上具有差异性以及十分复杂的概念框架结构，同时，这几种概念框架可以以常识、科学与哲学等层次进行划分。通常人们通过直观经验去构架常识世界概念框架，通过思维观念去构架科学世界概念框架，通过抽象理解去构架哲学世界概念框架[4]。基于概念框架层次的不同，也可以对人类思维进行层次上的划分，通常以经验、观念和意义作为三种思维层次。

首先，对经验层次的挖掘要充分考虑学生在大学阶段的思想品德发展规律，以及作为人类所共有的精神世界架构：即通过经验直观可以从日常生活中获取并培育的生活模式，如判断是非的基本标准、集体归属感、新时代被普遍认可的道德规范，以及在自身领域勇于探索的研究工作热情等。

其次，对观念层次的挖掘要充分对思维方式和理性认知进行了解、熟知，如法治观念、核心价值观等。

最后，对意义层次的挖掘要以反思超越创新的信念信仰为基础，这个层级的思维元素达成较难，如奋斗一生的理想信念、为中华民族崛起而奋斗的理想、个人生活与社会发展的联系反思，以及对世界进行改造和影响的决心等。

（三）思政元素的分专业挖掘

学科专业的差异性造就了学科课程中会对学生呈现不同的内容，并会对学生不同技能领域进行培养，因此，每个学科的育人目标是不相同的。思政元素在大多数专业中均有涉及，但每个专业中思政所形成的学科主线还是具有差异性的，需要将学科专业主线找准才能更好地对思政元素进行挖掘。因此，应对不同专业进行深入研究，对专业知识体系中所蕴含的思想价值和精神内涵进行深层次挖掘、提炼和拓展，使专业课程所涉及的内容更有广度和深度。

中文、哲学、历史类专业的主要研究任务是探究人类社会及人类所具有的文化思维，作为人文社会科学的主要学科，其思政元素主线应该对各种社会科学文化知识兼收并蓄，致力构建全方位、全领域、全要素的哲学社会科学体系，更加注重以文化人、以文育人，不懈培育和弘扬社会主义核心价值观，确立稳定平和的基本立场。

经济、法学、管理类专业的主要研究任务是对社会生活提供的服务、治理、运转等过程的研究。这类学科作为经管类的代表专业，其思政元素主线需要具备通达睿智、理性科学的特质，帮助学生树立正确的世界观、人生观、价值观，致力于经世济民，坚定服务社会、服务他人的理想信念，让学生成为社会主义核心价值观的坚定信仰者、积极传播者、模范践行者。

教育学类专业的主要研究任务是教书育人、为社会培养更优质的人才。教育课程中的思政元素主线的根本任务是确立培养人的目标、方法与服务人群。育人的根本目标是立德树人，作为教育学科的学生要具备以身作则的品质以及铸魂育人的决心，以德立身、以德立学，努力成为先进思想文化的传播者、党执政的坚定支持者。

农学类专业的主要研究任务是为国家更好地持续发展提供保障，致力于粮食作物的科技增产。农学课程中的思政元素主线是要培养学生怀揣造福人类的梦想，努力为粮食实现高质高产而奋斗，同时，要让学生树立生态文明的环保理念，具备强农兴农的人生理想。

医学类专业的主要研究任务是救死扶伤，具备妙手仁心的能力与品质。医学课程的思政元素主线应以培养学生业务能力以及培养医护人员高尚品德为立足点，使学生不仅具备精湛的医术，更重要的是以思政元素贯穿医学学科的整个教育体系从而培养学生良好的医德医风。

艺术学类专业的主要研究任务是不断提高大众审美认知和丰富审美教育功能，塑造学生文化涵养，传播人类文明。艺术课程的思政元素主线贯穿于美育全过程，坚持立德树人，扎根时代生活，遵循美育特点，帮助学生树立正确的人生观、价值观、艺术观和创作观，让学生创作出更多弘扬社会主义核心价值观、传播中华优秀传统文化、革命文化、社会主义先进文化、科技创新文化等优秀文化精神的艺术作品。

理学、工学类专业的主要研究任务是科技强国，以创新实践为社会进步提供现实基础。理工课程的思政元素主线是要培养学生具备刻苦钻研、追求真理的精神，激励学生树立崇高理想，自觉把个人的理想追求融入国家和民族的事业中，以保卫国家和科技报国为使命担当，树立为共产主义远大理想和中国特色社会主义共同理想而奋斗的信念和信心。

三、提升课程思政教学质量的途径

课程思政的教育开展主体是教师，但高校教师的选拔和聘请首先是看其专业能力，而过于看重教师学术视野的同时，忽视了对其人文素养的要求[5]。某些教师因为个人阅历、性格以及学习经历等原因并没能形成较高的个人素养，因此，其负责的专业教学也就缺少了对学生思政元素的传播与教诲。

针对此类问题，首先要对教师的人文素养进行培养，承担"课程思政"的教师本身就要具备较高的思想政治素养。2016年12月，习近平总书记在全国高校思想政治工作会议上指出，教师是人类灵魂的工程师，承担着神圣使命。传道者自己首先要明道、信道。要加强师德师风建设，坚持教书和育人相统一，坚持言传和身教相统一，坚持潜心问道和关注社会相统一，坚持学术自由和学术规范相统一①。教师应以德立身、以德立学、以德施教。因此，教师不但要有精深的专业知识，还需不断提升个人思想政治水平，保持思想的先进性，努力成为先进思想文化的传播者、党执政的坚定支持者，更好担起学生健康成长的指导者和引路人的责任。

为进一步规范高校教师履职履责行为，落实立德树人根本任务，弘扬新时代高校教师道德风尚，努力建设有理想信念、有道德情操、有扎实学识、有仁爱之心的高校教师队伍，2018年11月16日，教育部公布了《教育部关于高校教师师德失范行为处理的指导意见》，意见明确了高校教师师德失范行为实行"一票否决"的情形、处罚类型等，为高校选聘老师指明了方向。此外，要培养高校教师的科研能力，老师生涯不仅仅是运用教学能力，也要能够通过科研能力去总结教学过程，从而能够完成对教学目标、方案、内容等的驾驭、优化或者评价总结。改善现阶段教师队伍中教学基本技能匮乏、现代教育技术运用不熟练以及部分教师不具备教学组织和研究能力等现状问题。学校要建立完善针对高校教师职业道德水平的合理评价体系，加大对优秀教师的奖励力度，同时加大对师德败坏老师的惩罚力度，让众多教师真正理解教育教学过程的本质是立德树人、以人为本。

---

① 新华社. 习近平：把思想政治工作贯穿教育教学全过程［EB/OL］.（2016－12－08）［2020－12－13］. http://www.xinhuanet.com//politics/2016－12/08/c_1120082577.htm.

四、结语

推进教师对教育目标的优化，将人文情怀、道德教育、爱国教育等思政元素更好地与教学活动进行融合。高校课程思政要以优质的教师队伍、课程建设以及课堂教学来达到与各类课程的协同效应，从而更好地构建全方位育人大格局。

参考文献

［1］王东征. 创新发展理念下的高中思想政治课程建设［C］//王文革，苏云波. 第十七届沈阳科学学术年会论文集. 沈阳：沈阳市科学技术协会，2020：319—322.

［2］谢冰松. 推进"三全育人"改革彰显课程思政魅力［N］. 河南日报，2020—10—23（12）.

［3］刘蕾，崔宇，高鑫，等. 思政元素中融入工程力学课程的设计与实施［J］. 国际公关，2020（12）：194—195.

［4］董尚文. 推进哲学教育课程思政建设的思考［J］. 学校党建与思想教育，2020（20）：42—44.

网络空间安全专业开展"课程思政"教育探讨

杨 进[1] 杨 频[1] 李芸洁[2]

（1. 四川大学网络空间安全学院；2. 中共乐山市委党校）

【摘要】在我国面对外部环境复杂多变以及西方技术封锁的新形势下，网络空间安全专业知识传授与课程思政紧密结合具有必然性和紧迫性。鉴于网络空间安全专业的自身特点，本文探索了构建课程思政与专业知识传授的过程，主张以"立德树人"为根本任务，进行"春风化雨"的深度融合，开创育人教育新尝试，实现培养德才兼备、专业素质过硬的网络空间安全高素质人才目标。

【关键词】课程思政；教育改革；网络空间安全

一、引言

当前，新一轮前沿科技革命，包括生命科学、量子技术、物联网、人工智能、移动通信，尤其是网络信息技术为代表的科技革命迅猛发展，已经成为重塑世界格局的主导力量，从而推动全世界经历前所未有的深刻变化。正是在这样的背景下，网络空间安全对于国家的经济发展乃至国防安全都具有重要影响，因此，各国对网络空间安全专业人才的需求愈加迫切。然而，传统的网络空间安全专业课堂教学中往往只注重专业技术技能的培养，与思想政治教育分割，已不能满足新形势下高校教育的迫切需求。新形势下，高校要围绕学生积极开展各种类型的思想政治活动[1]，采取正面引导的方式培养学生形成正确的人生观和价值观。为社会培养出优秀的人才，不仅需要当代大学生具备扎实过硬的本领，还需要在思想觉悟上与时俱进。只有将专业课程与"课程思政"建设融合在一起，打破传统思想教育和专业业务技能相互隔绝的"孤岛效应"，才可以培养出更加符合时代所需的大学生。在这样的形势下，推进"课程思政"建设业已成为高校教育研究的重要课题。本文围绕"课程思政"研究与实践，探索网络空间安全专业的"课程思政"建设。

二、网络空间安全专业开展思政教育的重要意义

（一）国际形势倒逼课程思政教育改革

众所周知，中美贸易摩擦下，美国不惜动用举国之力假借实体清单、通过芯片限制等手段无端打压我国的高科技企业，遏制中国在5G等技术方面的发展。中兴事件、华为事件等不断地打碎我们对国外技术依赖的幻想，我们清楚地认识到，只有核心技术牢牢掌握在自己手中实现自主可控，方能在以后的发展中不被卡脖子。培养一大批专业素质过硬的科技人才，是实现我国科技整体水平提升、拥有自主创新能力、突破西方技术壁垒的关键所在。而在人才培养众多的目标任务中，需要回答的首要问题是培养什么样的人才。我们必须要培养一批坚持党和国家的战略导向的德才兼备的人才。这样的人才，是思想素质过硬的爱国科学家、领军人才、管理人才、经营人才、卓越工程师、高级技师等。他们将分散在各个细分专业，迎来技术革命，推动整个专业技术的升级换代，抢占全球科技竞争制高点，实现关键核心技术自主可控。在这样错综复杂的国际新形势下，课程思政改革已经势在必行。

（二）国家对课程思政教育改革的紧迫性

党的十八大报告将"立德树人"作为教育的根本方针，十九大报告中再次明确了"落实立德树人根本任务"这一目标[2]。"立德树人"不是孤立的、机械的、静态的过程，而是有机地贯穿于高校对大学生的思想道德教育、专业知识教育、社会实践教育等各个环节。推行思政教学改革是实现"立德树人"这一根本任务的重要途径。课程思政改革作为高校教学改革的重点，它的顺利开展，在根本上有利于促进和保障"立德树人"任务的实现。在高校进行专业知识传授时，需要

密切地进行价值引领，潜移默化地培养学生理想信念和正确的价值取向，全方位提高学生明辨是非的能力，培养出德才兼备、专业素质过硬的能担当民族复兴大任的复合型人才。

（三）网络空间安全专业人才培养与思政教育结合的迫切性

网络安全已上升到国家战略的层面。国家在 2016 年出台了《国家网络空间安全战略》，强调我国网络空间安全的重要性和必要性，制定了我国网络安全的整体框架，指明了我国构建网络安全的发展方向。网络技术的飞速发展，使得信息传播突破了时间与空间的限制，模糊了国家领土边界，对主权安全构成挑战，也塑造着国与国之间新的关系类型。网络空间已由传统的互联网，发展到了涵盖物联网、工业互联网、5G 网络、社会网络等新一代泛在网络空间。网络攻击方式也由黑客入侵、组织犯罪式朝着复杂的网络恐怖主义以及国家背景参与的网络攻击方向发展。网络攻击所造成的影响已经由对个体企业组织等的侵害，发展为对国家金融、电力、交通等要害造成冲击和破坏，进一步上升到有明确目的、有组织、蓄意实施的威胁国家安全的网络攻击，甚至直接表现为军事威胁和打击，挑起网络战争。尽管经历多年的发展，我国网络安全专业仍然面临着人才缺口巨大等问题，尤其是迫切需要打造一支矢志爱国奉献、拥有坚定的政治信仰与社会责任感、勇于创新创造、具有过硬网络安全专业知识技能的优秀人才队伍。在这样的背景形势下，网络空间安全专业人才培养与思政教育结合显得尤为重要和迫切。

网络空间安全专业相关课程具有内容丰富、应用面极广，与国内外现状情况结合紧密，技术更新迭代快，极易影响大学生的世界观、人生观、价值观等特点，而这些特点是我们开展思政教育绝佳的机遇和条件。教师可在讲授基本专业知识和技术的同时，紧密结合当前国内外典型的信息争夺战、网络泄密事件、网络安全案例等（如斯诺登事件，震网病毒、火焰病毒、熊猫烧香病毒攻击事件，乌克兰遭受网络攻击导致大规模停电等一系列真实案例），对大学生进行讲解和正确引导，将思想教育作为课程的重要部分进行深度剖析讲解。将思政内容与专业知识自然相融，达到授业育人的双重目的。

三、网络空间安全专业"课程思政"建设途径探讨

(一)以中华民族伟大复兴作为教育的重要使命

当前,我国正处在改革开放加速阶段和高新技术转型变革阶段,处在"两个一百年"奋斗目标的历史交汇关头。在这紧要关头,高校教育首先需要强化大学生对国家和社会的认同感、责任感。高校教师更需要潜移默化地引导当代大学生把个体的成长进步融入中华民族伟大复兴这一历史洪流中。习近平总书记提出,坚持把服务中华民族伟大复兴作为教育的重要使命[3]。在这样一种历史机遇中,为了能够进一步让高校教育事业更好地为国家培养德才兼备的优秀人才,我们需要将网络空间安全专业课程思政改革与中华民族伟大复兴重要使命结合起来,"不忘初心、牢记使命",把网络空间安全专业的发展融入社会主义现代化建设的滚滚洪流中。

(二)积极开展《中华人民共和国网络安全法》宣传教育

2016 年 6 月,国家发布了《中华人民共和国网络安全法》,对我国网络空间治理以及安全保护起到法律规范作用,也是国家安全专业核心组成部分,成为我国网信事业发展建设的指明灯。2014年 2 月 27 日,习近平总书记在中央网络安全和信息化领导小组第一次会议上的讲话中指出,没有网络安全就没有国家安全[4]。正因如此,需要进一步加强高校师生网络空间安全大局观,提升师生对于网络安全的认知和理解。通过国家相关政策法律法规加强对师生的教育,让师生切切实实地了解网络安全的重要性,提高防范意识。例如,在国家网络安全宣传周上,演示通过伪造免费无线 AP 热点进行网络"钓鱼"的实验,让师生了解常见的网络"钓鱼"类型,以及个人如何防范网络"钓鱼";还可以采用演示虚假二维码诈骗、电信诈骗等形式,让师生了解虚假二维码诈骗的严重危害和防范措施。在向师生普法的过程中,以直观、身临其境的方式,让师生切实体会到网络安全的重要性以及《中华人民共和国网络安全法》的重要意义。一方面可以增强师生的法律意识,增加广大师生

的网络安全常识，提升其责任感和使命感，使其正确合理地利用好网络空间；另一方面，引导教师在实际的工作中，不断提高自身专业技能和业务水平，为营造积极健康的网络环境做出贡献。

（三）以"立德树人"理念为核心进行"春风化雨"的育人教育

道德准则被大学生认可并且亲身经历过之后，能够被大学生切身体会。在此过程中，当情感不断地、潜移默化地在心中沉积并转化为自身的信念，才能真正成为自己的精神财富。"立德树人"的教育目的，正是需要在持续不断的影响中实现，只有教育者以身作则地进行育人育教，才能够更好地启发和感化学生。教师在教育教学中尽可能让学生在循循善诱的过程中提高认识，通过启发和激励的方式，让大学生树立正确的世界观、人生观和价值观。

为了让网络空间安全专业与思想政治教育更好地融合，可以采取"春风化雨"的教学方式。例如，通过社交软件和信息交流平台及时、快捷地宣传具有高尚品德的英雄人物和先进事迹；开通网上课堂，把教育内容录制成短视频、微课、慕课等形式，用现代大学生喜闻乐见的形式传递给他们。

在课堂教学中，教师可以将专业内容与思想政治教育相结合，采用"柔性"教育，以潜移默化的形式对大学生思想政治进行正确的引导。例如，在讲述网络安全的概述部分，涉及关于"白帽""激进黑客""有组织的网络犯罪团伙"等相关的概念时，可加强学生对这些角色定位的认知，帮助学生从一开始就要界定将来自己正确、积极的身份；可以用中国著名的网络安全专家的具体案例，让学生学习他们的专业素养和优秀的品格，通过故事引导学生做守法的网络工作人员，成为我国网络安全战线上的排头兵，成为网络空间未来的坚强维护者、守护者；当介绍计算机起源时，可介绍我国古代所发明的算筹、算子、算盘等重要的计算工具，以及它们在人类历史上的重要地位。介绍我国古代所创造的烽火台、狼烟、驿站、兵符等在进行加密信息传递过程中所起到的重要作用；在介绍"计算机病毒"时，除了阐述其工作原理以外，可以用鲜活的数据让学生看到"计算机病毒"对社会和国家造成的危害及重大的经济损失；让学生在学习技术的过程中，不去恶意传播、使用那些有破坏作用、能恶意传播的代码；在讲授网络"爬虫"、网络"木马"、各类网络攻击工具、网络安全漏洞时，可以讲述网络安全中的相关法律法规，以及触犯法律会受到的惩罚，以此弥补学生对相关法律知识的缺失，避免将来学生会因为眼前利益去触犯法律。注意积极引导学生正面使用相关软件和工具，引导学生不参与非法活动，告诫学生不利用专业知识去做违法的事。在讲述密码学课程时，我们可以向学生详细讲述王小云院士成功破解MD4、MD5、HAVAL-128等国际著名密码算法，引起国际密码界轰动的光辉事迹，鼓舞学生努力学习专业知识，为国争光。在讲到中国剩余定理时候，我们可以阐述中国剩余定理的重要意义和学术地位，向大学生展示我国古代数学家为世界数学发展做出的巨大贡献。还可以让学生知道密码技术是保障网络安全的核心技术，引导学生积极研究我国自主知识产权的密码体系，提高我国科技创新能力、信息安全保障能力和国际竞争力。

四、总结

网络空间安全专业课程思政教学改革是将专业知识教育和"立德树人"进行融合的一种新尝试。我们可以采用短视频、微课、慕课等新方式，借助通信软件、朋友圈等新媒体渠道，以潜移默化的形式，重建课程培养目标和课程体系架构，采用创新的教学方法和考核方式，实现网络空间安全专业的培养目标，完成"立德树人"这一根本任务。将思政教育融入网络空间安全专业是一个循序渐进、不断探索的过程。这种新的尝试有利于为网络空间安全专业的大学生未来踏上工作岗位打下坚实的专业基础知识的同时，也符合高校培养德才兼备、专业素质过硬的高素质人才的要求。

参考文献

[1] 吴晶，胡浩. 习近平在全国高校思想政治工作会议上强调：把思想政治工作贯穿教育教学全过程 开创我国高等教育事业发展新局面 [N]. 光明日报，2016—01—09 (1).

[2] 龚克. 把立德树人作为教育的根本任务 [N]. 中国教育报，2012—12—29 (3).

[3] 刘复兴，曹宇新. 坚持把服务中华民族伟大复兴作为教育的重要使命

[J]. 中国高等教育，2019（7）：16－18.

　　［4］习近平. 在中央网络安全和信息化领导小组第一次会议上的讲话［N］. 人民日报，2014－02－28（1）.

思政教育教学改革项目分析与思考

李晶莹　　胡廉洁

（四川大学教务处）

【摘要】高校要在教学实施中将知识传授、能力培养和价值塑造融为一体，培养高素质的拔尖创新人才，实现"立德树人"的目标，就必须深入推进思想政治教育体系改革，开展思政教育改革研究，将思政课程和课程思政结合起来，将课内"思政"和课外"思政"结合起来，形成"大思政"育人格局。本文通过对本校思想政治教育教学专题改革项目的分析，展示出学校推进思政育人，开展思政教学研究，逐渐形成均衡发展的思政育人体系的进程，说明了开展思想政治教育教学改革的必要性，并对出现的问题提出了建议。

【关键词】思政育人体系；课程思政；协同育人

　　"立德树人"是中国教育思想的理论精髓，是国际高等教育改革的共同潮流，是高等教育的价值目标和时代使命[1]，是全力推进"一流本科"建设的首要任务。过去很长一段时间，我国高校的育人重心偏向专业技术人才培养，而思想政治教育主要通过思想政治类课程来实现，其途径单一，教学方式不灵活，课堂缺乏活力，使得德育收效甚微[2]。"课程思政"理念的提出为育人提供了新思路，并开始在全国各高校逐步推行和实施。但由于高校对于"课程思政"的实施缺乏管理体系的联动性，围绕"思政课程"与"课程思政"的教师、教学、评价体系都存在一些问题，因此，需要从教学方法、育人模式和评价激励机制等方面开展高校思想政治教育教学改革研究，围绕国家的发展需求，结合高校发展定位和人才培养目标，构建全面覆盖、类型丰富、层次递进、相互支撑的思政育人体系。

一、思政教育面临的问题

目前，高校由于缺乏完善的"思政"育人体系，"思政"育人的顶层设计和总体规划难以实现，思政教育的实施较分散，思政教育主要面临着四个方面的问题。

（一）课程思政育人意识欠缺，课程思政流于形式

虽然近年来"课程思政"理念已经得到推广，但教师在课程中大多以专业知识学习和能力培养为教学目标，而忽视了思政育人目标的设定，课程实施也缺乏思政教育的系统规划，通常仅在课程中穿插一些简单案例充当"思政元素"，缺乏感染力，难以引发学生的思考，"课程思政"流于形式。课程教学距离真正实现价值塑造、知识传授和能力培养的育人效果还有较大的差距。

（二）课程思政和思政课程缺乏联动机制，协同育人有待加强

思政课程以政治理论为基础，在高校思政育人体系中处于主导地位，应切实发挥其示范效应，起到引领作用。而各类专业课程的思政应以（案例）应用为主，潜移默化中发挥其"德学兼修"的作用。课程思政和思政课程应建立一套有效的分工协作联动机制，才能合力做到两者同向同行、同频共振[3]。但目前高校中由于授课教师不同，授课教师所在的学院不同，对教师而言，要实现自己的课程与其他教师课程的联动存在一定的难度，因此，实现课程思政和思政课程之间的联动也存在一定的困难。而联动的缺乏，使得立德树人的效果大打折扣。

（三）忽视课堂外思政育人，理论联系实际难以实现

目前，思政教学内容往往欠缺拓展性和引领性，显性课程与隐性课程衔接不紧密，课内与课外互动不充分。因此，高校必须充分利用课外作业以及第二课堂学生社团的活动进行课外实践，达到协同育人的效果。

（四）缺乏课程思政育人评价标准，不利于实施有效性评价

目前，全国各高校都在大力推进课程思政研究和建设，形成了很多的课程思政研究成果和教学案例。但如何进行育人有效性评价，如何建立科学的评价标准，还有待于进一步的研究。

二、思政教育教学改革项目的情况分析

要解决思政教育中的问题，就需要针对学生价值观培养、思政理论课程和专业课程思政的联动机制、课内外思政教育、思政教学方式、评价体系等开展思政育人的教学研究和改革。四川大学围绕培养担当民族复兴大任的德智体美劳全面发展的社会主义建设者和接班人，构建完善的全员、全程、全方位育人体制机制，设立了多个批次的校级"思想政治教育教学改革项目"（以下简称"思政教改专项"），为教师开展思想政治教育研究提供支持。下面以三个批次的校级思政教改专题立项项目为例，进行分析。

（一）思政教改专项的立项选题

在第一批次的思政教改专题项目立项选题中，思政理论课程的教学改革研究占比近50%，主要解决思政理论课程如何实施理论联系实际的教学问题，其他立项选题主要围绕学生的价值观培养、教学工具（新媒体）的使用、机制的建设等开展研究，这一批次教学改革项目的实施有效促进了思政理论课程的改革，确立了思政课程的主体育人作用，为后面推进课程思政建设奠定了基础。

在第二批次的思政教改专项中，关于课程思政方面的研究占全部项目数的42.86%，而关于思政课程的研究占比下降到21.43%。由于学校机关部处等职能部门均参加了项目研究，关于思政体制机制研究占比达到14.29%。其他，如第二课堂和课外思政教育选题的比例也达到了10.71%（见表1），为后期建立健全学校课程思政和思政课程同向同行、课内与课外协同育人的"大思政"格局做好了理论和先期实践准备。

表 1   第二批次项目选题占比

立项选题	占总项目比
第二课堂和课外思政教育	10.71%
信息技术与思政的结合	7.14%
思政体制机制研究	14.29%
教材改革	1.79%
课程思政	42.86%
全过程思政育人	1.79%
思政课程	21.43%

第三批次的项目立项选题见表 2，其中，课程思政方向的教学改革项目占总项目比例较第二批次进一步增多，达到了 48.57%，从表 2 中可以看出，思想政治教育改革项目的研究选题较上一批次更丰富、更全面。

表 2   第三批次项目选题占比

立项选题	占总项目比
第二课堂和课外思政教育	14.29%
信息技术与思政的结合	6.43%
思政体制机制研究	5.71%
教师师德师风提升	2.14%
课程思政	48.57%
全过程思政育人	2.86%
思政课程	13.57%
思政协同育人	6.43%

通过几个批次的教改项目研究，为解决目前高等院校思政教育面临的一些问题提供了解决方案和实践依据。

（二）思政教改专项数据分析

四川大学几年来设立的三个批次的思政教改专项，总立项数为 235 项（如图 1 所示）。从图中可以看出，第三批次思政教改专项的立项数为 140 项，约为第二批次的 2.5 倍，约为第一批次的 3.6 倍；第三批次的立项总参与人数为 623 人次，约为第二批次的 2 倍，约为第一批次的 2.4 倍。这说明通过开展高等教育思想政治教育的研究，教师的认识水平、育人意识和教改需求都逐渐增强，参与人数逐渐增多。同时，也表明了学校对教师投入思想政治教育改革研究的支持力度增大。通过三个批次的思政教改专题研究项目，教师总参与人次达1193 人次，为推动"全员"育人打下了坚实的基础。

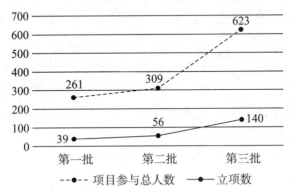

图1 思政教改专项立项数与参与人次的增长情况

　　图2呈现了三个批次的思政教改专项在各学科中的立项占比情况，其中，马克思主义学院的思想政治教育研究项目在第一批次立项中占比较高，达到了 33.33%，数据说明，在当年的研究中，思政课程在高校思政育人体系中处于主导地位，长期发挥着引领作用。这符合当时的以思政课程为核心的教学理念。在第二和第三批次中，马克思主义学院的项目占比逐渐减少，真实体现了在国家提出了新时代的立德树人目标后，学校各学院、各专业积极响应，开展了思政与各专业教学结合的思想政治研究，推进课程思政教学改革，立项数量不断增加。其中，医学类学院占比增长幅度最大，而机关部处的项目呈现较大的波动，这可能是由于项目选题具有政策导向性和实时性等特征，在第二批次的时候正是开展体制机制研究的集中时间。

　　图3中显示出三个批次项目除马克思主义学院外，在文理工医类学院中的覆盖率。从图3中可以看出，理科项目在第二批次的思政教改专项立项中已实现本学科类别学院的全覆盖，医科项目则在第三批次的立项中实现本学科类别学院的全覆盖。而文科类和工科类的项目覆盖率随着批次的增加而提高，分别达到 80.00% 和 83.33%。这表明学校在推进全方位育人方面取得了初步成效。

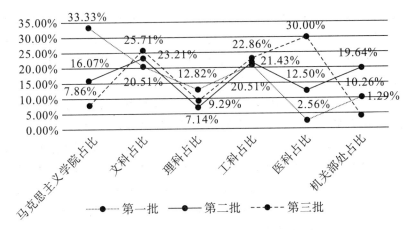

图 2　思政教改专项立项各学科项目占比

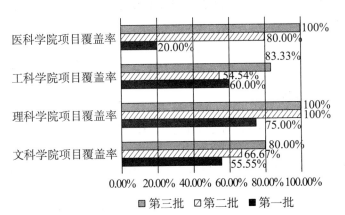

图 3　思政教改专项项目在不同学科学院的覆盖率

三、思政教育教学改革的思考

"立德树人"是一项长期的任务，课程思政建设是一项系统工程，通过对前期三个批次的思政教改专项立项情况进行分析，反映了学校通过思政教改申报、立项和研究实施的方式，使越来越多的教师增强了思政育人的意识，积极参与到教学改革中来，学校的思政育人氛围正在逐渐形成，各项协同育人的体制机制也在教学改革和实践中日趋完善，初步实现了以教改项目带动教师开展思政育人研究、改革教学方法和模式、建设课程思政优质课程的目标。同时，说明了开展教育教学改革项目研究的重要性和必要性。但还是反映出一些问题，例如，少部分学院对于参与思政教学改革项目的积极性不高，立项项目少，选题内容单一，完成质量不高；在学校开展的年度课程思政榜样课程目标任务考核中，部分学院也因前期未切实开展思政育人研究工作，缺乏课程思政育人理论和实践基础，导致课程思政榜样课程推荐工作存在一些问题。因此，建议加快思政育人激励机制的建设，激励教师积极开展课程思政教学改革；完善课程思政评价标准，让思政育人评价考核具有客观性和科学性；开展教师专题培训，提升教师个人修养和课程思政的教学能力；多开展课程思政交流，对课程思政育人理念、方式和教学模式进行交流研讨，各学院互相学习、互相促进；开展课程思政教学竞赛，引入竞争和激励机制，让榜样起到真正的引领作用；继续开展思政教育教学改革，加强课程思政建设组织实施和条件保障，以形成协同开展思政建设的良好氛围，进一步提高人才培养质量。

参考文献

［1］靳诺. 立德树人：高等教育的根本任务和时代使命［J］. 中国高等教育，2017（18）：8—12.

［2］张大良. 课程思政：新时期立德树人的根本遵循［J］. 中国高教研究，2021（1）：5—9.

［3］邱仁富. "课程思政"与"思政课程"同向同行的理论阐释［J］. 思想教育研究，2018（4）：109—113.

育人模式创新

Yuren Moshi Chuangxin

海纳百川 1896 有容乃大

SICHUAN UNIVERSITY

中华优秀传统文化融入高校
思想政治理论课教学探索①

李 红

（四川大学马克思主义学院）

【摘要】 党的十九大报告强调当代中国要有"四个自信"，其中，文化自信是道路自信、制度自信、理论自信的基础。作为传播马克思主义主渠道和主阵地的高校思想政治理论课迫切需要与中华优秀传统文化相结合，体现马克思主义中国化的民族化，从而增强我国文化软实力，提升当代青年大学生对中国特色社会主义的文化自信。本文通过中华优秀传统文化融入《毛泽东思想和中国特色社会主义理论体系概论》课程教学的实践，积极探索了两者结合的主要内容和基本路径。

【关键词】 中华；传统文化；融入；课程教学

随着中国在世界舞台的不断崛起，我们更加意识到中国要成为世界强国，仅有硬实力支撑是远远不够的，还需要提升以文化为核心的软实力。中华文化由优秀传统文化、革命文化、先进文化三部分组成。其中，中华优秀传统文化是文化自信的根基。自从党中央强调重视中华优秀传统文化的继承和发扬以来，中央电视台先后播出了"中国诗词大会""中国汉字听写大会""成语大会""朗读者"等与中华

① 本文系 2017 年四川大学思想政治理论课教学改革工程研究项目（2017KCJS19）"中华传统文化融入《毛泽东思想和中国特色社会主义理论体系概论》课程教学研究"的研究成果之一。

优秀传统文化相结合的电视节目，倍受观众的喜爱和好评。

高校思想政治理论课的教学内容也迫切需要与中华优秀传统文化相结合，更好地实现马克思主义中国化的民族化，从而加强我国文化软实力，提升当代青年大学生对中国特色社会主义的文化自信。因此，本文探索了中华优秀传统文化融入《毛泽东思想和中国特色社会主义理论体系概论》（以下简称《概论》）课程教学的重要意义、基本内容和基本路径。

一、中华优秀传统文化融入《概论》课程教学的重要意义

中华优秀传统文化是民族的"根"和"魂"，而中国化的马克思主义理论植根于中华优秀传统文化之中。高校《概论》课程将中华优秀传统文化引入课堂教学内容中具有重大的现实意义和理论意义。

首先，有利于中华优秀传统文化和马克思主义相结合，推进马克思主义中国化。习近平总书记在中国共产党成立 100 周年大会上的重要讲话中强调，坚持把马克思主义基本原理同中国具体实际相结合、同中华优秀传统文化相结合。马克思主义作为一种西方文化能够在东方大国生根、开花和结果，成为我国立党立国的指导思想和社会主流意识形态，不仅仅是中国社会发展需要它，更因为其与中华优秀传统文化有许多相通之处，具备在中国社会传播的文化土壤。博大精深的中华优秀传统文化在推进马克思主义中国化进程中发挥着独特作用。一方面，因为中华优秀传统文化与马克思主义有种天然的亲和力，如出自汉代的"实事求是"与马克思主义关于"理论来自实践"的认识论相一致，从而成为马克思主义中国化的精髓和我党的思想路线。另一方面，中华优秀传统文化的土壤为马克思主义在中国的发展壮大提供了丰厚的滋养，使中国共产党在实践的基础上不断开拓马克思主义新视野、做出新的理论概括，不断推进马克思主义理论向前发展。

其次，有利于传播中华优秀传统文化，增强大学生的文化自信。高校《概论》课程不仅要成为传播马克思主义信仰的主渠道，而且应该成为传播中华优秀传统文化的主渠道。大学生只有认同中华优秀传统文化，才能有文化自信的基础。如果一个大学生对自己国家的优秀传统文化都不认同，就更谈不上油然而生的爱国情感。中国化的马克思主义根植于中华优秀传统文化土壤，如"百善孝为先，家和万事

兴"的家庭美德,"诚实守信、与人为善"的社会公德,"民族大义、天下为公"的高尚情操,"君子人格、仁者爱人"的做人美德,这都赋予了马克思主义鲜明的中国特色。

习近平总书记在国际国内的重要讲话中经常引用中华优秀传统文化中的诗文俚语,他的讲话既通俗易懂,又让世人了解了中华优秀传统文化。2021年,中央电视台播出"平'语'近人——习近平喜欢的典故"(第二季共12集),生动解读了习近平总书记治国理政思想中对中华优秀传统文化的汲取,该节目以极具文化底蕴的表述方式和独有的文化特色,受到广大观众的好评。《概论》课教师既要做青年学生确立马克思主义信仰的引路人,也要成为中华优秀传统文化的传播者。

最后,有利于丰富课堂教学内容,提升高校思想政治理论课的教学效果。过去,高校思想政治理论课不太受广大学生喜欢,这与教学内容脱离学生需要,不太贴近实际有关,让个别大学生产生"马克思主义理论'高大上''假大空'"的错误认识。既然我们的学生对于中华优秀传统文化有着一种天然的亲近感,《概论》课教师就应将中华优秀传统文化和马克思主义理论相融合,让青年学生在深刻了解中华民族的优秀传统文化的同时,也帮助青年学生更好地学习、理解马克思主义理论并接受其指导,不断启发他们的心智,引导他们去认识国情和思考问题,从而增强"四个意识"、坚定"四个自信"、做到"两个维护"。例如,在《概论》课的教学中,引入毛泽东的诗词及文化背景,让大学生在欣赏毛泽东大气磅礴的诗词中认识毛泽东的领袖风范和再现中国新民主主义革命的历史进程,从而让大学生更加坚定社会主义和共产主义理想信念。

二、中华优秀传统文化融入《概论》课程教学的主要内容

马克思主义与中华优秀传统文化的深度融合是文化传播发展规律的历史必然。域外文化传播到中国本土后,若不能被中国人民所接受,就发挥不出积极作用。马克思主义与中华优秀传统文化相融的基础在于两种文化的相通性。

一是哲学相通。毛泽东写下的《矛盾论》就是马克思主义哲学和中国传统哲学相结合的理论成果。二是"以人为本"的价值相通。科

学发展观"以人为本"的核心理念，充分体现了马克思主义和中华优秀传统文化重视人的价值理念。三是注重实践的认识论相通。中华优秀传统文化的知行统一观与马克思主义把实践作为检验真理的唯一标准是一致的。毛泽东写下《实践论》并把实事求是确立为党的思想路线正是马克思主义认识论与中华优秀传统文化相结合的产物。四是追求社会发展目标相通。中国共产党追求共同富裕的目标正是马克思主义和中华优秀传统文化社会理想相融合的社会追求。因此，《概论》课教师在讲授中国化的马克思主义理论中一定要融入中华优秀传统文化的教学内容，充分体现马克思主义中国化的民族化。

例如，在毛泽东思想教学内容中融入毛泽东的诗词文化和毛泽东哲学思想中的优秀传统文化。一方面，引导大学生在欣赏毛泽东的诗词中认识毛泽东的领袖风范。如少年毛泽东写下"孩儿立志出乡关，学不成名誓不还"，表现出毛泽东好男儿志在四方的强烈渴望，小小年纪就写出这样大气磅礴的诗词，可见未来注定不凡；1925 年秋，毛泽东回忆起 1911—1923 年在长沙求学的种种，中国历经辛亥革命、五四运动、五卅惨案、国共合作的领导权之争等，几经风雨，无尽感慨，写下了《沁园春·长沙》这首大气词作，其中，"问苍茫大地，谁主沉浮？"成为毛泽东最霸气的一句话；1935 年，红军长征历尽艰险到达陕北，毛泽东满怀豪情地写下了《七律·长征》这首壮丽的诗篇；1936 年的《沁园春·雪》是毛泽东最著名的一首词了，上阕写北方雪景，下阕评点历史人物，由"江山"到"英雄"，气概非凡。另一方面，毛泽东哲学思想中有着丰厚的中华优秀传统文化，毛泽东哲学思想与传统哲学思想是一脉相承的。例如，毛泽东哲学思想中的政治和伦理本位主义、"体用不二"方法论、民本新思想及"躬行践履"风格等充分体现了中华优秀传统文化。

在讲马克思主义中国化的民族化时，可以融入习近平总书记用中华优秀传统文化的诗文俚语表达治国理政思想，如"治大国如烹小鲜""学者非必为仕，而仕者必为学""基础不牢，地动山摇"等中华优秀传统文化中的用语。

讲实事求是思想路线时，可以从《汉书·景十三王传》中引出"实事求是"词源，即汉景帝第三子河间献王刘德，喜学好古，广泛收罗散失在民间的古代文献典籍并进行考证。因而班固称赞他："修学好古，实事求是"。

讲新民主主义革命理论时，可以融入中国古典诗词中蕴含的家国情怀文化。如《诗经·邶风·击鼓》篇中的"执子之手，与子偕老"，从同赴战场共生死的意思转用到祝福爱情。《汉书》当中记载了大将霍去病在斩杀10余万敌军后，汉武帝刘彻要给他建造府邸，霍去病却拒绝了。他说："匈奴未灭，何以家为？"南宋由于北方故土尽失，涌现了一大批爱国主义诗人，如陆游、岳飞等。

讲"四个全面"战略布局教学内容时，可融入儒家、道家、法家及诸子百家中的优秀传统文化与其相对应。例如，儒家的"天下为家"与全面建成小康社会，道家的"三生万物"与全面深化改革，法家的"国之权衡"与全面依法治国，诸子百家的"忠恕之道"与全面从严治党。

另外，可在《概论》课程教学中融入中华优秀传统文化中的诚信文化、以民为本、安民富民乐民的思想，仁者爱人、厚德载物、天人合一等人文精神和道德理念。

三、中华优秀传统文化融入《概论》课程教学的基本路径

高校思想政治理论课的教学改革需要教学内容和教学方式同步进行，才能真正提升教育教学效果。因此，高校思想政治理论课教师要将中华优秀传统文化融入课程教学内容，需要积极探索多样化的教学方式，本文以《概论》课程的教育教学为例进行详细说明。

一是通过诗词鉴赏让大学生感受中华优秀传统文化的底蕴。诗词文化是中华优秀传统文化中的主要内容，从古代到近代涌现出大批著名的爱国诗人，为中华民族留下了许多好诗词。如课堂上为学生演唱民族英雄岳飞写下的《满江红》，让浓浓的爱国主义情感感染大学生；鉴赏范仲淹《岳阳楼记》中"先天下之忧而忧，后天下之乐而乐"的忧国忧民责任感；欣赏民族英雄戚继光的《马上作》、于谦的《石灰吟》、文天祥的《过零丁洋》等爱国诗篇，感受中华优秀传统文化中的家国情怀；让学生齐诵毛泽东的《沁园春·雪》，感受毛泽东气概非凡的领袖风范。

二是让大学生选读中华优秀传统文化书籍，交流分享读书心得。在网络信息化时代，人们渐渐习惯了利用碎片化的时间快节奏获取信息的生活方式，逐渐丢失了静下心来读书、读好书的习惯。我们需要培养并加强大学生买书、读书的好习惯。例如，在《概论》课教学

中，为学生提供许多中华优秀传统文化类书目，如冯友兰的《中国哲学简史》、胡道静的《国学大师论国学》、庞朴的《文化的民族性与时代性》、冯天喻等的《中华文化史》、李锦全的《人文精神的传承与重建》等30多本书籍供学生选读，并要求每个学生选读后写篇读书心得，在课堂上组织学生开展读书交流活动，让同学们了解更多书籍中的中华优秀传统文化。

三是讲述中华优秀传统文化中的经典故事，让大学生感受中华优秀传统文化中的做人做事道理和治国理政思想。如讲述《后汉书》中称赞刘德"修学好古、实事求是"的故事，让学生明白踏实做事、诚实做人的道理；讲述经商中的"童叟无欺"的传统故事，让大学生明白在市场经济中诚信经营的重要意义；讲述花木兰替父从军的故事，让大学生感受中华儿女的爱国主义情怀和英勇杀敌的家国情怀；讲述昭君出塞的故事，让大学生认识加强民族团结的重要性；讲述商鞅变法的故事，让大学生明白全面依法治国的法制文化和推行法治建设的历史意义和现实意义。

四是学生小组撰写文化类调研报告。为配合课堂教学内容，让学生合作组队进行有关中华优秀传统文化内容的调研活动并撰写调研报告。例如，组织学生开展"薪传百代，彪炳千秋——当代中华优秀传统文化的继承与发展调查研究"活动。学生调研小组通过分析当下优秀传统文化流失的种种现状，充分认识到保护、传承优秀传统文化的重要性，使其将自身素质的提高和中华优秀传统文化结合起来，并对我国未来继承与发扬优秀传统文化提出了建议，促进新时期中华优秀传统文化的新发展。又如，"文化自信从何而来"的学生调研小组通过提出问卷、人物采访的方式，了解大学生对中华优秀传统文化的了解程度和认同感，并通过与教授和专家的沟通更加深入地了解了中华优秀传统文化，旨在表达中国有文化自信的底气、有文化自信的基础，充分认识到坚定文化自信的重大意义，并针对文化自信的现状提出了一些加强文化自信的方法与措施。再如，"古村落旅游开发中的文化保护"学生调研小组通过实地调研古村落旅游开发中的文化资源，提出古村落的旅游开发不应以客流量、门票收入为单一衡量指标，而应重点关注高品质旅游体验。对于古村落的文化资源重点在于保护和传承，适度而均衡的商业开发是对文化资源进行保护的有效措施，如对历史故事、民俗活动、传统技艺等文化资源进行适度商业开发，充分调动村民们传承优秀传统文化的积极性，从而形成"有力传承利于开发，适度利润激励保护"的良性循环。

总之，高校思想政治理论课教师应把中华优秀传统文化融入思想政治理论课的教学内容，通过讲述中华优秀传统文化彰显中华优秀传统文化的魅力，从而引导大学生坚定文化自信，有效实现思想政治理论课的教育教学目标。

参考文献

［1］王蕊. 中国传统文化对马克思主义中国化的作用［J］. 世纪桥，2017（8）：47—48.

［2］霍然，王晓梅. 传统文化在马克思主义中国化进程中的当代价值［J］. 理论观察，2017（7）：48—50.

价值培育与知识内化：
社会保障专业教学的探索与实践

张浩淼

（四川大学公共管理学院）

【摘要】社会保障学天然追求公平正义共享的价值理念，其知识体系的开放性和综合性要求社会保障专业教学要特别注重价值培育和知识内化。通过专业教学中的探索和实践，可以发现灵活运用教学方法和开展实践调查有助于培育学生关于社会保障的价值理念，助推感觉登记与改善同化和顺应过程，有助于帮助学生更好地完成知识内化。未来，高校应考虑多与社会公益组织合作建立实习实训基地，让学生积极参与帮扶活动，实现价值培育和知识内化的双重目标。

【关键词】社会保障；专业教学；价值培育；知识内化

一、学科性质对社会保障专业教学的要求

社会保障学是国内外高等教育学科体系中一门新兴的、多学科交叉、综合性的、处于应用层次的社会学科[1]。伴随着中国社会保障制度的改革发展，国家意识到培养社会保障领域专业人才的重要性和必要性。1998 年，原国家教委将社会保障学划归公共管理一级学科下属的二级学科；同年，"劳动与社会保障"专业被纳入重新修订的普通高等学校本科专业目录；1999 年，中国人民大学、四川大学、武汉大学等全国 8 所高校首次开始招收该专业的本科生。

作为一门新兴的、年轻的学科，社会保障学的"学"不能理解

为已经被固化了的、经过周密论证的知识体系，而是需要在不断认识的过程中去探索、建立并把握它的理论体系[1]；作为一门多学科交叉综合的学科，社会保障牵涉面广，它与政治学、经济学、社会学、管理学和政策科学等关系密切，后者为其提供理论基础，在研究方法与手段上也多借鉴于以上学科，带有"综合型"的特点。在学科间交融愈发频繁的今天，学科的交叉与交融已经成为学科发展与学术创新的新趋势，跨学科的研究范式与研究视角已经成为一种学术繁荣、社会进步、时代发展的标志[2]，这种交叉综合性是社会保障学的独特魅力。作为一门处于应用层次的学科，社会保障学与政策研究息息相关，其最终的研究成果是为了设计和完善社会保障制度并实施，促进社会公平、正义与共享的实现，当然，这也是社会保障的核心价值理念。

社会保障学科的学科性质必然会影响社会保障专业教学并对其提出要求：一方面，社会保障学带有一定的价值理念，追求社会公平正义，这要求在专业教学中教师能采用灵活有效的方式让学生深刻理解并真心接受这种价值观，而不能靠说教和强制灌输。另一方面，社会保障的新兴学科性质或其知识体系的开放性和综合性，要求教师能让学生更好地去适应和培养社保思维，因为大多数学生已经习惯了传统的、固化的、封闭的学科体系，在刚接触社会保障学时，面对其丰富的可变性、动态性与不确定性往往无所适从，而让学生获得社保思维的重要途径就是知识内化。

二、价值培育：灵活运用教学方法和开展实践调查

四川大学公共管理学院自 2012 年开始进行公共管理大类招生，笔者连续十年开设了针对公共管理大类学生的社会保障学的平台课，了解到部分学生对社会保障的价值理念和专业知识不够热衷，更多是以通过考试、拿到学分为主。其实，大学的基本功能之一就是帮助学生树立正确的价值观与人生观，大学低年级阶段正是帮助学生树立和培养价值观的最好时机，但是，目前公共管理大类的低年级（大一、大二阶段）只有一门平台课涉及社会保障，即学生接触社会保障价值观的机会较为有限，即使到大三进行专业分流后，学生选择了社会保障专业，也只是追求社会保障课程知识能够提升其专业技能，包括社

保基金管理、社会保障与福利服务递送等方面的能力，以便于增强其日后的就业能力和职业竞争力。要让学生认同并接受社会保障追求公平正义共享的价值理念，这对于社会保障专业教学而言是一项严峻的挑战。

传统的以教师授课为主的教学方法是老师说、学生听，这种方法不仅容易抹杀学生的学习积极性，而且仅靠说教也难以使学生充分认同社会保障追求公平、正义、共享的价值理念。因此，笔者在社会保障学这一平台课的授课中尝试灵活运用教学方法并开展实践调查，以帮助学生深刻理解并真心接受社会保障的价值理念。

在教学实践中，案例分析、课堂演示、情景模拟、辩论会等互动式教学方法较为合适，大类学生低年级接触的管理学、经济学等课程更多强调效率或追求价值中立，这与社会保障学有较大差别，因此，有必要通过多种互动式教学方法让学生感受社会保障关注民生、扶助弱势群体、追求公平、正义和共享的价值观念。例如，在讲授工伤保险的时候，通过鲜活的案例让学生了解到职业病等工伤的危害以及工伤保险的重要性；在讲授贫困与社会救助章节的时候，通过案例和视频让同学们认识到贫困的社会结构原因以及社会救助帮扶贫困弱势群体的重要功能；在讲授养老保险时，围绕"是否应该延长退休年龄"为题进行辩论，等等。课程结束后，有同学向笔者反馈他帮助遭遇工伤的亲友寻求工伤保险的赔付经历；还有不少学生反映通过学习，改变了认为延迟退休会阻碍年轻人就业的固有观点，认识到了社会保险互助共济和追求代际公平的作用……以上说明了多样化教学方法是帮助学生理解和认同社会保障价值观念的重要途径。

此外，在教学过程中，给学生分配实践调查任务或让学生参与老师的研究课题调研对于培育学生关于社会保障的价值观念也非常必要。例如，学习社会福利的相关内容时，就不同人群的福利让学生以小组为单位，分别到当地开展情况调查，如到盲聋哑学校、残疾人福利工厂和养老院等组织参观调查；组织学生参与笔者主持的国家社科基金的调研，让学生进入低保家庭调查了解其基本生活情况和受助情况，这不仅增加了学生对社会保障学习的兴趣，而且让学生切身感受到了社会保障制度在保障和改善民生，以及帮助贫困和弱势群体方面的重要作用，认同了社会保障公平、正义、共享的价值理念，体会到了社会保障专业的高度与情怀。

三、知识内化：助推感觉登记与改善同化和顺应过程

教学中的知识内化是指教师将学习内容通过一定教学方法促使学生通过自己的认知活动，对新知识的结构、内涵和外延有充分的吸收和理解，并转换为学生头脑中的内部知识。知识可分为显性知识和隐性知识，前者是指能明确表达的知识，人们可以通过口头传授、书籍、杂志、软件等方式获得的知识，后者是指高度个人化的知识，难以系统化和交流化，有一定独占性和排他性，体现为个人能力。知识内化其实就是学生将从外部获得的显性知识，结合自己的隐性知识，形成新的隐性知识的过程，按照这一理解，社会保障的知识内化是显性知识的输入并与学生已经拥有的隐性知识结合，从而形成新的隐性知识的过程[3]。

教师将社会保障知识呈现给学生后，学生大脑中的感受器进行感知，即感觉登记。感觉登记后的信息只有学生注意和重视后才能被继续加工处理，因此，教师在讲授社会保障专业知识的过程中应该充分吸引学生的注意和重视，这样才能助推感觉登记。加深注意度，要求教师控制好学习材料的难易程度，使学生可以通过学习循序渐进地获取新知识并保持对新知识的兴趣，同时，要避免过大的信息量，防止大脑因认知负荷而降低注意力，也就是说，教师要尽量把知识点聚焦，通过提升学生的注意力来助推其感觉登记。例如，在讲解养老保险制度时，如果只是直接给学生介绍养老保险的发展和改革历程，大部分学生因为没有这方面的先验知识，会感觉课程非常枯燥无味，如果以一个先导案例开始讲授，效果会有较大的不同。养老保险的"双轨制"改革是近期发生的重要改革，笔者尝试把其作为引导案例来讲授养老保险的改革发展。首先，提供该改革的相关文字、图片和视频资料，让学生在课堂先学习，形成一个基础认识。其后，让学生根据案例聚焦讨论"为何机关事业单位养老保险和城镇职工基本养老保险要进行并轨改革？""改革对我国养老保险制度有什么意义和影响？"等。案例材料的学习与讨论加深了学生对知识点的注意度，而后的讨论也主要聚焦一两个问题，避免话题过于分散而信息量过大，从而有助于学生完成对养老保险改革的感觉登记。

完成感觉登记后的知识仍不稳固，只是短暂地保留，还需要通

过同化和顺应两种方式来实现新旧知识的联结。同化和顺应是瑞典心理学家皮亚杰发生认识论中的两个关键概念，他认为任何外部刺激都是通过同化和顺应这两种机能而被接收到主体的认知结构中的。同化是指个体把新知识有效地整合并建构到原有知识结构中的过程。顺应是指个体无法把新知识同化的情况下，对原有知识结构进行改造和调整来适应新知识的过程[3]。学生完成感觉登记的新知识迫切需要通过同化和顺应对新知识进一步理解和消化，直至完全接纳，但要注意的是，这里顺应不应该是教师强迫学生接受新观点和新知识，学习应该是个人主动建构的过程，教师权威压制下的消极顺应并不能使学生真正接受新知识，因此，改善同化和顺应的过程应该是教师让学生通过阅读相关的书籍文献并参与实践，来形成对新知识的积极顺应。通过阅读教师推荐的相关文献，文献中的思想和知识往往可以与课堂上所学相互呼应与佐证，可以强化学生对课堂所学知识的理解并产生新的领悟，这就是积极同化和顺应的过程。同时，还要通过各种实践，如参观、访谈、实习等多种方式，为学生提供运用知识和验证知识的机会，这样才能有助于学生把短时记忆的知识通过同化和顺应转化为长期记忆的知识，形成新的隐性知识，完成知识内化的过程并逐步形成社保思维。例如，在讲授社会救助部分时，虽然教师强调除了通过现金救助帮助贫困和弱势群体摆脱生存危机外，还要通过教育、医疗、就业等服务救助缓解贫困群体多方面的生活困难，有的学生难以充分理解，仍然认为贫困群体最需要的是钱，即使教师在课堂上反复强调和解释，恐怕都过于理论化，难以让学生产生共鸣，这时，如果让学生深入贫困群体中去调查实践，会十分有利于学生的知识顺应的心理过程。笔者曾带领本科学生去低保家庭中调查访谈，让他们了解认识到了贫困群体的实际生活情况和面临的多重困难，低保家庭中有不少残疾人和重病人，面临沉重的医疗负担，同时，有劳动能力的低保家庭成员因照顾病人难以就业，学生们因此真正理解了仅提供现金救助是难以化解贫困群体多重困境的，低保家庭非常需要各类服务型救助。总之，通过实践，可以改善学生们的同化和顺应过程，有助于社会保障的知识内化。

四、结语

在社会保障专业教学中，价值培育和知识内化有助于帮助学生树立正确的价值观和形成社保思维，是值得高度重视的关键领域。然而，价值观和社保思维不是教师强加给学生的，而是通过多种方法培育其价值理念并指引他们对专业问题的思考和探究而逐步形成的。未来可以考虑在建立社会保障的实习实训基地时，多与社会公益组织合作，因为这些组织多为贫困和弱势群体提供帮助和服务，而这些群体又正是社会保障制度的关注重点。让学生走出课堂，积极参与帮扶活动，既有助于培育他们公平、正义、共享的社会保障价值理念，也有助于他们通过亲身体验有效完成知识的同化和顺应，顺利地完成知识内化过程并最终形成社保思维，是一举两得的有效之举。

参考文献

［1］郑功成. 社会保障学——理念、制度、实践与思辨［M］. 北京：商务印书馆，2000.

［2］孟颖颖. 社会保障学：挑战、定位与发展——基于学科建设的视角［J］. 武汉大学学报（哲学社会科学版），2013，66（1）：52—56＋128.

［3］周天梅. 知识内化的心理机制［J］. 江西社会科学，2004（7）：176—178.

"平战结合"常态化背景下检验医师
规范化培训的探索①

伍黎黎[1]　崔亚利[1]　石　华[1]　刘小娟[1]
郎肖玲[1]　李明远[3]　江咏梅[1,2]

（1.　四川大学华西第二医院检验科；2.　出生缺陷与相关妇儿疾病
教育部重点实验室；3.　四川大学华西基础医学与法医学院病
原生物学系）

【摘要】新型冠状病毒（SARS-CoV-2）引起的新型冠状病毒肺炎（COVID-19）已成为全球关注的突发性公共卫生事件，作为新世纪暴发的第四次传染病疫情，这是对人类健康的威胁，是对医务人员的挑战，更是对医疗"预备役"的规范化培训学员的一次实战演练，具有深刻的教育意义。本文就疫情期间检验医师的职业信念、危机意识、防护能力、专业技能、政策理解、心理干预和在线教育等方面进行策略思考和探索，旨在推动四川大学教改实践，培养专业人才，为行业发展奠定基础。

【关键词】SARS-CoV-2；新型冠状病毒；教改实践；突发性公共卫生事件；检验医师；规范化培训

2019年12月至今，抗击新型冠状病毒肺炎疫情已经进入"平战结合"常态化的新阶段，四川大学华西第二医院医学检验科（以下简称检验科）作为全国医学检验专业住院医师规范化培训基地和四川大

① 本文系成都中医药大学教改项目（JGYB2018090，JGYB2018091）研究成果之一。

学检验技士规范化培训基地，在从事患者标本采集和检测工作的同时，也承担着对检验医师规范化培训的教学任务。

如何结合"平战结合"现状及健康中国发展的需求，进一步提升学员应对突发性公共卫生事件的能力，是检验科当前教学工作中面临的首要问题，具有重要的现实意义。为此，我们展开教学观察、查阅文献资料，对在科接受规范化培训的检验医师作了一系列学情分析，并由此展开了教改思考和实践。

一、规培学员学情分析

（一）专业技能有待提高

尽管学员们在高校进行了全面系统的理论基础知识学习及短期的见习学习，但其临床实践能力还很薄弱，缺乏充分的实战经验和自我防护技能，同时欠缺基本的医患沟通能力[1]。

（二）危机意识不够敏感

规培学员具有医学生和住院医师双重身份和特征[2]，由于其成长环境相对优越，社会经验相对薄弱，加之学校危机意识教育模式的不健全等因素，当代医学生普遍缺乏敏锐的危机感。在风险日益增多的时代背景下，如何加强医学生的危机意识教育，帮助他们提高职业敏锐感，更好地防范和化解危机，成功摆脱危机的冲击和威胁，成为医学院校每位教育工作者面临的一个重要的现实课题[3]。

（三）心理素质相对薄弱

规培学员由于年龄因素、经济压力、应试压力、医患沟通能力不足、规培结业再就业压力等因素，心理健康水平较低[4]，加之在抗疫紧急阶段，为了降低"人传人"的风险，国内许多社区、小区对住户进行了相对严格的管理，对出入人员展开了严密排查，极大程度减少了人与人之间的接触，这无形中缩小了年轻人的社交范围，对他们的心理健康发展而言，无疑是"雪上加霜"。

（四）在线学习经验不足

疫情发生以来，四川大学提出了"停课不停学、停课不停教"的教学要求，由此，基于腾讯会议、钉钉、QQ、微信等软件搭建起来的在线教育成为医学教育中非常活跃的授课方式，这就对教学相长提出了更高的要求。

二、教改思考与实践

检验科严格遵循学校"立德树人"的育人宗旨，聚焦和强化"厚通识、宽视野、多交叉"的教育思路，为学员开设与时俱进的课程，将价值引领、能力培养和知识传授有机融合[5]，在检验医师规范化培训工作中进行了一系列探索。

（一）树立职业信念

对病人的责任心是一名医务人员最基本的道德要求[6]。在抗疫工作中，承担社会救护工作的医务工作者得到了国家、舆论和社会民众的高度认可，作为"最美逆行者"中的一员，规培学员无论是在实际的工作中，还是在日常的舆论氛围下，都将会产生一种崇高的爱国热情和职业信念。利用特殊时期产生的教育催化作用，可以引导学员树立正确面对疫情的态度。以美国医学院校学会（AAMC）对医师执业精神提出的行为要求为例，在实际的规范化培训中，可以从自身利益处于次要地位、遵循较高的伦理规范、回应社会的需求、保持同情心、让同事信赖、保持技术上的胜任力、专业领域精湛、可以处理复杂情形和不确定性、对自身行为和决策进行反思[7]等9个方面对学员展开教育，普及人道主义救援意义，同时借此契机提高他们的自我效能感[8]、职业使命感、自豪感，以及民族精神和爱国热情。

（二）培养危机意识

实践教学是基础理论转化为临床能力的必经之路。为此，检验科利用这一特殊时期，通过灾难医学教育、社会公共事件通报、PBL（Problem Based Learning）临床病例讨论[9]、疫情期间医患沟通分析、危机预案建模、警示教育等内容的注入，有效强化学员的危机意识，提高其危机评估能力，帮助他们树立从容、正直的职业价值观，掌握扎实的应急本领。

（三）强化防护技能

据 2020 年 3 月 6 日中华人民共和国国务院新闻办公室公布的数据，湖北省有超过 3000 名医护人员被感染，均为湖北当地的医务人员，而且大都是非传染科的医生，究其主要原因，在于疫情初期防控知识的缺乏[10]；而 2020 年 6 月 22 日，接四川省卫生健康委员会的紧急通知，四川大学华西第二医院检验科紧急派遣 3 名检验人员远赴北京增援核酸检测工作。工作期间，3 名员工在保证"零感染"的同时，和四川团队一起，共检测完成核酸标本 43116 例，并成功检出 1 例阳性标本，为首都的疫情防控工作做出了重要贡献。

基于这样的"前情"，检验科首先将团队的防护经验传授给学员，要求他们遵循良好的微生物操作流程和程序（Good Microbiological Practices and Procedures，GMPP）[11]，加强专业防护培训，按照最新的《医疗机构内新型冠状病毒感染预防与控制技术指南（第一版）》《新型冠状病毒感染的肺炎防控中常见医用防护用品使用范围指引（试行）》《病原微生物实验室生物安全管理条例》《新型冠状病毒实验生物安全指南（第二版）》《可感染人类的高致病性病原微生物菌（毒）种或样本运输管理规定》《新型冠状病毒肺炎诊疗方案（试行第八版）》以及 WHO 发布的《2019 年冠状病毒病相关实验室生物安全指南》（Laboratory Biosafety Guidance Related to Coronavirus Disease 2019）的要求，从传染源、传播途径、临床表现、生物安全、院感管理，尤其是标本采集、运输、保存、灭活，防护用品的正确使用等各流程展开培训，通过短期培训、长期强化、抽查督导、考核考评、实战演练等方式对学员的职业防护技能进行不断强化，有效降低了因学员防控能力不足造成的院内感染率。

（四）提高专业技术

科室按照国家颁发的最新诊疗方案和技术指南，实时更新讲解。在标本采集方面，要求学员熟悉采集对象、采集要求、采集种类和采集方法；在标本检测方面，指导学员从一般检查、病原学及血清学检查方面，熟悉相关项目的参考值，对于实时荧光 RT-PCR 方法检测新型冠状病毒核酸这一实验室操作，就 ORF1ab、N 基因区域的引物和探针及结果判断方面进行培训，从而从各个相关检测数据入手，强化学员的专业敏感性；另外，对于检验报告的发放和上报，疑似病例的复检和相关指标，出院标准中的实验室检测数据等，也重点展开了指导，以期达到系统而全面提升学员实验室操作技能的目的。

（五）理解相关政策

在培训过程中，科室帮助学员充分理解相关政策的意义，减少学员的抵触情绪，鼓励他们向群众、患者开展宣传教育；医院组织行政部门第一时间为学员开具工作证明，保证他们上下班的正常通行，增强学员的职业使命感。

另外，检验科告知学员每日体温报送的意义，对学员进行健康状况跟踪，建立体温监控机制：要求学员每日自行上报体温，通过微信、小程序、QQ群等方式收集数据，进行汇总，形成台账；及时关怀每一位学员的健康，一旦有发热、干咳、身体不适的学员产生，在第一时间上报相关部门，同时对患病学员进行必要的关怀和慰问，安排他们休假或隔离，提高其职业归属感。

（六）培养心理素质

科室重视学员的心理健康问题，做到早预防、早发现、早干预，通过讲座、座谈、发放宣传资料、开展心理训练，将人文关怀与心理疏导相结合，缓解学员压力，提高学员心理素质。

另外，鉴于抗疫初期阶段防护物资紧缺的情况，科室帮助学员树立正确的观念，教会他们合理科学使用防护物资，避免不必要的浪费；同时，加大对学员的物资慰问，提高学员的职业幸福感。

（七）适应在线教育

学生是课堂的主体。检验科引导学员参与到在线教育的活动当中，帮助他们调整学习方法，学会接收信息、互动反馈、自我控制[12]。

另外，随着5G技术与互联网＋、大数据、AI、区块链等技术的深度结合，智慧医疗的发展轮廓日益清晰。2019年11月13日，5G医疗行业专网在四川大学华西第二医院投入使用；2020年1月26日，四川大学华西医院与成都市公共卫生临床医疗中心成功完成全国首例新型冠状病毒感染肺炎急重症患者的5G远程会诊。我们应当利用这一良好趋势和平台，通过远程会诊、5G＋MDT、在线阅片、在线解读检验报告等方式，帮助学员尽快掌握和应用先进的信息技术，同时引导他们举一反三，将信息技术与专业技能深度融合，顺利适应教改和医改的发展节奏。

综上，住院医师规范化培训作为医学生毕业后教育的重要组成部分，对培养高层次医师队伍，促进医学科学发展，提高医疗质量至关重要[13]。"平战结合"常态化时期能够构建一个真实、紧急、状况多样的教学环境，帮助学员走出课堂、展开演练，在短期内成长和提高，为学员奠定实战基础、积累医疗救治经验。应当充分利用这一教学情境，探索适宜的教学模式，从而不断提高教学质量，培养优质人才，推动医疗事业不断发展。

参考文献

［1］杨侠，张秋红，张明，等. 呼吸内科住院医师规范化培训的特点与改进意见［J］. 临床医学研究与实践，2017，2（4）：195－196.

［2］王星月，黄丹丹，李为民，等. 从华西培训模式浅议开展住院医师规范化培训的重大意义［J］. 四川医学，2015，36（2）：138－141.

［3］庞波. 风险社会视域下的大学生危机意识教育［J］. 中国高教研究，2011（7）：67－70.

［4］王成，谭芳，高璐莎，等. 浅谈萨提亚心理治疗模式改善住院规培医师心理健康及人际沟通方式［J］. 继续医学教育，2018，32（1）：51－53.

［5］四川大学教务处. 喜报：线下一流课程门数位居全国第一，我校64门课程被认定为首批国家级一流本科课程［EB/OL］.（2020－12－01）［2020－12－13］. http://jwc. scu. edu. cn/info/1084/7441. htm.

［6］钟南山，程东海. 医学教育呼唤人文精神的回归——由与SARS抗争引发的思考［J］. 医学教育，2003（4）：1－2.

［7］丛亚丽. 医师职业精神研究及其对我国的启示［J］. 中华医学杂志，2013（10）：721－723.

［8］金文岚，陈志青，陈敏生，等. 规范化培训住院医师的心理与职业发展特点研究［J］. 中华医学教育杂志，2016，36（4）：534－537.

［9］崔亚利，王泓，王霞，等. 在实践中探索检验医师规范化培训的新模式［J］. 检验医学与临床，2016，13（z1）：334－336.

［10］中国网. 国务院新闻办就新冠肺炎疫情防控救治进展情况举行发布会［EB/OL］.（2020－03－06）［2020－03－15］. http://www. gov. cn/xinwen/2020－03/06/content_5488021. htm.

［11］WHO. Laboratory biosafety guidance related to coronavirus disease (COVID-19)［EB/OL］.（2020－03－19）［2020－03－20］. https：//www. who. int/ publications－ detail/laboratory － biosafety － guidance － related － to － coronavirus － disease－2019－（COVID-19）.

［12］黄霞梅，曹昭，张福勇，等. 基于微信平台的 PBL 教学法在医学检验实习教学中的应用［J］. 检验医学与临床，2018，15（24）：3798－3800.

［13］张海英，张海龙. 住院医师规范化培训制度落地难点问题及实践探索［J］. 中国医院管理，2019，39（7）：76－77.

大学生自主学习能力的培养与探索调查分析

——以四川大学经济学院为例

李航星　付海云　李姝诺

（四川大学经济学院）

【摘要】21世纪是终身学习的时代，是人才创新的时代。一方面，随着信息量高速膨胀，新知识、新理论、新思想的涌现比以往任何时代难以想象地加快，这就要求学生必须具备良好的自主学习能力；另一方面，钱学森之问引人深思，为什么我们学校培养不出杰出人才？很重要的原因在于，学生缺乏优秀自主的学习能力培养和实践。本文以四川大学经济学院为例，通过对随机抽取的样本调查研究，探索影响大学生自主学习能力的主要影响因素，为加强大学生自主学习能力培养提出可行性建议。

【关键词】自主学习；自主学习能力；自主学习动力

近年来，教育主管部门在推进中小学教育改革中，鼓励中小学探索和试行"素质教育""启发式教学""探究式教学"；早在2012年3月，教育部发布了《关于全面提高高等教育质量的若干意见》，进一步明确了高校走"以质量提升为核心的内涵式发展道路"。虽然关于教育改革的努力从未中断，但总体来看，为了确保高考升学率，大多数中学仍然采用以"填鸭式"为主的教学方式，中学生普遍缺乏自主学习能力的培养和实践，对教师产生较重的依赖感，自主学习能力较弱，在进入大学之后，学生从高考的重压中走出来，对新的学习环境、学习方式感到陌生与不适应，大学里的学习不再有老师和家长的严密监督，很多学生在最初的放松之后往往会感到迷茫，甚至不知道大学里该怎样学习，学习成效大大下降，导致高校人才培养质量与预期相差甚远。由此，本文从三个方面对加强大学生自主学习能力培养进行探讨。

一、国内自主学习能力培养研究与国外大学代表性策略

所谓"自主学习"就是一种与传统的接受性教育方法相比，较为现代的一种学习方式，是一种具有自立性、自为性、自律性的学习方式。一方面，它是学生以自己为学习主体，在很大程度上通过自己独立的分析、探索、实践、质疑、创造等方法来实现学习目标的求知过程；另一方面，它又是学习者首先要给自己确定学习目标，接下来需要去监督、控制、调节由学习目标和学习情境特征引导和约束的认知、动机和行为的自我管理过程。自主学习能力是学习态度和能力的结合体，是在学习知识基础上突出学习者获取知识并利用知识的综合素养，指学生运用自身内化的知识和能力，独立自主地完成学习任务，并获取新技能和新知识的一种自身能力。自主学习能力主要包括四个方面的能力，即自我定向能力、自我策略能力、自我监控能力和自我评价能力。本文对国内自主学习能力培养研究出的四个方面进行梳理并选取总结美、日、英大学自主学习能力培养代表性策略。

（一）国内自主学习能力培养研究

通过梳理我国的自主学习研究，主要对大学生自主学习内涵、动力、策略，以及对自主学习测量的研究成果进行综述。

1. 自主学习内涵的研究

有学者认为，"自主学习"具有广义和狭义之分，广义的"自主学习"是通过外界的刺激和激励，有目的地进行学习的活动；狭义的"自主学习"是指学生自主学习能力的发展，是通过教师的指引来激发他们的潜能以达到学习的目的[1]。还有学者认为，"自主学习"有横向和纵向之分，其中，横向角度是指从学习的不同层次、不同角度

综合界定自主学习；纵向角度是指从学习的整个过程来阐述自主学习的实质。

2. 大学生自主学习动力的研究

对大学生自主学习的动力机制，部分学者从学习者内部动力系统来研究其动力机制，有学者认为，对同一个学习者而言，不同的动力系统构成对其自主学习的效率也会产生不同的影响。一般意义上的学习动力系统是由学习需要与动机、目标、自信心和情绪情感等要素组成的复杂结构[2]。

3. 大学生自主学习能力培养策略的研究

学术界关于大学生自主学习能力培养的研究比较丰富。有学者认为，高等本科教育应注重大学生自主学习能力的培养，这就需要更新教育观念，改变教学模式，改变评价体系，切实把大学生自主学习能力的培养放在重要位置[3]。有的学者从"标签理论"视角来探索大学生自主学习能力的培养[4]，有学者从"翻转课堂"视角研究大学生自主学习能力的培养[5]，有学者从"后摄自主学习"模式来研究大学生自主学习能力的培养[6]，有学者从"联通主义"学习理论视角来研究大学生自主学习能力的培养[7]，更多的学者通过网络环境、新媒体环境、大数据背景等特定的环境来研究大学生自主学习能力培养的问题。还有的学者从内外兼修的角度提出培养大学生自主学习能力，认为要采用"内驱＋外引"的方式来培养大学生自主学习能力。

4. 大学生自主学习的测量研究

学术界关于大学生自主学习的测量研究方面，华南师范大学的朱祖德根据 Zimmerman 的自主学习理论编制了大学生自主学习量表，该量表主要分为学习策略和学习动机两部分来测量大学自主学习情况。浙江师范大学的亓丽媛在改编了朱祖德教授的问卷后，在《大学生自主学习调查研究——以浙江师范大学为例》中，从两个维度（即学习动机和学习策略）出发，测量大学生的自主学习能力。山东师范大学李成新在《大学生网络自主学习的调查研究》中提出了相关的调查问卷，该问卷的侧重点在于调查网络状态下大学生的自主学习能力。有学者提出了包含能力、心理和行为三维概念的大学生英语自主学习能力概念模型，据此编制了大学生英语自主学习能力量表，并采用 3 个独立样本检验了量表的结构和质量[8]。有学者通过在大学计算机公共课中开展翻转课堂的教学实践，利用 LASSI 量表测量了 FCM 模式下学习者在入学时和入学一年后的自主学习能力、协作能力及其变化，从而基于实证研究的方法分析了 FCM 在培养学生创新能力、协作能力方面的教育价值，并进一步研究了 FCM 教学活动中课程内容的适用性和不同类型学习者的适应性[9]。

（二）美日英大学自主学习培养策略

1. 美国高校学生自主学习能力培养策略

美国高校精选教学内容，强制性培养学生的自主学习能力，注重于教学内容的难点化、细节化讲授，章节的内容框架等都需要学生自行搭建，教师只负责补充部分难度较大的细节。学生在这一教学模式的长期训练中，只能主动、刻苦地学习，自然而然地具备了较好的自主学习能力。

2. 日本高校学生创新能力培养策略

日本在自主学习能力培养方面有很多特色：第一，教育目标强调自主学习能力培养，并由此来设计课程、选择教材及教法。第二，课程设计强调自主学习能力的培养。各科都有专题制作，由学生进行自主选择，并于毕业时将其创作的作品进行展示，激励学生自主学习，发挥其创新意识及设计能力。第三，教学方式弹性化，强调学生个性的发挥。第四，鼓励学生自主学习，参加各项比赛，及参与各课展示会；学校通过展示学生作品，激发学生的创新意识。第五，成立高新技术教育中心，作为学生自主学习、实习，教师研究进修以及研究开发能力培养之用。

3. 英国高校学生自主学习能力培养策略

第一，积极营造大学生自主学习的环境，一流大学多开发完善课程教学、课程管理、师生互动以及学习服务与支持为一体的多功能、实用性的教学平台，为学生自主学习提供了极大的便利。第二，充分尊重大学生个性化发展，英国的高等教育推行"基于行动的能力教育"，让学生拥有学习的自主权。自主学习能力的培养既依赖于对所学知识有效、适时的应用，又依赖于在复杂的条件下继续探索真知、解决实际问题、改造环境、获得创造性价值的自信锻炼。第三，教学方法灵活多样，突出对学生自主学习能力的培养。例如，英国沃尔夫安普顿大学的"学习合同"教学法、莱斯特大学的"项目教学法"、牛津大学的"成绩记录"教学法、萨塞克斯大学的"自主管理式学习"等，这些教学方法都致力于鼓励学生对学习的自我决定、自我负责。

二、调研分析

关于自主性学习的影响因素，大致可以分为主观因素和客观因素两大类共六个方面。主观因素主要包括学习阶段、学习动机和意志品质；客观因素主要包含家庭影响、学校因素以及同学朋友影响。2019年10月，笔者以四川大学经济学院为调研对象，发放问卷160份，收回有效问卷145份，通过对大学生自主学习现状的调查，比较了对大学生自主学习能力影响因素，梳理得出以下结论。

（一）学习阶段因素对自主学习影响最大

学习阶段因素的影响程度显著性水平为74.21%，处于六个影响维度的最高位，可见，从被调查者角度看，学习阶段因素是个非常重要的影响因素；并且具体到二级指标，自我实现占两个二级指标，占总体比重的66.35%，具有决定性作用。

（二）学习动机因素和学校因素对自主学习影响较大

学习动机因素和学校因素的影响程度显著性水平分别为68.69%、68.00%，其影响程度显著性水平仅低于学习阶段，也是影响自主学习能力的重要因素；从二级指标看，学习阶段因素下的学习态度和学习方式两者的权重相差无几，学校因素下的奖励激励和教师引导作用程度相差不大且权重明显高于学习氛围。学习动机属于学习者主观因素，主要从学习目的和学习动力上影响学习者的学习态度；学校因素属于学习者客观因素，主要从外部环境方面对学习者形成刺激与引导，同样主要影响学习者的学习态度。

（三）各影响因素对自主学习相互交叉的影响

六个维度影响因素不是相互独立的，它们是相互交叉影响的，学习者自主学习能力可能同时受多个影响因素影响。对于不同学习者而言，就算受相同多个影响因素影响时，不同学习者受不同主要影响因素，或者不同学习者受同一主要影响因素的影响程度不同。所以六种影响维度因素对学习者自主学习的影响呈排列组合分布。

三、国外大学自主学习能力培养借鉴及相关建议

（一）国外大学自主学习能力培养借鉴

1. 促进高校信息化建设的供给侧改革

美国、英国等国家的高校十分重视网络设施建设的供给侧投入，校园网络的覆盖率和利用率都较高，教育信息化的高速发展不仅有益于知识传播更新的效率，多元化知识的表达方式更有利于社会环境中的多方行为主体结成相互关联的合作盟友，学校、教师、学生、家庭需要借助"互联网＋"教育网络平台，更快捷地分享到 PBL 教学的成果。这样，学生的自主学习能力自然会在实践中得到培养和提升。

2. 积极培养学生独立思考、形成个人见解的能力

独立思考、形成个人见解的能力是自主学习能力的重要组成部分，对学生的成长乃至以后的职业发展都非常重要，因此，教师在课堂教学中应特别重视对学生这方面能力的培养。英国的高等教育有关这方面的做法值得我们借鉴，如鼓励学生对所涉猎的材料写评论，培养学生自信地陈述个人观点；课程作业多以开放式、非标准答案式为主，等等，这些做法都有助于引导学生独立思考，自主发现问题、解决问题。

3. 抛弃填鸭式教学模式，让学生享有和承担自主建构自我知识的权力和责任

教学要立足于学生自主探索学习，不仅仅是把现成的知识教给学生，更重要的是把学习方法教给学生，引导学生根据学习目标自主地学习知识。建议教师根据所授课程特点，有计划地减少基本理论的教学，采用"ISAS"等教学法，根据学习目标，积极引导学生充分利用图书馆、网络资源进行自主学习。

4. 完善的教学服务

高校一般设立专门的教学服务中心，为学生提供内容丰富的教学服务项目，例如，鲍登学院的教学服务项目有学术导师计划、写作能力提升计划、量化推理提升计划和针对非英语母语学生的一对一英语辅导服务。由此，我国高校也可以为学生提供完善的教学指导和服务，对培养学生自主学习能力提供有力的保障。

（二）加强自主学习能力培养建议

基于上述梳理分析借鉴，本文认为，我国当前大学生自主学习能力尚有较大的提升空间，但需要学习者转变学习思维，教育者转变教育方式，使学习者在家庭、学校及社会组成的大学习环境中有效发挥其主动作用和能动作用，同时，需要有效结合外部环境或客观因素积极引导。本文提出以下建议。

1. 引导学生确立阶段目标

从研究结论可以看出，学习阶段因素对自主学习影响最大，而不同学习阶段的学生，其人生阅历和对职业发展规划的认识不同，归根到底，学生在不同学习阶段的目标不同，实现目标的途径和难度不同，因此，不同的目标要求学生必须付出不同的努力，这就从学习动力上推动了学生不断提高自主学习的效果。

2. 发挥学生主体地位，强化自主学习意识

首先，当代社会需要的人才是"勤学、能学、会学"的综合性创新人才，要让大学生认识到学习的过程也是实现人生目标和人生价值的过程，缺乏自主学习能力，将在未来的社会竞争中被淘汰。其次，近年来教育部倡导推进的素质教育是面向全体学生的教育，是促进学生全面发展和个性发展相结合的教育，也是以培养学生创新精神和实践能力为重点的教育。虽然实施素质教育的主体是中小学生，但是大学也必须不断推进素质教育。在推行素质教育的过程中，使学生找到自己的兴趣所在。有了兴趣，学生就会自主去探究学习，有利于提高学生的自主学习能力。

3. 营造学习氛围、优化学习环境

从研究结论可以看出，学校因素对大学生自主学习能力具有较大的影响，主要原因是不同学校有不一样的学习氛围和学习环境。要提高学生自主学习能力，离不开越来越好的环境，主要包括为学生提供优良的校园物质环境、为学生设立优化的校园学业环境、为学生创设开放的校园人际环境、为学生建立高品质的校园文化环境、为学生提供丰富的学术资源。

4. 强化学生自我控制能力

在校大学生通常缺乏监督，因此，自制力的养成尤为重要。大学生必须学会合理分配自己的时间，做出合理的时间安排，将学习放在首位，制定出时间表后还应严格执行，避免学习计划被外界干扰。大

学生只有不断磨砺自己的意志品质，才能在自主学习过程中不断克服困难，达成最终的学习目标。

参考文献

[1] 韩清林. 关于"自主学习"教育教学改革实验的若干基本问题 [J]. 河北教育，1999（12）：4—10.

[2] 刘晓东，张文皎. 论大学生自主学习的动力机制 [J]. 教育与职业，2006（23）：22—24.

[3] 马仲岭. 本科教育应注重大学生自主学习能力的培养 [J]. 教育探索，2011（4）：90—91.

[4] 曹丽颖. 标签理论视角下大学生自主学习能力培养的探索 [J]. 中国成人教育，2015（6）：116—118.

[5] 刘正喜，吴千惠. 翻转课堂视角下大学生自主学习能力的培养 [J]. 现代教育技术，2015，25（11）：67—72.

[6] 王婷婷. 后摄自主学习模式下大学生自主学习能力培养——以日语专业教学为例 [J]. 现代教育管理，2014（10）：96—99.

[7] 宁通. 联通主义学习理论视角下大学生自主学习能力培养研究 [D]. 郑州：郑州大学，2015.

[8] 林莉兰. 基于三维构念的大学生英语自主学习能力量表编制与检验 [J]. 外语界，2013（4）：73—80＋96.

[9] 马秀麟，赵国庆，邬彤. 翻转课堂促进大学生自主学习能力发展的实证研究——基于大学计算机公共课的实践 [J] 中国电化教育，2016（7）：99—106＋136.

强化药理学实验学生动手能力的探索与实践

汪　宏

（四川大学华西药学院）

【摘要】 为了提高药理学的实验教学质量，四川大学华西药学院的现代药学专业教学中心针对药理学本科实验课程中存在的学生动手能力不足的问题，从学生心理层面入手，采取了适当引入相关机能学实验内容和解剖学知识，增加生物安全性培训力度和教学互动，改变成绩评定方式等一系列措施提高学生学习兴趣，缓解学生对动物实验的畏难情绪，以期通过增加学生动手做实验的机会，提高学生的动手能力，并在实践中取得了较好的成效。

【关键词】 药理学实验；心理状态；动手能力

药理学作为一门重要的医药学桥梁学科，实验教学具有不可忽视的重要地位。提高教学质量、增强学生对药理学知识和实验技能的掌握，是药理学实验课程教学改革的根本目标。药理学实验与动物操作密切相关，然而，在药理学实验教学过程中，存在着学生动手操作练习不足的问题[1]。

四川大学华西药学院的现代药学专业教学中心（以下简称"中心"）开设的药理学本科实验课程面向全体本科生，人数众多，一次实验课有五十人以上。中心为同学们提供了数量充足的实验动物和器械，可以保证每位同学都能参与实验，但在实际教学过程中，笔者通过观察发现，通常每个实验组只有 $1\sim2$ 名学生勤于动手操作，其余学生只是站在一旁观看。以至于一学期教学结束后，有些学生甚至没碰过动物。随堂询问结果显示，有些学生是因为对动物产生恐惧心理，不敢触碰实验动物；有些学生是因为自己不用动手也可得到实验数据完成报告，便倾向于在一旁观看。

如何提高学生的学习兴趣，帮助学生突破对动物实验的畏惧心理，是教师需要在教学过程中重视和思考的问题。为鼓励学生更多地动手操作实验，提高教学质量，药理学实习教师及中心的教师尝试采取了一系列方法来帮助学生调整心理状态，以期通过此途径促使学生多动手做实验，解决学生实际练习不足的问题，从而达到提升教学质量的目的。

一、适当引入相关机能学实验内容和解剖学知识增加生物安全性培训力度

按照本科教学计划安排，药理学实验是药学专业学生接触的第一门与解剖机能相关的实验课，也是第一次进行动物操作的实验课。由于之前没有系统地学习过动物手术操作的相关技能，同学们觉得新鲜有趣，但会本能地对动物及动物气味等产生抗拒心理，甚至部分同学对解剖场景有不适感而不愿意多做练习。此外，在动物实验过程中，难免有突发情况，如被小鼠咬伤、被兔子踢伤等，更容易使学生对触碰动物及操作实验产生畏惧心理。针对动物实验的特殊性，我们采取了两大措施。

（一）让学生了解和掌握动物解剖学的知识，促使学生动手操作

动物解剖是药理学实验的重要组成部分，通过解剖活体动物、观察动物尸体和脏器的形态学变化，可直观了解药物对机体的影响，是其后进行生化检测的基础。动物解剖是药理学专业重要的实验技能。因此，四川大学华西药学院药理教师积极探索课堂教学改革方法，历经反复地研讨与充分的前期准备，加入了部分必要的机能学实验内容：在教学中，除保留原有的动物雌雄鉴别、捉持固定和给药途径的练习外，增加了解剖实验动物的内容。以前，药理本科实验的动物解剖内容，只有部分感兴趣的学生在课后自愿参加，现在将动物解剖加入实验项目内容中，成为所有学生都要完成的训练，大大增加了学生动手的机会[2]。

此外，教师在教学过程中充分利用绘图教学法及教师预试过程中拍摄的动物解剖实物照片，通过多媒体课件进行教学，弥补了教师在

示教过程中因学生人数众多，部分同学无法靠前观看解剖操作细节的缺失。手工绘制的图片清晰可辨、简单明了、重点突出，可吸引学生的注意力，而且，教师可按照教学需求，灵活绘制多个冠状、矢状、水平等各种切面图。但手工绘制的图片和实物有一定差距，学生仅靠图片很难建立起空间立体感，因此，将加入标注的实物照片和绘制的图片相结合，有助于学生在学习过程中将各组织器官结构一一对应。同时，将图片、实物照片和老师的讲解相结合，有利于学生对知识点进行理解记忆，并进一步提高了学生学习的兴趣，学生愿意尝试将知识运用到实际操作中来进行验证。

在课后的实验报告中，教师要求学生绘制自己动手实验的动物解剖图并标注结构名称，验证其掌握程度，以此促使学生自己动手，并在过程中观摩思考、主动学习[3—4]。从学生的实验报告总体情况来看，学生对绘制解剖图的兴趣颇高，完成得很仔细，学生会主动去对比实物和照片细节，以期更好地完成解剖绘图，这对学生动手做实验有促进作用。

（二）规范实验操作技术，增加生物安全性培训力度，减少学生的心理恐惧和顾虑

（1）实验前。采取一系列措施，进一步规范实验操作技术，提高生物安全性培训力度，可减少学生的心理恐惧和顾虑，例如，将实验室操作规程上墙、制定解决生物安全问题的操作流程、为师生提供安全使用和实践方面的培训等。进入实验室前，应对学生进行严格规范的操作培训，从动物捉持、麻醉、绑定，到手术器械的使用、递送、放置等都应逐一进行规范。同时，教师在讲授生物安全知识时，可让学生就药理本科实验室中生物安全和生物材料的安全使用问题进行讨论，进一步提高学生的思想认识，规范操作流程，降低生物安全隐患，保障师生安全。

（2）实验中。学生进入实验室必须穿着工作服，为保障生物安全，实验室应提供一次性手术口罩、一次性手术手套等防护用品，防止学生被动物抓伤或咬伤，也有利于帮助学生克服对动物的畏惧心理。同时，实验室应配备肥皂、洗手液，以及装有消毒酒精、棉球和创可贴等医用品的医疗箱。教师应定期对使用生物材料的实验室进行检查。在学生做实验的过程中，教师应加强巡视，纠正不符合规范的行为。若学生被动物咬伤或抓伤，应立即送往校医院进行处理[5]。

（3）实验后。引导学生正确处理生物垃圾和实验废弃物，严格区分动物尸体、锐器和其他垃圾，并分别由专业的渠道消毒、集中销毁。

通过规范实验操作技术和增强培训，学生对动物的疑惧心理得到了缓解，动手做实验的意愿得到了一定程度的增强。

二、教学互动，提高学生学习积极性

药理学和临床药学两个专业的学生都要学习药理学实验课。理论知识与实践的结合不但可以帮助学生加深对理论知识的理解和掌握，还使学生产生可以学以致用的趣味感。授课教师可从学生的学习反馈中，及时了解他们的学习情况，并对教学过程进行适当调整、合理组织。例如，利用教学互动，提高学生学习的积极性。教师要鼓励学生尽可能多地亲自动手操作，并分组讨论操作过程中出现的问题及注意事项。在学生分组讨论的过程中，教师要注意调动课堂气氛，管理好课堂纪律。分组讨论结束后，每小组轮流派一名学生介绍讨论结果，由老师点评分析并做总结。课后，教师通过师生 QQ 群或微信群共享多媒体课件、知识点总结等教学资料，并鼓励学生在 QQ 群或微信群中咨询或讨论复习或者预习过程中遇到的问题。此外，教师可要求学生在实验报告中，根据自己动手制作的动物解剖图进行绘制并标注结构名称，以此促使学生主动反复观摩思考、学习[6]。

三、改变成绩评定方式，促进学生动手实验

灵活改变考核方式，将实践考核贯穿整个教学过程。考核通过对动物实验操作水平、团队协作情况、动物伦理学掌握情况、解剖器械使用保管情况，以及实验废弃物和生物尸体无害化处理情况等一系列操作的规范性来评定成绩[7]。在压力和动力的驱动下，学生动手做实验的次数显著增加。

四、总结与展望

药理学是一门重要的医药学桥梁学科，是药学专业学生重要的专业课。药理学实验在药理学知识的学习掌握中占有及其重要的地位，学生动手能力的高低直接决定了药理教学的质量。通过不断改进教学

方式方法，学生动手能力有了一定程度的改善。在以后的教学过程中，需要更进一步的探索，以期不断地提高药理学实验教学的教学水平，培养出更多更好的新型药学人才。

参考文献

[1] 胡霞敏，辛晓明，赵梅. 关于药理学实验教学改革途径的探讨 [J]. 卫生职业教育，2020，38（5）：78—80.

[2] 白建，李强. 动物学实践教学的思考 [J]. 实验室科学，2012，15（1）：76—77＋80.

[3] 尹宝英，行小利，熊忙利. 绘图法在动物解剖学中的应用 [J]. 今日畜牧兽医，2017（3）：19.

[4] 康程周，樊珍兰，李伟，等. 数码相机拍摄动物解剖标本的体会 [J]. 畜牧兽医杂志，2013，32（1）：127—129.

[5] 张自强，刘玉梅，朱雪敏，等. 动物解剖学实验的生物安全思考与建议 [J]. 畜牧与饲料科学，2015，36（4）：79—80＋84.

[6] 董玉兰，陈耀星，王子旭，等. 以提升综合能力为基础的《动物解剖学》实验课程体系改革 [J]. 家畜生态学报，2015，36（9）：94—96.

[7] 郭丽红，段祖安，毕建杰. 动物解剖学实验课程中学生创新创业能力的培养 [J]. 中国现代教育装备，2020（9）：99—102.

混合式教学模式下"课程思政"融入体育课程教学的实践与探索

贠　琰

（四川大学体育学院）

【摘要】新型冠状病毒肺炎疫情期间，现代信息技术的介入使线上教学充分发挥自身优势、弥补了传统课程教学的不足。"线上"和"线下"相结合的混合式教学模式成为未来教育教学优化改革的趋势。着眼长远，以身体技能训练与室外教学为主导的体育教育必须直面新的挑战。本文对在混合式教学模式下如何实现思政和体育课程双向协调、优势互补进行探索，为体育教育教学改革提出理论建议和方向。

【关键词】混合式教学；课程思政；体育；课程教学

教育是国之大计、党之大计，承担着立德树人的根本任务。思政课是落实立德树人根本任务的关键课程，发挥着不可替代的作用。高校作为高质量人才培养的主阵地，如何谋求育人格局，担当教育责任，明确社会定位，是新时代高校发展的必然要求。党的十八大以来，以习近平同志为核心的党中央高度重视思政课建设，做出一系列重大决策部署，各地区各部门和各级各类学校采取有力措施认真贯彻落实，思政课建设取得显著成效[1]。

随着我国教育事业的蓬勃发展，教育工作者们面对新形势、新任务、新挑战，面对"培养什么样的人，怎样培养人，为谁培养人"这一根本问题，必须将价值塑造、知识传授和能力培养三者融为一体、不可割裂。习近平总书记强调，要用好课堂教学这个主渠道，思想政治理论课要坚持在改进中加强，提升思想政治教育亲和力和针对性，满足学生成长发展需求和期待，使各类课程与思想政治理论课同向同行，形成协同效应①。体育课程教学亦当如此，课程教学应该全方位、全过程、全员贯彻思政教育，寓价值观引导于知识传授和能力培养之中，帮助学生塑造正确的世界观、人生观、价值观。

2019 年，新型冠状病毒肺炎疫情暴发，各高校响应"停课不停学"特殊教育方针政策，开展线上线下的混合式教学模式成为教育发展的主流和新趋势。在此背景下，如何通过思想教育理论的植入，保证体育课程教学线上线下有效衔接，完成与教学机制相适应的教学任务，发挥高校在立德树人和育人大格局中的作用，具有重要实践意义。

一、混合式教学模式下课程思政的理论支撑和环境构成

"课程思政"是习近平总书记在全国高校思想政治工作会议上的重要论述，旨在以各类课程为依托，以"三全"育人格局为导向，注重强化学生思政教育理念，全面落实学校思政教育课程改革，充分推动教育教学改革向纵深发展。早在先秦时期，儒家思想便最为推崇"德"的理念，《论语》记"行有余力，则以学文"[2]，强调"德"的优秀品质；《大学》载"大学之道，在明明德"[3]。经过几千年的演变与发展，贯穿始终的德育思想仍是我国优秀传统文化的代表，是教育发展的坚定基石。思政教育如何在当代有效地融入各类课程中，习近平总书记首先明确，做好高校思想政治工作，要因事而化、因时而进、因势而新。要遵循思想政治工作规律，遵循教书育人规律，遵循学生成长规律，不断提高工作能力和水平。要更加注重以文化人、以文育人，广泛开展文明校园创建，开展形式多样、健康向上、格调高雅的校园文化活动，广泛开展各类社会实践。要运用新媒体新技术使工作活起来，推动思想政治工作传统优势同信息技术高度融合，增强时代感和吸引力。[4]同时，在党的领导下，坚持马克思主义科学理论和社会主义核心价值观的正确引领，走自己的高等教育发展道路，

<hr>

① 新华社.习近平：把思想政治工作贯穿教育教学全过程[EB/OL].（2016—12—08）[2020—12—13].http://www.xinhuanet.com//politics/2016—12/08/c_1120082577.htm.

扎实办好中国特色社会主义高校[5]。也明确了教师在推动课程思政改革的关键作用，提出"八个统一"的具体要求[6]，统筹运用制度优势，发挥理论价值先导作用，对思政教育的健全和规范具有导向意义，让课程思政在教育教学改革中有了支撑和保障。

得益于数字化网络的快速发展，以"线上"和"线下"相结合的混合式教学模式作为教育的新常态全面实施。与此同时，课程思政的建设也面临着考验，科学教育与人文教育的融通，课程资源的开发是课程思政建设的基本前提[7]，各类课程特别是线上开展的课程要与课程思政相结合，需要立足于时政环境和育人格局，契合高等教育改革趋势，推动课程思政在教育教学中的有序化，进而实现混合式教学模式多层次融合。

二、高校体育课程与思政教育结合的必要性

专业课程是课程思政建设的基本载体，深挖课程思政元素，有机融入课程教学，方能达到润物无声的育人效果[8]。体育课程是高校教育的重要组成部分，实践性强、涉及面广。作为思政建设的重要载体，体育课程是提升学生综合素质的重要手段，亦是调节学生身心健康的重要方式。基于社会对综合性人才的需求日趋强烈，促进思政教育与体育课程相协调、创新多样化体育教学模式已成当务之急。

（一）思政教育促进体育课程育人机制的优化

建构科学有效的课程思政是体育课程完善育人机制的重要途径。思政教育能够潜移默化地向学生传达正确的价值观念，对学生的认知、精神、道德、意识等进行合理教育[9]。作为我国精神文明建设的重要内容，课程思政为体育教育提供科学的理论支撑，为高校学生传递了正确的世界观与科学的方法论，并培养其健康的人格与社会适应能力。二者显性和隐性育人资源之间的交互影响可以助推其建设要素的结构化生成[10]。从理论上讲，体育同时兼具德育、智育之功效，这一特点决定了体育在育人效度上的巨大优势[11]。然而，受制于传统教学模式，现行高校体育课程的实施时常忽视了对学生综合能力的培养，教学内容和质量难以有效培育大学生体育学科核心素养[12]。因此，在高校体育课程中导入思政教育，整合体育课程体系资源，深

化体育育人精神，弥补传统教学缺陷，推进体育课程体系育人环境的和谐发展，在实践和意识形态领域实现"三全"育人格局尤为重要。

（二）思政教育提升混合式体育课程的德育内涵

混合式教学不仅仅是简单的"线上"与"线下"的简单叠加，亦不再是机械化地谁被谁主导。近年来，"课程思政"的教学改革方兴未艾，已成为新时代教育工作的重要着力点[13]。对于体育这种实践性、灵活性强的学科，思政教育有效融入其混合式教学模式中，使体育教育自身实现了跨域式发展——"线上"更深层次、理论化的学习弥补了"线下"重实践轻思考的不足。例如，"线上"课程中导入奥林匹克文化，可以让学生充分领会体育的人文精神；学习新中国体育史，能砥砺学生艰苦奋斗的意志；学习体育规则，能让学生树立规则意识。由此可见，思政教育的融入更大限度地实现了"线上"与"线下"、理论与实践、体育与德育相统一，让体育精神得以最大限度地发扬[14]。高校体育教学在塑造学生身心的过程中，导入思政内容，除了能增强学生体质，还能引领学生发挥主动性和创造性，建立终身体育、全面发展的理念，培养适应社会发展需要的时代新人。

（三）思政教育完善混合式体育课程的培养效力

在高校体育课程的建设中，除了首要的技能培训目标之外，还包括健康心理建设目标。中国体育文化崇尚的是健康的生活理念，带给人们的是乐观、阳光、积极的人生态度。中国体育文化里充满了艰苦奋斗、永不言败、努力拼搏的体育精神。思政教育以体育课程为媒介，通过"线上"理论教学，结合"线下"体育课程教学与训练，能帮助学生树立远大的理想与坚定的信念，提高学生的心理承压能力，并在该过程中，通过贯彻落实社会主义核心价值观，培养学生的创新能力、沟通交流能力、竞争意识和社会责任感，使学生形成正确的价值标准，进一步提高学生的体育文化素养和水平。

三、四川大学体育课程混合式教学开展状况评述

2016 年 12 月，《中国体育报》第 3 版以《创新全过程立体化模式——四川大学体育学院教学改革结硕果》为题，报道了四川大学公共体育课教学改革的可喜成果。该文指出，针对体育课时相对不足，

体育课堂的核心目标达成不理想，学生体育学习与参与的时空延展性不强、效率不高、效果不佳等难题，四川大学体育学院通过利用课内课外相结合，将每周两个学时的体育课进一步延伸到体育课外，通过延长体育课的时间和提高训练强度来促进学生体育课堂学习和课外锻炼的积极性。此外，四川大学体育学院着力优化体育课堂形式，打造出 20 项精品课程，以期通过"身体素质练习＋运动技术技能学习＋体育知识＋能力培养"的全方位模式激发教学改革的活力。近年来，学院还自主研发了学生体质测试系统软件、在线慕课系统、在线体适能指导系统、在线体育文化大讲堂等以"信息化"为导向的全过程、立体化教学模式。其间，学生既积极参与了体育锻炼，又切实享受到了体育锻炼的过程。

随着教育教学改革的深入发展，四川大学体育课程贯彻课内课外一体化、线上线下相结合的方针，依托"悦跑圈"等 APP，推动课内教学和课外辅导一体化。特别是疫情期间，体育课程调整更新了教学计划、大纲，通过直播、语音、视频、动漫、动图等多样化的教学手段制订出在线教学计划和内容，优化了考核标准。通过了"532"的课程结构和创高体育 APP"居家锻炼"操作手册、学生居家运动慕课学习等方案，切实保证了混合式教学的开展。其间，四川大学体育学院积极思考课程思政的融合建设。但从四川大学体育学院举办的课程思政经验分享交流活动来看，大多数教师仍停留在体育课程是培养学生吃苦耐劳、坚韧不拔意志品质的认识层面，对于学生生命健康教育、爱国情怀等更深层次思想领域的培养还有很大的进步空间。

四、基于"混合式教学"的体育课程思政改革途径

（一）重视师范引领，拓宽思政内涵

加强体育"课程思政"建设的关键在体育教师[15]。高校体育教师不仅要落实教书育人的责任，还要注重言传身教，树立自身的道德示范作用，即"提高教学能力、科研水平"与"升华思想高度"的同步推进。此外，高校体育教师更应提高思想觉悟，深入学习并理解把握国家重大方针政策，以学生为主体，将德育、爱国主义教育等教育

理念蕴于体育课程中。混合式教学是"线上""线下"一体化教学，教师既要注重线上教学内容的"丰富性"和思政理论导入的"深入性"，使二者完美融合，防止"线上"与"线下"的教学内容与思政内容脱节。本文认为，在教学内容的选择上应注意加入符合高校学生身心特点的思政理论，如幸福感、团队意识、奋斗精神、核心价值观等；在教学设计和调控中，应及时反馈教学信息，把握思政主线，调控教学进程，加强课堂管理；根据学生不同的身心特点进行教学评价，从而综合提高教学质量，有效完成教学工作。

（二）根植体教特色，导入思政元素

高校课程体系中，各类课程的地位、功能及其作用方式不同，有其各自的价值特征[16]。体育课是一门改造自我身心、发掘自我潜能的实践性课程。不论是"线上"多样的体育音、视频元素，还是"线下"的运动竞赛，皆呈现出活动性、开放性的特征。体育课程的身体参与性决定了其在增强学生体质、意志品质方面无与伦比的优势。因此，开展体育项目能帮助学生树立规则意识，让学生形成团队协作、规则互助、拼搏进取的优良品质。值得关注的是，竞争意识也是促进学生全面发展的重要媒介。高校是学生步入社会的过渡时期，可以说思政教育是影响学生未来发展的关键性因素。混合式教学的体育课程思政体系架构中，必须要立足体育课程自身所特有的优势、特殊的教学理论和方法，对思政元素中的价值理念和德育教育进行配合，将其转化为具体生动的教学内容，再用独特的体育教学手段和教学方式引发学生思考，反作用于思政教育，达到教学政治性与实践性相统一，教书和育人相结合，体育课程和教学效益的最大化。

（三）营造教育环境，坚定育人理念

结合"线下"课程内容进行"线上"打造的混合式教学模式其优势与劣势均较为明显。在教学媒介的选择、技术平台的支撑和两者各占比例的问题上，都需要教师根据实际情况进行斟酌，同时，在思政教育环境的构成上，也需要教师讲究技巧。网络思政教育的理念包含着对教育活动的价值解读、认识方式、实践指向和本质呈现，在教育活动中占据着至关重要的位置[17]。因此，在教学形式中要始终坚持马克思主义和中国特色社会主义理论的指导，以学生为主体调动问题意识；师生间营造平等和谐的氛围，贴近学生实际生活，多关心慰问学生身心健康状况；关注学生个性需求，将体育课程与人生价值结合起来，培养学生的社会主义核心价值观；在教学上打造优质"线下"课程，有机结合"线上"的慕课进行教学。除教学活动外，高校还应该对校园文化环境进行建设，加大思政育人理念的投入，从内部和外部多渠道营造，微观和宏观多层次实施，努力形成良好的教学氛围。

（四）增强教育实效，夯实学科基础

有悖学生身心特点的思政教育内容难以收到实效，太过表面化的思政教育内容也无法落实立德树人的根本目标，太过空洞化的思政教育内容必将被学生漠视。鉴于此，提高课程思政的有效性主要在于精准聚焦学生的身心特点。例如，学生出现了思想问题或心理问题时，不会主动向老师表达，甚至有的学生自己并未意识到自己的问题，但会通过相关行为活动间接地表现来。教师应通过体育课程的特点，及时传递正能量，调节学生的身心健康，端正学生心态，帮助学生形成正确的价值观和人生观，使学生更高效地投入其他学科课程学习，促进学生全面发展。在四川大学优秀课程课题科研项目中，取得的课程思政实效也为体育课程提供了理论基础。体育课程教学借鉴优秀课程思政成果，丰富体育学科体系，对体育教育教学改革有重要作用。

五、结论

信息化的发展促进社会日新月异的变化，也催生了教育教学改革新模式，大学课堂教学的新形态是研究性教学在信息化环境下进一步深化应用的产物[18]。将混合式教学应用于体育教学中是必然的教学改革举措，在提高教学效果和教育质量的同时，也会滋生学生信息化素养的缺失等矛盾，思政教育的融入会调和一定的矛盾，弥补当下思想政治理论课和哲学社会科学类课程各自存在的薄弱环节，特别是两者的教育教学理念上存在的反差[19]。结合体育教学的特点和优势，从根本上着手教学内涵，才能使体育教学在高校教育教学改革过程中发挥育人实效，为社会培养更高素质和全面发展的建设者和接班人。

参考文献

［1］新华网. 习近平：决胜全面建成小康社会　夺取新时代中国特色社会主义伟大胜利——在中国共产党第十九次全国代表大会上的报告［EB/OL］. （2017－10－27）［2020－12－10］. http://www. xinhuanet. com//politics/19cpcnc/2017－10/27/c _ 1121867529. htm.

［2］杨伯峻. 论语译注［M］. 北京：中华书局，2009.

［3］张凤娟. 大学·中庸·礼记［M］. 呼和浩特：内蒙古人民出版社，2007.

［4］人民日报. 习近平在全国高校思想政治工作会议上强调：把思想政治工作贯穿教育教学全过程　开创我国高等教育事业发展新局面［EB/OL］. （2016－12－09）［2020－12－10］. http://dangjian. people. com. cn/n1/2016/1209/c117092－28936962. html.

［5］习近平. 习近平谈治国理政（第二卷）［M］. 北京：外文出版社，2017.

［6］习近平. 在学校思想政治理论课教师座谈会上的讲话［N］. 人民日报，2019－03－19（1）.

［7］何红娟. "思政课程"到"课程思政"发展的内在逻辑及建构策略［J］. 思想政治教育研究，2017，33（5）：60－64.

［8］中华人民共和国教育部. 教育部关于印发《高等学校课程思政建设指导纲要》的通知：教高〔2020〕3 号［A/OL］. （2020－05－28）［2020－12－10］. http://www. moe. gov. cn/srcsite/A08/s7056/202006/t20200603 _ 462437. html.

［9］郭娜. 浅谈思想政治教育对学生价值观的影响［J］. 中国教育学刊，2019（S1）：230－231.

［10］赵富学，陈蔚，王杰，等. "立德树人"视域下体育课程思政建设的五重维度及实践路向研究［J］. 武汉体育学院学报，2020，54（4）：80－86.

［11］高鹏飞，周小青. 社会距离与行业失范：学校体育课程价值的反思［J］. 体育与科学，2016，37（3）：63－68.

［12］丛灿日，王志学. "严出"之下高校体育课程改革的审视及推进路径［J］. 体育学刊，2020，27（2）：117－123.

［13］成桂英. 推动"课程思政"教学改革的三个着力点［J］. 思想理论教育导刊，2018（9）：67－70.

［14］杨祥全. 铸魂育人：体育课程思政建设的紧迫性与自身优势探究［J］. 天津体育学院学报，2020，35（1）：13－16.

［15］王秀阁. 关于"课程思政"的几个基本问题——基于体育"课程思政"的思考［J］. 天津体育学院学报，2019，34（3）：188－190.

［16］石丽艳. 关于构建高校课程思政协同育人机制的思考［J］. 学校党建

与思想教育，2018（10）：41—43.

[17] 景星维，吴满意. 论网络思想政治教育的新理念 [J]. 思想政治教育研究，2019，35（6）：143—148.

[18] 李晓文，施晓珍. 解析大学课堂教学的新形态 [J]. 高教发展与评估，2019，35（6）：86—96＋112.

[19] 陈锡喜. 高校哲学社会科学类课程与思想政治理论课"同向同行"的必要性和可行路径 [J]. 马克思主义理论学科研究，2017，3（1）：154—163.

基于"四个正确认识"的研究生药理学思政融合教学体系初探①

杨 莹 吴 越 孙晓东 张媛媛

（四川大学华西基础医学与法医学院）

【摘要】 为培养勇于担当的青年学生，实现立德树人的人才培养目标，将"四个正确认识"与研究生药理学课程有机融合，总结和创造思政与"药理学"研究生课程融合的一种新教学模式。本文从药理学具体教学内容出发，将思政教育融入药理学课程，探索"情境模拟""案例教学""翻转课堂"等多种教学方法。结合多种方法的课程效果评价，本文总结出，教师的思想政治理论水平是课程思政的关键，教学设计和教学手段对课程思政的教学效果有重要影响。

【关键词】 四个正确认识；药理学；课程思政；研究生

一、"四个正确认识"思政教育融入研究生药理学课程的迫切性和必要性

立德树人是教育的根本。党中央提出要把思政工作贯穿教育教学全过程，实现全过程育人、全方位育人。"四个正确认识"即正确认识世界和中国发展大势，正确认识中国特色和国际比较，正确认识时代责任和历史使命，正确认识远大抱负和脚踏实地[1]。"四个正确认

① 本文系四川大学研究生教育教学改革研究项目（项目号：YJSKCSZ2019014，GSKCSZ2020019）资助。

识"是研究生思政教育的切入点，将"四个正确认识"内涵融入研究生课教学内容，是当前研究生培养工作的重中之重[2,3]。

研究生课不仅要传授知识，更要培养研究生的创新能力。药理学是医学生进入研究生阶段后首批接触的专业课。目前，在研究生课中存在不少问题，如专业教育与思政教育融合度不高；基础理论教育与实践及社会需求脱节；教学内容和形式过于单一、抽象、枯燥，导致学生的学习积极性不高、参与度不够。甚至不少导师和研究生对研究生课程教育的认识存在严重误区，认为研究生以科研为重，课程教学可以放松。在这种情况下，如何提升药理学课堂中的思政教育效果，满足研究生成长发展的需求和期待，是研究生药理学课程授课教师的重要职责。

本文希望通过优化课程设计方案，将习近平总书记提出的"四个正确认识"与专业课程教育相融合，总结和创造一种思政与"药理学"研究生课融合的课堂教学新模式。本模式可供其他研究生课程参考，使各类研究生课程与思想政治理论课同向同行，形成协同效应，把做人做事的基本道理、科学研究的基本要求与社会主义核心价值观、实现民族复兴的理想和责任相融合，科学素养与思想政治教育相融合。

二、思政融合教学体系的构建

（一）思政教育与研究生药理学课程教学内容的有机融合

"药理学"学科史教育是研究生课程的重要部分，对于培养研究生的学科认同感和做好研究生的科研生涯发展规划都非常重要。在药理学学科发展史部分，可结合屠呦呦获得诺贝尔奖的事例，弘扬爱国主义精神，教导研究生正确认识时代责任和历史使命，鼓励研究生树立勇于拼搏、敢于担当的科学家精神[4]。并进一步结合研究生的科研生涯发展规划，给研究生们讲解生涯规划的注意事项，引导研究生们将个人发展与祖国需求结合起来，自觉为祖国发展做贡献。

在学习抗病毒药部分时，可结合我国在抗疫中取得的阶段性成果，对比国外的抗疫情况，教导研究生正确认识世界和中国发展大势。选取具体生动的案例，讲解"敬佑生命、救死扶伤、甘于奉献、大爱无疆"的医者精神，讲好"抗疫精神"，弘扬"抗疫精神"。在抗击新型冠状病毒肺炎疫情和非典疫情中，中药以其多成分、多靶点的独特优势，在抗疫中发挥了重要作用。教师可鼓励研究生加强对我国中医药资源进行探索，并不断增强文化自信[5]。通过讲述我国科学家在抗击新型冠状病毒肺炎疫情过程中，及时向全球共享疫情信息，分中、英文版本供全球临床医务工作者、科研人员及公众查阅，让抗疫成果"全透明"，为推动世界各国开展病毒研究和疫情防控提供参考，以及中国科技界及时与全球共享科学数据、技术成果和防控策略，与各国深入开展疫情防控、患者救治、基础研究等科技攻关合作交流，同舟共济、合作共享的案例，可以让研究生们从中学习创新精神和科研伦理，引导研究生思考疫情过后社会对药理学研究提出的新要求，领悟万众一心的中国精神和令人振奋的中国效率。通过讲述我国陈薇院士时刻将人民安危放在心中，带领团队日夜奋战研发疫苗，号召团队"除了胜利，别无选择"，终于成功研发疫苗的英雄事迹，让研究生们学习陈薇院士的科学家精神。

将科研伦理和"诚信"教育融入研究生课的全过程[6]。教导研究生正确认识远大抱负和脚踏实地的关系，远大追求要从做好手中的每件小事开始，按照规范做好每件小事。结合当前层出不穷的学术不端案例，结合试验设计、实施、数据处理、数据展示和论文写作投稿过程中的具体情境，讲解科研伦理的具体要求，尤其是与研究生密切相关的毕业论文的写作规范，以及保存科研原始记录的注意事项等[7]。笔者在教学实践中发现，研究生对这些内容特别感兴趣，教学效果非常好。

镇痛药以及药物滥用是"中枢神经系统药物"的重要教学内容。教师可采用图片、漫画、真实案例、电影电视剧素材等开展生动活泼的禁毒教育，有助于提高研究生对毒品危害的认识。结合我国的禁毒政策和药物监管原则，教导研究生认识到我国的禁毒政策对打击毒品违法犯罪、维护社会治安和保障人民身心健康的重大意义。

药理学实验设计部分，结合实验设计中基因敲除、回补和合理对照等原则，融合辩证法等哲学观点，教会学生们如何运用辩证法分析和解决科学问题。并在此过程中，强调对研究生科研创新能力的培养，让研究生养成"以问题为导向"的学习模式。

（二）思政教育融入研究生药理学课程的多种教学方法和手段

为了提高思政教育融入研究生药理学课程的效果，仅仅使用传统的课堂讲授模式肯定是不够的，应创新性地使用多种教学方法和手段[8]。

1. "情境模拟"的教学方法

在科研伦理的教学中，可采用"情境模拟"的教学方法。结合一个具体的实验数据展示困境，让同学们代入其中深入思考，提出可能的解决方法，并互相辩论，其他同学根据自己的选择投票。最后由老师展示正确的处理原则和处理方法，并据此讲解实验原始数据保存规范和原始图片处理规范。不仅教给研究生们图片处理的原则，还要用实际案例展示如何处理图片是合规的，如何处理图片属于学术不端。

2. "案例教学"和 PBL 教学相结合的方法

在药理学实验设计的教学中，教师可采用"案例教学"和 PBL 教学相结合的方法。教师先提出一篇文献，由学生们分组对文献中的科研思维、实验技术等进行分析、讨论，随后，学生针对教师提出的具体科研问题，模仿文献设计实验。整个班的学生针对各个组的实验设计开展互评，最后教师点评。这种教学方式可切实帮助学生提高实验设计能力。

3. 翻转课堂的教学方法

在实验技术的教学中，教师可采用翻转课堂的教学方法。按照教学内容和教学大纲的要求，研究生分组自学 DNA 聚合酶链式反应、免疫印迹、免疫荧光等实验技术，然后翻转课堂做报告，各组之间互相提问。以上教学安排可帮助学生加深对实验技术的理解和掌握，为开展自己的科研项目打好基础。

除了以上三种教学方法，在课程思政中引入多种教学材料也非常重要。教师不仅要使用教科书，更要使用从网上搜集的多媒体音频、视频等材料提高教学效果。在选择这些教学材料时，授课教师要注意材料的可靠性，不能引用来源不明的和未经证实的教学材料。授课教师还要针对教学要求，对音、视频进行剪辑，既要保证最佳教学效果，又要节省课堂时间。

三、思考与总结

目前，在高校思政课教学评价中，尚缺乏统一的评价理论指导，也未形成完善的教学评价指标体系[9]。如何评价专业课的思政教育融入效果就更是一个难题。如何围绕学生的学习效果进行评价，是我们需要不断探索的。我们尝试通过多种方式评价课程思政融入药理学课程的效果，包括研究生提交的课程思政报告作业、专题研讨、试卷和学生自评互评等[10]。

在思政融入研究生课程专业教学的过程中，教师的思想政治理论水平是关键[11]。教师自身的思想觉悟、道德素质达标，才能育人有道，在言传身教中培育满足时代要求的"双一流"拔尖人才。因此，授课教师要不断加强思想政治理论学习，提高教学观念，更新教学内容，积累思政教学素材，探索新的教学方法，才能激发研究生的创新活力，真正达到立德树人的效果。

精巧的教学设计和多样化的教学手段对于思政融入的效果至关重要[12]。在知识目标和情感目标的设计、思政融入的角度、思政融入材料、教学效果考核等多步骤中，都需要教师精心设计、反复思考和不断提高。教师只有基于强烈的育人责任感，才能在教学设计和实践中不断精进。

研究生课的授课教师要充分认识到课程思政融入的重要性和迫切性，大家都要守好一段渠、种好责任田，深入推进思政课程与课程思政同向同行，形成协同效应，培养适应新时代要求的创新拔尖人才！

参考文献

[1] 潘懿，张晶. 以"四个正确认识"为指导推动高校思想政治工作创新发展的思考[J]. 东北师大学报（哲学社会科学版），2019（2）：103－108.

[2] 李民政. 打造"知识、创新、思政"三位一体的一流研究生课程建设[J]. 科技风，2020（22）：67.

[3] 卜姝华. 深化"四个正确认识"创新高校思想政治教育内容[J]. 湖北开放职业学院学报，2019，32（20）：1－3.

[4] 马鹏生，朱溶月. "互联网＋"时代《药理学》课程思政建设探索[J]. 教育教学论坛，2020（7）：50－51.

［5］胡彦武，武子敬，姜丽阳，等. "三全育人"视域下地方高校药学类专业《药理学》课程思政改革与实践研究［J］. 医学教育研究与实践，2020，28（4）：657－659＋700.

［6］新华社. 中办、国办印发《关于进一步加强科研诚信建设的若干意见》［EB/OL］.（2018－05－30）［2020－12－12］. http://www. gov. cn/xinwen/2018－05/30/content_5294938. htm.

［7］龚华芳，于沛. 科研原始记录的规范与管理研究——以药学研究生的科研记录规范为例［J］. 科技管理研究，2018，38（11）：75－80.

［8］张媛媛，周黎明. 药理学教学在以疾病为中心的医学培养模式中的探索［C］//李学军. 中国药理通讯，2012，29（4）：25－28.

［9］陈磊，沈扬，黄波. 课程思政建设的价值方向、现实困境及其实践超越［J］. 学校党建与思想教育，2020（14）：51－53.

［10］沈齐英，居瑞军，张志红，等. "课程思政"背景下药理学课程的教学改革与实践［J］. 高教学刊，2020（8）：114－116＋119.

［11］湛垚垚，毛俊霞，肖苏，等. 思政教育在高校专业课教学中的融入——以水产药理学课程为例［J］. 西部素质教育，2018，4（2）：8－9.

［12］徐华娥，王思婉，胡琴，等. 医学高校药学学科特色课程思政平台的建设［J］. 南京医科大学学报（社会科学版），2019，19（6）：484－486.

对《法医世界》通识课程贯彻
思政教育的探索①

刘　渊　　陈晓刚　　梁伟波　　云利兵　　张　奎

宋　凤　　罗海玻　　叶　懿　　顾　艳　　李钢琴

（四川大学基础医学与法医学院）

【摘要】 立德树人是高校教育的落脚点，课程思政强调所有教师都有思政育人职责，所有课程都有思政育人功能。作为四川大学新推出的通识教育核心课程，《法医世界——全球大案深度剖析》在培养当代大学生社会主义核心价值观的中心思想指导下，在通识教育核心课程的建设过程中，就如何进行课程思政教育展开探索。本文结合本课程的特点，提炼出巩固大学生的社会主义制度自信、增强法律意识、培养科学思辨能力、强化公民意识和社会责任等五个方面的思政要素。

【关键词】 课程思政；社会主义核心价值观；思政要素

　　社会主义核心价值观培育践行的出发点就是立德树人，这也是高校教育的落脚点[1]。高校是国家培养人才的重要基地。所谓课程思政，强调所有的教师都有育人职责，所有课程都有育人功能[2]。青年大学生正处于世界观、人生观、价值观形成的关键时期，他们勤于思考，思想观念趋于成型，但仍具有较大的可塑性；他们接受新鲜事物的能力很强，勇于创造，但鉴别力仍有欠缺[1]。习近平总书记在全国

────────────

　　① 该研究受到"四川大学华西基础医学与法医学院党建研究课题和党建特色活动专项经费"支持。

高校思想政治工作会议中指出，要用好课堂教学这个主渠道，思想政治理论课要坚持在改进中加强，提升思想政治教育亲和力和针对性，满足学生成长发展需求和期待，其他各门课都要守好一段渠、种好责任田，使各门课程与思想政治理论课同向同行，形成协同效应[3]。

《法医世界——全球大案深度剖析》（以下简称《法医世界》）是四川大学倾力打造的一门全新的通识教育核心课程，于 2020 年秋季面向四川大学的新生首次开放。教学团队在课程建设中就《法医世界》的课程思政展开了探索。

一、《法医世界》对培养大学生社会主义核心价值观的现实意义

《法医世界》教学团队由四川大学华西法医学专业的授课教师和成都市公安局的警官组成，授课团队成员都是政治立场坚定、有丰富法医学知识和经验的资深法医鉴定人。经过多年法医学实践工作的锤炼，授课团队对当前青年人群中的"法医热度"有不同的认识。尽管近几年来有不少法医题材的影视剧热播，但法医鉴定对普通老百姓而言仍然是雾里看花。社会大众对法医鉴定制度、工作流程、鉴定报告的形成、如何看待不同鉴定意见之间的分歧、如何甄别媒体信息等缺少必要的科学知识和素养。法医鉴定是司法程序中有关技术工作的一项重要内容，所涉及的案件极易成为社会舆论关注的焦点。对法医鉴定的高度关注，对科学、准确鉴定的高要求背后，反映的是大众百姓对司法公正的向往与企盼。自媒体的蓬勃发展和基于社交平台的网络传播，让一些突发性社会事件的扩散速度呈数量级增长。中国有"三人成虎""众口铄金"的成语，说明在以讹传讹所搅动的信息流中辨析事实和真相的困难。一些带有偏见和错误的认知通过自媒体和网络社交平台以一传十、十传百的速度扩散，可能对社会稳定产生不小的冲击。搭乘当前法医题材影视剧的热播和法医话题热度的快速提升，教学团队期望通过开设《法医世界》这样一门通识教育课程帮助大学生们在面临关乎生死的现实热点事件时，以冷静客观的态度、科学缜密的思辨，形成客观准确的判断，进一步帮助大学生提高法制意识，增强公民责任，以期为建设法制中国、和谐社会夯实群众基础做出贡献。

二、《法医世界》的知识传授与能力培养

法医学是医学专业中的小众专业，与人文社科类的通识教育课程不同，绝大多数非医学专业的大学新生几乎不具备法医知识。但是，在2020年暑期，四川大学研究团队通过微博对大学生的课程兴趣进行了调查，结果显示，法医学是位列前三的热门课程，说明《法医世界》这门课程对大学生而言，有答疑解惑的实际需求。在课程进行中如何让非专业的学生始终保持一份关注、一份期待并不断回应学生的内在需求成为教学团队在课程建设阶段面临的重大挑战。为解决以上问题，教学团队在两个方面统一了认识：（1）通识课程《法医世界》为非专业的学生传授哪些知识？（2）培养非专业的大学生哪些方面的能力？

《法医世界》共16讲，32个课时，分为以下11个板块：身边的医学与法律——法医学概论；从《大宋提刑官》到《法医秦明》——略谈法医鉴定；命案犯罪现场；尸体说出"真相"——法医病理解码死亡；绝命"毒师"——聚焦法医毒物学；识骨寻踪——法医人类学的世界；超级"警察"——法医DNA解码；疯狂心灵——解码法医精神病学；真实的"谎言"——疑点证据解析；医患矛盾——法医眼中的医疗纠纷；不知死、焉知生——法医眼中的向死而生。通过课程的讲授、课堂互动和课后作业，希望可以让大学新生走近法庭科学，培养学生独立思考的能力；以全球大案分析与身边案例讲解相结合的方式，帮助刚踏进大学校园的新生把关注的焦点从高中阶段应试的局限性思维中解放出来，更多地关注社会生活，关注社会责任，关注法制建设，关注自身的公民身份，促进大学新生的社会化，建立知识与人、与生活多向度的交融关系；同时，希望同学们在目睹或者经历死伤事件时，在分析涉及生死的社会热点问题时，能够以谨慎、科学、客观、冷静的态度形成自己对事件的独立观点和判断。

三、《法医世界》蕴含的课程思政要素

《法医世界》在知识传授、能力培养过程中如何潜移默化地实现对当代大学生品格塑造和价值观的引领，在素质教育的课堂上体现出"思政味"，是《法医世界》教学团队在课程建设过程中始终思考的问

题。课程建设是一个长期的过程，《法医世界》的教学团队在课程的前期准备中挖掘课程育德功能，提炼出了课程中蕴含的五个思政要素。

（一）巩固大学生对社会主义制度的自信

《法医世界》可从学科发展和社会安全的角度，巩固大学生对社会主义制度的自信。千禧一代的大学生成长在中国经济快速发展的时代，与出生于六七十年代的人不同，他们出生即享受着中国经济腾飞带来的红利，大部分学生在成长过程中衣食无忧，对社会主义新中国在短短几十年取得的日新月异的变化缺乏切身体会。《法医世界》课程结合法医鉴定的历史和发展，给学生专门介绍中国的法医学于宋朝达世界巅峰后便一直停滞不前，直至 20 世纪 20 年代仍沿用宋朝书籍记录的方法验尸，与西方法医学有几百年的差距，但新中国成立后，经过短短几十年的建设发展，目前我国法医队伍完备、设备先进，鉴定制度愈加完善，法医鉴定已达到国际先进水平，这种跨越式的发展彰显了社会主义制度的优越性。同时，近几年来，随着法庭科学技术的发展和公安队伍的建设完善，沉积多年的"冷案"不断告破，我国刑事案件的发案率持续降低，如今，中国是世界上非常安全的国家之一。

（二）提高大学生的法律意识

随着法医鉴定技术的不断进步，"天网恢恢，疏而不漏"不再只是信念，而是逐渐成为现实，任何犯罪的念头最好止于心动。同时，课程中会对刑事案件所涉及的法律知识进行讲解，以碎片化的方式填补大学生相关法律意识的空白。

不信谣不传谣，让大学生在课堂中学会做人做事。法医鉴定的过程是发现证据、解读证据和甄别证据的过程，是一个严谨、科学的过程，有法医鉴定人员的个人和团队能力，更有科学的标准和规范的技术指导保驾护航。死亡原因和死亡方式是一个科学的、专业的问题，应该由具备专业知识的法医鉴定专家用科学方法来寻找答案，而不应听信和传播旁人的揣测。

（三）培养科学思辨的能力

《法医世界》课程中蕴含极丰富的科学思辨训练要素，本文以对同一死者的不同尸检报告为例进行说明：

2020 年，美国黑人乔治·弗洛伊德的死亡引发了美国多地示威和骚乱，关于弗洛伊德的死亡原因共有三份不同的尸检报告；2019 年夏，美国富豪杰弗里·爱泼斯坦死于狱中，由于爱泼斯坦与美国政界的复杂关系，其死亡被美国媒体认为是一宗可能撼动 2020 年美国大选的悬案，而官方尸检的结果与独立尸检的结果也不相同；2003 年，被网络传媒广泛关注的黄静案，因先后有五份不同的尸检报告，从而引起了媒体对该案的大肆渲染。如何分析和看待上述 3 个案例中尸检报告的差异，授课老师将以专业的角度带领学生逐步分析，最终让学生明白，在某些情况下，被媒体炒作的那些尸检报告可能并没有实质性差异。例如，黄静死亡案，五份尸检报告中没有一份认为是谋杀，说明这五份报告中存在共性，而在黄静案中，这五份尸检报告的共性说明了不同鉴定人对案件性质认识是一致的；另外，由于接收的鉴定材料不同，就可能导致出现不同的死因鉴定报告，例如，弗洛伊德案独立尸检报告中并没有纳入死者的毒物检测结果……通过这样的专业解读和训练，逐步培养学生科学、独立的批判性思维。

（四）强化大学生的公民意识

《法医世界》在讲解刑事犯罪案件侦破的各个环节中，给学生提供一个了解社会治安运行和维护的视角；透过法医鉴定中众多规范、标准对鉴定人和鉴定行为的约束，对大学生进行规则意识教育；通过让大学生了解在人身安全受到威胁时如何有效留取证据，如何维护自身权益，培养学生作为公民的主体意识；同时利用对重大刑事案件的剖析，不断提高学生对社会事件的关注度，增加学生的公民意识。

（五）培养大学生的社会责任

维护社会和谐、稳定不仅是警察的职责，也是每一位社会成员的责任。从 2020 年，美国黑人乔治·弗洛伊德在被警方制服过程中死亡所引发的美国社会骚乱和动荡可以看出，新闻媒体的选择性报道对于社会分歧和骚乱起了推波助澜的作用。这是一例典型的有法医参与的关乎生死的社会热点案例，授课教师期望在《法医世界》课程中，通过对这一类问题的多视角解读，不仅让选课的新闻与传播专业的学生体会到传播事实与真相的社会责任，更可以让其他专业的学生以后在面对此类问题时，能利用所学的法医学知识进行辩证地分析，而不是被网络和媒体所点燃的愤怒情感左右。

四、《法医世界》课程思政实现途径的初步探索

制度自信、法律意识、科学思辨、公民意识和社会责任是《法医世界》课程中的思政要素，是核心价值观教育具体而生动的载体。与见惯生死的法医不同，刚刚入学的大学新生几乎不具备法医学的素养，加之涉世不深，大多从未经历过生死，普通法医学知识的讲解很难让同学们产生互动和共情体验。为了让上述课程思政的要素成功落地，《法医世界》课程通过影响广泛的全球大案带入相关法医学知识，同时在课程中融入当下关乎生死的社会热点事件，并就热点事件与学生展开互动。社会热点事件的融入，可以让课程常讲常新，保持活力，并有利于维护学生对课程的关注度，始终保持期待。而教学团队在每一章节的课程设计中则始终兼顾上述五个思政要素，以案例讲解、课堂互动、小组讨论、课后作业等方式把思政要素"形散神聚"地融入课堂和课后思考。

立德树人是所有教育工作者的神圣使命，是与学生密切联系的专业课教师的神圣职责[4]。《法医世界》教学团队期待学生在课堂中成长，其自身发展的内在需求在《法医世界》的一次次答疑解惑、交流碰撞中不断得到满足，从而使社会主义核心价值观通过《法医世界》的课程思政元素有骨、有肉、有灵魂地得以呈现，实现立德树人、润物无声。

参考文献

[1] 董奇. 把社会主义核心价值观融入人才培养全过程 [J]. 中国高等教育，2017（1）：29—30.

[2] 李国娟. 课程思政建设必须牢牢把握五个关键环节 [J]. 中国高等教育，2017（Z3）：28—29.

[3] 新华网. 习近平：把思想政治工作贯穿教育教学全过程[EB/OL].（2016—12—08）[2020—10—27]. http://www.xinhuanet.com/politics/2016—12/08/c_1120082577.htm.

[4] 高德毅，宗爱东. 从思政课到课程思政：从战略高度构建高校思想政治教育课程体系 [J]. 中国高等教育，2017（1）：43—46.

辅导员与专业课教师"一心双核多维"协同育人模式探索

郑洪燕　　巫　科　　左仁淑

（四川大学商学院）

【摘要】辅导员与专业课教师是高校育人工作中的关键核心队伍。两支队伍的协同联动有利于贯彻高校立德树人根本任务，提升大学生思想政治教育的针对性和实效性。本文从战略规划的角度深化两支队伍的责任使命，以第一课堂主阵地与第二课堂主渠道融合互动为切入点，通过专业课程教育与党团主题教育、创新创业活动、社会实践活动结合，整合校内外资源，拓展工作平台，提出渗透式、内涵式的协同育人工作举措，构建了两支队伍在工作目标一致性、工作内容互补性、工作载体互动性背景下的"一心双核多维"协同育人模式，并以市场营销系课程为例，开展实践探索。

【关键词】辅导员；专业课教师；协同育人

　　自党的十八大以来，党中央多次强调要加强和改进高校思想政治教育工作。习近平总书记在全国高校思想政治工作会议上指出，要坚持把立德树人作为中心环节，把思想政治教育工作贯穿教育教学全过程，实现全程育人、全方位育人，努力开创我国高等教育事业发展新局面[1]。党的十九届四中全会从国家治理体系的角度指出，全面贯彻党的教育方针，坚持教育优先发展，聚焦办好人民满意的教育，完善立德树人体制机制，深化教育领域综合改革，加强师德师风建设，培养德智体美劳全面发展的社会主义建设者和接班人[2]。辅导员与专业课教师作为高校育人工作的两支关键核心队伍，利用两支队伍的优势，协同联动，交叉融合，有利于提升高校思想政治教育的针对性和实效性。

一、辅导员与专业课教师协同育人的必要性

（一）贯彻高校立德树人根本任务的必然举措

才者，德之资也；德者，才之帅也。人无德不立，育人的根本在于立德[3]。立德树人，是高等教育的根本任务，是高校的立身之本，是高校工作的中心环节。辅导员和专业课教师职责和使命不断地深化，担负着指导大学生树立正确的人生观、价值观、世界观的责任和使命。两支队伍的协同融合，是贯彻高校立德树人根本任务的必然举措。

（二）推动高校思想政治教育改革的必然选择

目前，深刻变化的国内外政治经济形势、多元复杂的社会思潮对大学生价值信念、行为方式产生了不同程度的冲击，高校思想政治教育工作面临新的环境和挑战。辅导员和专业课教师两支队伍协同互动，坚持以习近平新时代中国特色社会主义思想为指引，研究和把握新时代大学生群体思维特点，引导大学生"扣"好人生中的"第一颗扣子"，树立"四个意识"，坚定"四个自信"，做到"两个维护"，讲好中国故事，契合我国在发展中的现实国情和时代要求，是推动新时代高校思想政治教育改革的必然选择。

（三）提升高校思想政治教育质量的必然路径

2017 年，教育部发布的《高校思想政治工作质量提升工程实施纲要》[4]文件指出，充分发挥课程、科研、实践、文化、网络、心理、管理、服务、资助、组织等方面工作的育人功能，挖掘育人要素，完善育人机制，优化评价激励，强化实施保障，切实构建"十大"育人体系。辅导员和专业课教师两支队伍的协同互动、资源共享、合力育人，有利于增强大学生的获得感，提升高校思想政治教育质量。

二、辅导员与专业课教师协同育人可行性

（一）工作目标的一致性奠定前提基础

在高校育人工作中，辅导员引导学生学习党和国家的方针政策，重点开展日常思想政治教育工作和学生事务工作。专业课教师传授学术知识和专业技能，开展相关科学研究，重点培养学生解决专业范围内实际问题的能力。两支队伍虽工作重点不同，但工作目标和价值导向完全一致，都是立足高校立德树人根本任务，围绕高等教育的使命、责任，致力于培养德智体美劳全面发展堪当民族复兴的时代新人。两支队伍工作目标和价值导向的统一性是实现协同育人的前提基础。

（二）工作内容的互补性提供工作空间

辅导员关注学生思想动态，贴近学生，贴近日常，贴近生活，在一线与学生全方位的交流过程中，与学生关系融洽，彼此建立了良好的信任关系。但是由于学科差异，辅导员对于学生专业的指导难免浮于表面，思想政治教育工作的深入渗透性还需要逐步加强。专业课教师在学科理论与学术科研有深入的研究，在学生心中非常权威，言传身教都对学生的价值引领有着非常重要的影响，但是，大部分专业课教师对于思想政治教育工作重视程度不够。同时，因理念不同、体制机制等因素，学生与专业课老师的联系程度也不够紧密，专业课教师未能从学生思想教育、生涯发展等方面对学生进行可持续、一体化系统的指导。从辅导员和专业课老师的工作内容及存在的问题可以看出，辅导员与专业课教师两支队伍的工作内容具有互补性，为协同育人提供了广泛的工作空间。

（三）工作载体的互动性拓展工作平台

高校思想政治教育改革大背景下，教育部多次强调要尊重教育发展规律、学生成长规律，提升思想政治教育的亲和力。团中央制定了共青团改革方案，推行第二课堂成绩单制度，多维度记载大学生成长轨迹。专业课教师可依托课程思政教育、过程化考核制度等，充分挖掘课程思想政治资源与元素，开展教学改革，打造各类金课。辅导员

主要利用班团主题团日、社会实践、社团活动等载体，孵化各类既具有趣味性又具有丰富内涵的思想政治教育活动。课程主阵地与第二课堂主渠道的融合互动，为辅导员与专业课教师协同育人提供了宽广的工作平台。

三、辅导员与专业课教师协同育人存在的问题

辅导员与专业课教师协同育人存在的问题主要有三个方面。

（一）协同理念不够深入

自全国高校思想政治工作会议召开以来，习近平总书记对于如何开展思想政治教育工作做了战略部署，各高校管理者非常重视，并稳步推进协同育人工作。但是长期以来，辅导员与专业教师作为一线工作队伍，形成了"各顾各，各忙各"的工作惯性。辅导员工作职责较为宽泛，时常陷入各类事务工作，专业课教师局限于课堂和专业研究。两支队伍都在围绕各自单一而具体的目标工作，未从战略性高度思考协同工作开展的深层次原因和前提，未从合作共赢的基础上探索两支队伍高素质人才智力优势如何共享。在大思政工作背景下，两支队伍意识不足、重视不够，导致两支队伍缺乏协同育人的内驱动力。

（二）保障条件不够系统

一般而言，辅导员与专业课教师分别归属学生处和教务处管理，由于分管部门的差异，一定程度上割裂了两支队伍之间的内在联系，并在具体工作中造成了思想政治教育工作的分离化、碎片化问题，从而导致思想政治工作系统内部出现了一些冲突与消耗。高校在实践的过程中，也在逐步摸索教育指导委员会协同各部门来统筹协同育人工作。但是，现有工作依然比较粗放，虽在工作中提出了协同育人相关要求和具体举措，但是仍然缺乏根据各学院、各学科的特点制定相关的课程、队伍考核激励机制和协同育人资源、平台。这是制约两支队伍协同育人的外部因素和保障条件。

（三）学生能动性发挥不够

辅导员与专业课教师协同育人的工作主体都是学生，学生的能动

性和积极性影响两支队伍协同育人效果。目前，大部分学生主要在"自上而下"的具体任务目标分配下接受知识，还未从"被动式学习"中解放出来，导致课程主动学习意识不强、能动性发挥不够，缺乏创新思维，不利于协同育人工作的开展。

四、辅导员与专业课教师协同育人模式及逻辑

针对辅导员与专业课教师协同育人模式、路径，学术界积累了较为丰富的成果，宋静等（2015）提出构建多维度、立体交叉的融合辅导员、专业课教师、学生为一体的协同工作体系[5]。杨卫东等（2018）认为，构建辅导员与专业课教师协同育人机制，以教学和科研相互渗透为协同模式，辅导员工作室与教学行政联席会为协同平台，课外实践与就业指导为协同领域[6]。本文在此基础上提出了辅导员与专业课教师"一心双核多维"的协同育人模式（如图1所示）。协同育人模式坚持以立德树人为根本任务，以学生为主体，结合学生思维特点及成长成才需求，培育社会主义事业合格建设者和可靠接班人为工作核心，深化两支队伍责任使命，以第一课堂与第二课堂融合互动为切入点，把思想政治教育与课堂教学主阵地结合、与第二课堂教育主渠道结合作为两个核心抓手，并通过专业课程教育与党团主题教育、创新创业活动、社会实践活动结合，整合校内外资源，拓展工作平台。

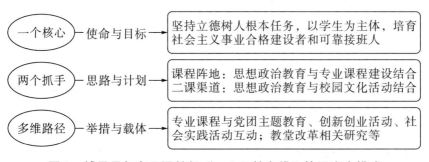

图1 辅导员与专业课教师"一心双核多维"协同育人模式

辅导员与专业课教师"一心双核多维"协同育人逻辑如下：

（一）理念共识：增强队伍内部协同

大学生思想政治教育工作是一个复杂的系统工程，需要从高等教

育整体的战略规划目标来思考和谋划。辅导员与专业课教师"一心双核多维"协同育人模式坚持一个中心，旨在明确两支队伍工作目标的统一。辅导员与专业课教师必须认识到协同育人工作不是机械增加工作量，更不是工作上的互相干扰，而是从战略规划的角度，以合作共赢为基础，将所有资源要素重新进行整合，构建立德树人共同体，把学习贯彻习近平新时代中国特色社会主义思想、培育和践行社会主义核心价值观、传承中国传统文化等融入专业课程教学和第二课堂实践全过程，将学科学术讲授研究与思想政治教育互动融合，同频共振，实现价值引领、知识传授和能力培养的有机统一。

（二）资源共享：明确协同育人思路

辅导员与专业课教师在育人方面各有特色，可通过彼此资源互通互享、优势互补，提升合力育人的效能。辅导员与专业课教师"一心双核多维"协同育人模式坚持两个抓手，旨在明确两支队伍工作资源共享。从育人实效角度，辅导员与专业课教师通过加强挖掘专业课程的思想政治教育元素，努力构建专业课程目标与思想政治教育之间的关联，将社会主义核心价值观有机融入教学全过程，有利于促进智育与德育的有机统一；通过优化校园文化活动管理，夯实第二课堂实践活动质量，拓展和优化第二课堂育人的新空间、新载体，促进第一课堂和第二课堂融合互动。从队伍建设角度，辅导员与专业课教师在相互学习的过程中，不断提升自我，有利于拓展工作视野，提高工作胜任力，增强获得感和成就感。

（三）载体创新：共建协同育人路径

辅导员与专业课教师"一心双核多维"协同育人模式中，"一心双核"更多地涉及理念、思路，而"多维路径"则指出辅导员与专业课教师协同育人需要构建广泛的工作载体，共建更多的协同育人路径。一方面通过活动载体建立定期交流平台，共同探讨学生日常情况和思想动态、课程建设情况、实践教学、科研训练情况；同时，通过专业课教师在原有单一参加第二课堂活动的基础上，以学术系统研究的角度，结合自身专业学科优势，依托第二课堂成绩单管理制度，全局思考规划，和辅导员策划具有学科特色的德育读书会、创新创业活动、技能提升活动、志愿服务活动、社会实践活动等，打破原有辅导员与专业课教师之间协作的各项壁垒，将原有单一的思想政治教育工作观念转换为全员育人的大思政格局。

五、辅导员与专业课教师协同育人实践探索

笔者所在团队开展了辅导员和专业课教师协同育人实践探索，两支队伍坚持共建课堂，共促活动，引导学生进行研究性学习和自主组织参与活动，不断提升大学生思想政治教育效能，促进大学生成人、成长和成才。具体思路如图2所示。

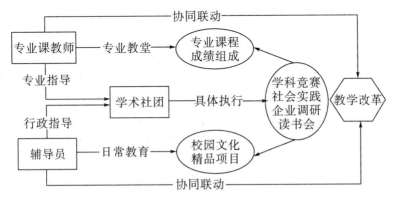

图2　辅导员与专业课教师协同育人实践思路

在实践过程中，辅导员与专业课教师职责界限必须清晰，针对辅导员协助专业课教师工作，更多的是在课程开始前后结合自身本职工作做好辅助性的嵌入性工作，不能有任何干预专业课堂的行为；针对专业课教师指导第二课堂实践活动，更多的是从战略高度，专业思维角度进行智力资源共享，对第二课堂实践活动进行分析和优化，指导第二课堂实践活动质量的提升。笔者所在团队提出的思路重在强调对该项协同工作必须从战略高度进行规划，同时对辅导员和专业课教师的协同工作应是通过第一课堂和第二课堂融合互动的角度，渗透式、内涵式的彼此支持、互补，从而达到合力育人的效果。该项实践探索工作具体举措如下。

（一）统筹规划：组建协同育人团队

笔者所在团队由负责学生工作的党委副书记，负责教学工作的副院长，负责教学的办公室主任，负责市场营销系的辅导员与讲授市场营销、品牌策划课程的专业课程老师构成。同时，专业课老师兼任与

学科相关的市场营销系社团指导老师。多元师资的构成，有利于为辅导员与专业课教师队伍协同育人工作提供组织保障，有利于相关工作的推动和落实。为了更好地推进两支队伍协同育人，团队每月坚持召开联席会议，围绕高校立德树人根本任务，三全育人基本思路，共同商议协同育人相关举措。

（二）教学改革：打造课程思政专业金课

针对市场营销、品牌策划两门课程，专业课教师与辅导员整合三类资源，稳步推进课程思政建设。一是结合课程特点，挖掘并整合课程思想政治教育元素，将商业伦理、诚信奉献融入专业教学课堂，精彩讲授营销品牌故事，强化对大学生的理想信仰、人文素养、职业道德教育；二是整合校外企业资源，辅导员在专业课教师的指导下带领学生利用假期社会实践活动，组织学生深入企业，搜集相关案例，为专业课程实践教学做准备，以企业问题为导向实现学术创新驱动，有利于学生将商业模式设计、营销策划设计理论与实践相结合，实现专业课程理论与社会实践融合，有利于同学们在社会实践中进一步增强使命感和责任感。三是整合学生社团资源，辅导员依托学术社团组织在专业课教师的指导下开展一次以企业实际营销问题为主题的专业学科比赛，比赛成绩作为两门课程过程化考核成绩的一部分，以竞赛促学、竞赛促研的方式，推动创新创业与专业课程建设结合。

（三）联动实践：专业课程与第二课堂活动互促互进

在协同育人工作中，专业课教师担任学科相关的社团指导老师，坚持将课程内容延展到课外的理念，从第一课堂和第二课堂互动的角度，整体策划安排社团活动，辅导员负责推动，学术社团负责具体执行。目前，已培育出营销策划学科专业竞赛和读书会品牌项目，不仅促进了教学改革，同时，作为校内第二课堂精品特色活动，还吸引了学生将课内的学术知识、人生哲理延展到课外读书会进行开放式讨论、探究，让学生在自主学习、自主管理、自主思考中实现自我教育。并且通过企业实战比赛，培养学生创新、创业、创意能力和团队协作精神。在这个过程中，辅导员与专业课教师开展课内外联动学术研究，探索坚持十余年的比赛及读书会如何促进课程建设，夯实日常思想政治教育质量，所申报的"专业课程与社团活动联动实践"获得了省内教学立项，相关成果获得学校教学成果奖一等奖，这不仅促进了教学改革，推动理论教学与实践教学的统一，而且有利于辅导员结合日常工作，开展与实践相关的理论研究，促进辅导员向职业化、专业化和专家化发展。

习近平总书记在全国高校思想政治工作会议上明确指出，做好高校思想政治工作，高校才能牢牢抓住全面提高人才培养能力这个核心点，完成好培养德智体美全面发展的社会主义事业建设者和接班人的重大任务，更好地服务大局，不断增强国家核心竞争力[1]。辅导员与专业课教师作为高校育人的关键队伍，两支队伍的协同育人探讨依然是一个值得深入研究的问题。本文探讨两支队伍在工作目标一致性、工作内容互补性、工作平台互动性的背景下的"一心双核多维"协同育人模式，并以市场营销系课程为例，开展相关实践探索。如何根据学校和学科特色、学生特点做好两支队伍协同育人资源协同、平台协同、体制机制保障，进一步打造充满活力、更加开放、富有效率的高校思想政治教育育人体系仍是未来的研究方向。

参考文献

[1] 人民日报. 习近平在全国高校思想政治工作会议上强调：把思想政治工作贯穿教育教学全过程　开创我国高等教育事业发展新局面[EB/OL]. (2016—12—09)[2020—12—10]. http://dangjian. people. com. cn/n1/2016/1209/c117092—28936962. html.

[2] 新华社. 中共中央关于坚持和完善中国特色社会主义制度　推进国家治理体系和治理能力现代化若干重大问题的决定[EB/OL]. (2019—11—05)[2020—12—10]. http://www. gov. cn/zhengce/2019—11/05/content_5449023. htm.

[3] 新华社. 习近平：在北京大学师生座谈会上的讲话[EB/OL]. (2018—05—03)[2020—12—10]. http://www. gov. cn/xinwen/2018—05/03/content_5287561. htm.

[4] 中共教育部党组. 中共教育部党组关于印发《高校思想政治工作质量提升工程实施纲要》的通知：教党〔2017〕62 号[A/OL]. (2017—12—04)[2020—12—10]. http://www. moe. gov. cn/srcsite/A12/s7060/201712/t20171206_320698. html.

[5] 宋静，何惠君. 辅导员与专业课教师合力育人机制的构建与实践途径[J]. 学校党建与思想教育，2015（10）：70—71.

[6] 杨卫东，孙舒悦. 论高校辅导员与专业教师协同育人机制的构建[J].

学校党建与思想教育，2018（15）：92—93＋96.

[7] 冯刚，郑永廷. 思想政治教育学科30年发展研究报告［M］. 北京：光明日报出版社，2014.

[8] 李力. 新时代高校立德树人协同策略研究［D］. 长春：东北师范大学，2019.

[9] 白显良，崔建西. 新时代立德树人的价值定位、时代内涵与实践要旨［J］. 思想理论教育，2018（11）：4—9.

[10] 杨晓慧. 高等教育"三全育人"：理论意蕴、现实难题与实践路径［J］. 中国高等教育，2018（18）：4—8.

[11] 马成瑶. 辅导员在高校思想政治工作队伍协同中的作用研究［J］. 思想理论教育，2018（8）：86—90.

[12] 徐敏华，熊琼. 协同与创新：高校辅导员团队建设探析［J］. 高教探索，2017（7）：115—122.

[13] 刘承功. 高校深入推进"课程思政"的若干思考［J］. 思想理论教育，2018（6）：62—67.

[14] 高锡文. 基于协同育人的高校课程思政工作模式研究——以上海高校改革实践为例［J］. 学校党建与思想教育，2017（24）：16—18.

[15] 高德毅，宗爱东. 课程思政：有效发挥课堂育人主渠道作用的必然选择［J］. 思想理论教育导刊，2017（1）：31—34.

[16] 佘双好. 青年一代健康成长的价值指导——学习习近平总书记关于青年一代健康成长道路的论述［J］. 青年探索，2018（6）：48—57.

课程思政实践

Kecheng Sizheng Shijian

管渠荡清流，明德一脉承

——给水排水管道系统课程思政的建设实践探究

陈　尧　兰中仁　付　垚

（四川大学建筑与环境学院）

【摘要】本文通过剖析当前工科课程思政教育开展过程中存在的疑难与困惑，在明确课程思政教育重要意义的基础上，阐述了市政给排水管道系统课程思政育人的基本原则，探讨了适合新工科背景下专业课程思政建设的教学内容与实践方法，因势利导，通过融入中国传统的城市排水规划和古人排水管道发展与设计的理念，结合时政热点问题，助力抗疫，增强学生的专业使命感和自豪感，以期实现授业解惑与价值引领的共鸣共振，达到教学知识性和思想性的趣味统一。

【关键词】课程思政；新工科；专业核心课程；给排水管道系统

一、引言

在新工科专业核心课程的教学中，努力将知识传授与价值引领相统一，将专业知识教育同学生的价值观教育、能力教育结合起来，实现真正的教书育人是当前高等教育关注的核心问题之一。在专业核心课程的各环节实施过程中，先进的价值观、世界观和思想理念的融入尤为重要[1]。全员全程全方位育人是习近平总书记于 2016 年做出的重要指示，其目的就是要把思想政治工作贯穿教育教学的全过程。2020年 9 月 1 日，《求是》杂志发表习近平总书记重要文章《思政课是落实立德树人根本任务的关键课程》，再一次强调了立德树人和课程思政的重要性，为新时期做好学生思想政治工作提出了新要求、新方法。

2017年，教育部已将课程育人提到了"十大育人"之首，并力推高校专业课程的思政建设。课程思政是一种课堂学习中润物无声的教学观，它将社会主义核心价值观、使命感、责任感和爱国情怀融入课程教学的每个环节，积极引导学生思索工程伦理价值，并将家国责任感与荣誉感融入日常教学中，最大限度地发挥课程育人的关键作用，课程思政与传统的思政课程具有明显的不同，课程思政与思政课程应同向同行，协同开创育人的新模式[2]。

自课程思政推广以来，大批学者开展了相关的研究与实践，摸索出了许多有益的路径和经验。一些学者对课程思政的开展规律和课程思政的顶层建设机制开展了研究[3-4]。王方等充分考虑了课程思政的顶层建设，以创新创业理念为依托，从创新发展理念的角度提出了课程思政建设的相关建议[5-6]。王立成等积极建议开展课程思政的示范课程，提出了适应工科课程的新思路与方法[7-8]。敖雁等在课程思政的建设实践中，通过自身的探索给出了课程思政元素的挖掘方法与建议[9-11]。

然而，在新工科建设的研究与实践中，工程类相关核心课程的思政建设仍然存在很多问题，值得我们继续深入分析与探讨。本文结合市政工程领域的核心课程《给水排水管道系统》的思政建设与实践，提出一些思路与见解，为培养工科类专业的卓越创新型人才提供参考。

二、高校新工科专业课程思政建设的现状与迫切性

传统观念认为，课程思政主要以人文与社科类课程为主，工科类专业主要讲授工程技术知识。随着课程思政的推进，学者们对工科的专业课程中融入思政内容进行了一系列的探索与实践。然而，教学内容与思政环节的脱节、比例区分、结合度不强等不足，使得很多工科类专业核心课程的思政教育流于形式化和表面化，开展得不尽如人意。第一，很多工科专业教师的课程思政教育存在明显的"两张皮"现象，单纯局限于或播放一些视频及图片，或简单展示该领域的先进状态，没有达到深入挖掘元素内涵、无法融入课程本质的问题。第二，各个高校对课程思政虽然高度重视，但对于示范性课程的建设有

所偏颇，较多倾向于人文社科类课程的思政建设，对于工科类专业课程的思政建设推动和资助力度不足，没有起到示范引导作用，导致很多工科老师无所适从。第三，由于课程本身的知识更新和备课等工作较为繁重，个别教师不愿意花费更多的心思和精力对课程思政精雕细琢，没有精细考量，使得课程思政与课程专业知识的磨合度差、融入感欠缺。综上所述，工科类课程的思政建设，多数仍然停留在申报阶段，对于课程蕴含的深层次的思政元素挖掘不足，没有实现意识形态教育与工程专业知识的有机结合，新工科中各专业核心课程的思政建设依然任重而道远。

三、市政工程专业核心课程思政建设的探索

习近平总书记在学校思想政治理论课教师座谈会上强调，办好思想政治理论课关键在教师，关键在发挥教师的积极性、主动性、创造性。即课程思政建设的"道"可以理解为教师的育人意识和育人水平。高等学校积极推进课程思政建设的过程中，对于教师本身的价值观、世界观的培养，对教师的教学水平和开展思政教育能力的培养都非常关键。一个高素质、专业化、具有良好意识形态工作能力的教学团队，其课程思政教育自然水到渠成。学校可以为教师建立系统科学、全方位、多层次的培训体系，引导工科专业的教师围绕专业知识，将生活中的行业发展概况与优势有效地融入课程中，实现教书与育人的有机统一。通过课程专业知识与课程思政的大"道"，塑造学生良好的专业修养和优秀的思政品格，以润物无声的形式将正确的价值观传导给学生，使课堂教学的过程成为引导学生学习知识、锤炼心志、涵养品行的过程，实现育人效果的最大化，创造出专业知识传授与价值领航同频共振的示范性课程。

基于该示范性课程的良好载体，针对专业人才培养中注重理论分析与实践结合的教学体系，市政工程领域的老师秉承"思政寓于专业"的理念，优化课程的教学大纲、教学目标、教学计划和教案设计，充分发挥课堂教学的主渠道，根据市政工程专业在城市建设和市政管道工程设计上的特色，合理嵌入爱国强国的思政要素，以核心专业课程为平台，注重专业与思政教育联动，优势互补，形成课程的整体育人效果，开展了一系列培养爱国主义、提升专业自豪感的教学教育活动。

四、给水排水管道系统课程思政的教学实践

（一）感受"古人的智慧"，增强国家认同感，树立行业自信

在专业课程的教学过程中，教师探讨了适合新工科背景下专业课程思政建设的教学内容与实践方法，帮助同学们深入了解专业性质，树立行业自信，破除"给水排水"就是修管道、通厕所的错误定位。课程伊始，教师通过各种图片、案例、文献给同学们展示了中国古代先进、完善的排水设备和工程系统，如 9000 多年前的裴李岗文化遗址中简朴的排水系统、商周时期的陶制管道和管件、秦汉隋唐宫城完善的复合排水系统、宋明时期的蓄水防洪排涝系统（福寿沟）等。古人"天人合一，因势利导"的设计理念和技术方案，在课程教学中也可以"古为今用"，增强学生对民族历史传承的自豪感，拓宽学生的知识面，有效地开阔了学生的视野，增强了学生的使命感和责任感。

（二）培育和践行社会主义核心价值观，做好核心价值观的落细落小落实

课堂教授时，教师尤其注重工程人才的培养定位，重点聚焦到厚植工程师价值观和工程伦理道德上，充分运用案例进行启发式教学。例如，在课堂上通过观看视频、新闻聚焦、讨论时事等方式进行教学，不仅有利于学生掌握专业课的知识点，而且可以让学生深入思考作为一个"给排水人"的责任与使命，深刻理解本专业的重要性。在课堂上，通过观看用再生料制作地下黑心管材的新闻报道，教师将"国家、责任、荣誉"等信念融入教学，引导学生思索工程伦理意识与职业道德；在学习了"珠海横琴地下综合管廊"的视频详解后，教师将教学的知识性、思想性和趣味性相统一，使学生进一步对海绵城市和综合管廊建设有了感性认识，学会了尊重环境、和谐发展；给学生强调污废水污染环境的危害，以及消除水质输送安全隐患的重要性，通过雷神山医院、火神山医院的设计案例，让学生了解到，工程师们针对新型冠状病毒肺炎疫情的防控防疫，发挥专业所长，助力防疫，采取新的设计方案和管理措施，安全实施各种污水和雨水的管道系统设计与施工，同时加强管线的在线监测和智能化管理，有效帮助

防疫工作的顺利进行……通过讲解案例，进一步增强了学生的专业使命感和自豪感。同时，教师向学生展示智慧水务：通过信息技术、大数据、可视化与水工程设施的整合运用，大幅提升了水务系统的生产、管理和服务流程，实现了节能降耗、减员增效和精细化、规范化管理，使同学们对行业的发展有了更明确的认识，激发了学生科技报国和精益求精的使命感。

五、总结与展望

"管渠荡清流，明德一脉承"，有形的管道接通千门万户，保证环境和水体的干净卫生，而教师在传道授业解惑中无形的精神塑造和价值培养，更是发挥着隐形课堂的主渠道作用。在给水排水管道系统课程的思政建设中，教师通过深入挖掘，厘清了课程体系中的专业知识和思政内容，并将古人的智慧与今人的设计理念对比结合，紧密联系时事热点，丰富了课程的专业内容，也拓宽了学生的知识面，对于培育和践行良好的德育价值观大有裨益。未来，教师们还将继续在教学、思想和趣味的有机统一上继续挖掘，打造给排水管道的模范课程，在改进中加强思想政治的主导地位，并根据专业特点、学生发展需求，大力增强知识结构的丰富性和多样性，寓教于道。

参考文献

［1］高德毅，宗爱东. 课程思政：有效发挥课堂育人主渠道作用的必然选择［J］. 思想理论教育导刊，2017（1）：31—34.

［2］吴素香. 课程思政融入《新药研究与开发》教学的探索与实践［J］. 高教学刊，2020（26）：150—152.

［3］邓春生，万珊，程海波. 高校课程思政建设机制研究［J］. 国际公关，2020（9）：120—121.

［4］梁燕. 新时代高校课程思政建设的若干思考［J］. 北京教育（高教），2020（8）：23—27.

［5］王方. 推动高校"课程思政"建设的四个着力点［J］. 高校辅导员，2020（4）：15—18.

［6］朱洪强. 创新发展理念融入高校思政课程的教学进路［J］. 北京教育（高教），2020（8）：31—33.

［7］王立成，董伟．从我国工程建设新成就视角探讨课程思政教学［J］．高等建筑教育，2020，29（4）：169－173．

［8］胡雪，张立新，夏博，等．基于"中国制造2025"战略的《机械工程专论》研究生课程思政教学实践探索［J］．高教学刊，2020（27）：20－23．

［9］敖雁，张联民，顾准，等．渗透家国情怀的生物统计课程思政元素的探讨［J］．高教学刊，2020（26）：34－36．

［10］邓小伟，王辉，查雪梅，等．工科专业课"课程思政"教学中育人元素探索——以《浮游选矿》为例［J］．高教学刊，2020（26）：163－166．

［11］李东坡．"课程思政"建设中思政元素的挖掘与运用研究［J］．高校辅导员，2020（4）：19－23．

外科医师美学艺术与
直感培训教学中思政教育的融入

刘　畅　吴　泓

（四川大学华西临床医学院）

【摘要】在深刻理解高校"全方位育人"目标的基础上，结合《外科医师美学艺术与直感培训》课程的内容和特点，将"课程思政"元素融入大学本科生医学专业选修课程的教学中，发掘教学中的隐性思政教学资源。坚持"知识传授"与"价值引领"同向同行，发挥"课程思政"的协同育人效应，实现两者相辅相成，达到"立德树人、仁心仁术"的思政教育目的，努力培养德才兼备的高素质医学外科专业人才。

【关键词】外科学；美学；课程思政；医学教育

一、前言

　　长期以来，我国高校思想政治教育的重担都落在思政课上，专业课与思政课之间存在鸿沟。随着信息时代发展，各种社会思潮泛滥，意识形态领域面临着前所未有的挑战，给我国培养社会主义事业的合格建设者和可靠接班人提出了更高的要求。在当前人才强国新形势下，各高校应牢牢坚持贯彻实施党的教育方针，全面提升人才培养质量，加快实现中华民族的伟大复兴。2016 年 12 月，习近平总书记在全国高校思想政治工作会议上强调，高等教育发展水平是一个国家发展水平和发展潜力的重要标志。实现中华民族伟大复兴，教育的地位和作用不可忽视。要坚持把立德树人作为中心环节，把思想政治工作贯穿教育教学全过程，实现全程育人、全方位育人，努力开创我国高等教育事业发展新局面。习近平总书记指出，思想政治工作从根本上说是做人的工作，必须围绕学生、关照学生、服务学生，不断提高学生思想水平、政治觉悟、道德品质、文化素养，让学生成为德才兼备、全面发展的人才。[1] 习近平总书记的重要讲话高屋建瓴，为我们将思政课程的理念融入医学专业课程的教育教学当中，努力培养德才兼备的医学人才指明了方向。近年来，我们把"课程思政"元素融入《外科医师美学艺术与直感培训》课程教学中（以下简称《外科美学培训》），坚持"知识传授"与"价值引领"同向同行，努力实现培养德才兼备的高素质医学专业人才的目标。

二、《外科美学培训》的内容和特点

在人类历史长河中，外科学同整个医学一样，是人们长期同疾病斗争的经验总结。手术是外科诊疗工作中的重要手段，也是治疗成败的关键，是恢复人体的完美不可缺少的措施，是一门高精度的技术。同时手术更是一种"艺术"，它是由勇气、责任心、智慧、果断和技巧所交织成的"艺术"。既然它是一种"艺术"，就必然表现出操作的艺术和技术的完美。故外科医生的基本素质应当是具备美的修养，在观察、判断乃至对人体进行修复重建的过程中，要有良好的审美感。人体和宇宙万物一样，形成、运行、演化、生长、繁衍、消亡等过程是有规律的、和谐的，这正是令人信服的科学美。正如恩格斯在《自然辩证法》导言中曾深刻地指出，由于物质世界的统一性和普遍性，自然科学理论把自己的自然观尽可能地制造成一个和谐的整体，因而反映自然物质的科学理论必定包括美的因素。在医学院的学生选择外科专业之时，在他开始外科生涯之时，在他正式成为外科医师拿起手术刀之时，有多少患者等待他用美的心灵去慰藉和爱抚，又有多少伤残患者等待他用精湛的艺术去妙手回春。立志成为优秀外科医生的医学生，应尽早向美术家、艺术家学习，洞察大自然万物，从中寻找美的灵感，去感受美，去体验美，去实现美，用他的心灵和双手塑造美好和谐的社会。爱因斯坦曾说，如果用逻辑语言来描绘我们对实物的观察和体验，这就是科学；如果用有意思的思维难以理解而又通过自觉感受来表达我们的观察和体验，这就是艺术。优秀的外科医生应该是两者完美的结合。鉴于此，四川大学华西医院肝脏外科/肝移植中心面向对外科有兴趣的医学生开设了《外科医师美学艺术与直感培训》医学专业选修课，通过外科简史的回顾、外科医师成长的历程、外科主刀与团队精神、外科与美学欣赏和外科与艺术等方面的介绍，提高医学生对外科医生文化素养的认识，让医学生了解作为外科医生应具备的专业基本素质和美学素养，帮助他们从一名普通医学生迈出成为一名优秀的外科医生的第一步。

三、课程思政的建设理念

（一）课程要发挥"三全育人"的功能，守好责任田

2016 年 12 月 8 日，习近平总书记在全国高校思想政治工作会议上的讲话中首次提出三全育人的理念：把思想政治工作贯穿教育教学全过程，实现全程育人、全方位育人，并明确要求所有课堂都有育人功能，不能把思想政治工作只当作思想政治理论课的事，其他各门课程都要守好一段渠、种好责任田[1]。在 2019 年 3 月 18 日的全国思想政治理论课教师座谈上，习近平总书记又强调要挖掘高校其他课程中的思想政治教育资源，落实全方位育人的理念。因此，该课程发挥三全育人的功能是国家的明确要求。本课程的"责任田"是热爱外科学、有志成为优秀外科医生的医学本科生，在他们的职业素养和审美理念塑造的过程中，需要确立学生对中国外科学历史发展的理解和认同，同时辐射古代和近现代外科学领域成就的认同、国家认同。

（二）不仅要传授知识，更要进行价值引领

为了贯彻"三全育人"的理念，《教育部关于深化本科教育教学改革全面提高人才培养质量的意见》中提出"知识传授与价值引领相统一"[2]，这一观点的实质就是要做到教书与育人相统一。在专业课程中，授课教师如何守好思想政治教育"责任田"、如何引领价值的问题上，习近平总书记表示，要把做人做事的道理、把社会主义核心价值观的要求、把实现民族复兴的理想和责任融入各类课程教学之中，为课程的价值引领指明了方向[1]。专业课引导学生的价值认同，

最核心的就是对社会主义核心价值观的认同。课程中，授课教师可适当地通过系列伤医事件、医疗纠纷等反面事例提高学生的自我保护意识和法律意识，引导学生客观看待问题，让学生主动思考应如何以病人为中心开展医疗服务，如何用心感受对方的需要，并学会尊重病人的选择权、知情权、隐私权等相关权利。用"友善"化解医患之间的对立情绪。更重要的是，多宣传在汶川和玉树等地震灾区救援的关键时刻，冲锋在一线的外科医生不顾个人安危，竭尽全力救治伤员的行为；在抗击"新冠肺炎"疫情期间，外科医生积极支援急诊科、ICU等前线阵地，诠释了"敬业"精神，为医学生的成长成才注入积极的正能量。

（三）要发挥隐性思政教育的功能，与思政课程的显性教育同向同行

长期以来，高校思政课程单独承担大学思想政治教育的任务，专业课程没有充分发挥思想政治教育的功能。因此，习近平总书记在全国高校思想政治工作会议上的重要讲话明确要求：各类课程与思想政治理论课同向同行，形成协同效应。专业课与思政课的教学目标都是为了立德树人，需要在"国家认同、政治认同、道路认同、理论认同、制度认同、文化认同"等方面完全一致[3]。《外科美学培训》应进行隐性的思想政治教育，需要在教学过程中增强政治意识和价值引领，与思政课程同向同行，实现"显性教育与隐性教育相统一"。

四、"课程思政"元素融入《外科美学培训》课程教学

（一）与思政理念相结合

在习近平新时代中国特色社会主义理论、马克思辩证唯物主义理论的指导下，将人文精神培养与思政理念有机整合，并将人文精神培养作为马克思主义教育必要有益的补充，从马克思主义的"人学"走向医学的"仁学"，从对人类的"大爱"浓缩到对患者的"关爱"[4]。马克思主义哲学为医学科学的发展提供了正确的世界观和方法论指导，也是引领医学专业课程教学的思想旗帜。这种基于革命实践运动上的科学性与革命性的辩证统一，既是马克思主义的本质和内涵，也

是马克思主义显著特征之一，并集中体现在其世界观、方法论、基本立场及远大社会理想方面。当前社会，生物科学有几项流行的热点，如转基因食品、人造器官移植、人体克隆和记忆移植等。以上科学技术的研究和应用只有短短几十年的时间，有些技术的运用和推广甚至可能涉及违反伦理道德和自然规律，如果不加以正确引导和控制，任其发展，不用辩证的方法看待这些问题，只用机械的科学手段研发和推广，是不尊重自然科学规律的，它与自然的生老病死、优胜劣汰的规律是相违背的，由此可能带来的是人类社会的混乱、文明的倒退，甚至消亡。此外，肿瘤治疗的根治性和剩余器官功能的保护、损伤与抗损伤等是既互相对立又互相统一的矛盾体，其实质是二者之间有密切的内部联系，其中充满辩证统一的思想。重视思政课程教学的融合，真正从"立德树人"的角度，做到以人为本，以文化人，以习近平总书记新时代中国特色社会主义思想为指导，教育引导学生，让医学生在学习过程中逐渐树立正确的辩证唯物主义世界观和方法论，为实现"两个一百年"奋斗目标、实现中华民族伟大复兴的中国梦而努力。

（二）与历史文化相结合

外科学发展史是一部科学人文发展史，历史的长河中涌现出了很多杰出的医学家，回顾我国源远流长的外科发展史，弘扬外科学发展史中的科学精神，引导学生严谨、勤奋、求实、创新，可以增强医学生的民族认同感和自信心。此外，医学的研究对象是人，古往今来，一代又一代的外科医生为减轻病患痛苦而不懈努力，为医学发展做出了贡献。因此，挖掘外科学发展中的人文精神，将中华优秀传统文化融入课程教学中，对学科的发展追根溯源，致敬医学前辈，讲好医学故事，进行生命教育，强化医德教育，让学生认识生命价值，提升使命意识，引导学生关心患者、心系社会，激励医学生勇挑重担，为祖国医疗事业发展贡献力量。例如，向医学生讲述汉代著名的医学家华佗、著有《千金要方》的唐代医药学家孙思邈等在外科学行业做出贡献的外科学专家和医学的精英前辈的事迹，让医学生了解他们的奉献精神、敬业精神和仁爱精神，可以达到培养学生内涵气质，以美育人、以文化人的效果，促进学生社会责任感和医德的形成。

（三）与医学人文相结合

医学人文是医学和人文学的交叉学科，是一个探讨医学溯源、医学价值、医学规范以及与医学有关的其他社会文化现象的学科群，洋溢着利他主义、人本主义、人道主义、崇尚自然、生命至上、仁爱、奉献、平等、尊重、求真等人性的光辉。而医乃仁术，这说明医学与人文教育具有相通之处。在《外科美学培训》中渗透人文教育，是培养有仁爱之心、德才兼备，具有较高生命伦理素质的合格外科人才的重要途径。《外科美学培训》不止培养外科医学生发现美的眼睛和创造美的双手，更是将外科学前辈们的优秀美德传承发扬。例如，"To Cure Sometimes，To Relieve Often，To Comfort Always."是长眠在纽约东北部的撒拉纳克湖畔特鲁多医生的墓志铭，中文翻译简洁而富有哲理：有时是治愈，常常是帮助，总是去安慰。这段名言跨越时空，久久地流传在人间，至今仍熠熠闪光。这句名言告诉人们，医生的职责不仅仅是治疗、治愈，更多的是帮助、安慰。安慰，是人文的关怀，是人性的传递，是在平等基础上的情感表达。安慰也是医学的一种责任，它饱含着深深的情感。学生通过学习不但可以提升仁心仁术的责任感和使命感，更能深刻体会到医学职业救死扶伤的深刻内涵，真正使本课程的教学目标与思政课程的内涵融合，从而培养有医德、有奉献、有担当、有能力的全面发展的医学人才，成为执业能力、社会温度、职业情感、职业道德等全面发展、知行合一的新时代医者。

（四）与职业科学素养相结合

医学生是未来的医生，在医学教育阶段，必须注重职业素养的养成，才能有助于提高医学生未来岗位的胜任能力。因此，教师在医学教学中必须融入医学职业素养教育。对外科医生而言，医生良好的职业素养不仅包括职业道德、伦理、操守、职业技能、团队精神等，还包括临床思维能力、临床技能等。教师在教学过程中，要积极引导学生尊重生命、以患者为中心、关爱患者，要解患者之病痛，想患者心中所想，有责任感和使命感。例如，肝移植是解决终末期良性肝病的最好手段，但供肝短缺限制了其应用，四川大学华西医院肝脏外科/肝移植中心肝移植前辈历经艰辛，攻坚克难，率先在国内成功实施活体半肝移植手术，可以让亲属间捐献半个肝脏挽救自己家人，延续爱的温情。通过展示医者的仁心仁术，鼓励医学生刻苦钻研，练就扎实的医学本领，在危急时刻完成救死扶伤的使命。

（五）与健康中国相结合

2016 年，习近平总书记在全国卫生与健康大会上提出，要把人民健康放在优先发展的战略地位。同年 10 月，印发《"健康中国 2030"规划纲要》[5]。2017 年 10 月，习近平总书记在十九大报告中指出，实施健康中国战略。2019 年 7 月，印发《国务院关于实施健康中国行动的意见》和《健康中国行动（2019—2030 年）》，出台《健康中国行动组织实施和考核方案》。通过服务健康中国战略和外科医生仁心仁术仁德角度启发学生，从"健康中国"的大视角围绕外科医生职业发展相关问题进行思考。例如，健康中国行动中提出 2030 年，总体癌症 5 年生存率不低于 46.6％，单凭外科医生再高超的手术技术也是不能实现的，要通过加强居民癌症防治宣传教育，促进相关疫苗接种，加强水、气等生态保护，癌症早筛早治，"单病种，多学科"的诊疗模式、加强临床与基础研究癌症发病和防治等综合医疗保障措施才能逐步实现。从健康事业来看，健康中国 2030 是人民健康、长寿水平达到世界先进水平的发展目标；从人民生活角度看，"健康中国"是人人拥有健康理念和健康生活，家家享有健康服务和健康保障的生活方式；从国家发展角度看，"健康中国"是把人民健康放在优先发展的战略地位，把健康融入所有政策，努力实现全方位、全周期保障人民健康的国家发展模式。了解健康中国 2030 规划，有助于医学生不断明晰前行方向，将个人职业发展与国家"健康中国"战略紧密结合。

（六）与时代精神相结合

时代精神是一个时代的人们在文明创建活动中体现出来的精神风貌和优良品格，是激励一个民族奋发图强、振兴祖国的强大精神动力，构成同时代精神文明建设的重要内容。2017 年 10 月 18 日，习近平总书记在十九大报告中向全世界庄严宣布：中国特色社会主义进入了新时代。同样，当今外科学也进入到艺术美学和科学相结合的新时代。手术技巧与外科艺术是外科新时代的理论新概念，这一崭新的认识对外科学和手术理论的导向和实践产生广泛而深远的影响。在大面积烧伤、断指（肢）再植、肝癌和直肠癌的外科治疗，心胸外科，神经外科等领域，我国已经处于领先地位，涌现出一批报效祖国的知名外科学者。通过这些榜样人物的事迹介绍，使学生见贤思齐，激发他们努力学习，报效祖国的家国情怀。新时代的外科医师应有新的素质，只争朝夕，不负韶华，抱有为中华民族伟大复兴的目标和理想。掌握大师级的技艺，用自己手中的手术刀作为武器，通过手术不断创造艺术作品，使手术治疗能够向更深入、更广泛、更复杂的新领域不断开拓与突破，创造奇迹，发挥更大的作用，以适应新时代人们对美好愿望的追求和更珍惜生命的价值。

五、结语

课程思政已成为我国建设大学课程体系的核心理念。在《外科美学培训》课程的专业内容上添加"课程思政"的人文因素，教学目标从授业育才转向立德树人，教学策略从传授知识转向启迪思维，教学评价从专业维度转向人文内涵，这样不仅能提高课程的趣味性，更能在外科学知识与美学艺术的"骨架"之上，衍生出思政理念、历史文化、医学人文、职业科学素养、健康中国和时代精神等"血肉"，使《外科美学培训》课程成为一门有温度的学科，与高校思政课同向同行，助力实现"立德树人"的教育目标，培养"新时代"德才兼备的医学领军人才。

参考文献

[1] 新华社. 习近平：把思想政治工作贯穿教育教学全过程[EB/OL]. (2016—12—08)[2020—12—13]. http://www. xinhuanet. com//politics/2016—12/08/c_1120082577. htm.

[2] 中华人民共和国教育部. 教育部关于深化本科教育教学改革 全面提高人才培养质量的意见：教高〔2019〕6号[A/OL]. (2019—10—08)[2020—10—22]. http://www. moe. gov. cn/srcsite/A08/s7056/201910/t20191011_402759. html.

[3] 邱仁富. "课程思政"与"思政课程"同向同行的理论阐释 [J]. 思想教育研究，2018（4）：109—113.

[4] 周琳娜. 思想政治教育培育大学生人文精神的可行性初探 [J]. 佛山科学技术学院学报（社会科学版），2015，33（4）88—91.

［5］新华社. 中共中央、国务院印发《"健康中国 2030"规划纲要》［EB/OL］.（2016－10－25）［2020－10－22］. http：//www. gov. cn/xinwen/2016－10/25/content ＿ 5124174. htm.

课程思政的内涵、设计及在探究式课堂教学中的实践[①]

刘健西

（四川大学轻工科学与工程学院）

【摘要】课程思政是我国高等教育全程育人、全方位育人的重要举措。在实践和探索中，我们从其内涵、建设理念、课程内容、教学评价进行了思考，并结合探究式课堂教学方法，提出了课程思政在大学课堂教学中的改进方式。

【关键词】课程思政；探究式；内涵；教学设计

习近平总书记在 2016 年全国高校思想政治工作会议上强调，要坚持把立德树人作为中心环节，把思想政治工作贯穿教育教学全过程，实现全程育人、全方位育人。要用好课堂教学这个主渠道，使各类课程与思想政治理论课同向同行，形成协同效应[1]。总书记的讲话凸显了全程育人、全方位育人的重要性，开启了高等教育"课程思政"研究与改革的步伐。

一、课程思政的内涵

习近平总书记的讲话启发、鼓舞了高等教育工作者，特别是专业

---

① 本文系轻工科学与工程学院院级教改项目"面向轻工类专业的课程思政实践研究：内涵及实施路径"的阶段性成果。

课教师深入思考"课程思政"的内涵以及如何在课堂教学中切实践行课程思政。课程思政是将思想政治教育融入各类课程的教学环节，在传道、授业、解惑中实现"立德树人"和"专业育人"的目标，从而回应高校培养什么样的人、如何培养人以及为谁培养人这些根本问题。课程思政是中国特色社会主义大学的内在特征，是德智体美劳全面育人目标的必然选择。"课程思政"与"思政课程"的主要区别在于，"课程思政"中的"各类课程"主要指除了思想政治课程以外的专业课程和通识课程，强调在知识传授中实现对学生的价值引领，充分发挥所有教师和课程的内在育人功能，与思政课程同向同行，构建全员、全程、全方位育人体系[2]。

二、课程思政教学设计

在专业课中进行课程思政教学改革，不是简单地把碎片化的思政元素移植到专业课堂上，而是需要进行整体的教学设计。课程思政的教学设计主要包括建设理念、课程内容及教学评价三个方面。

（一）建设理念

课程思政主要是通过课堂教学发挥立德树人的主渠道作用。其建设理念是在知识传授过程中，围绕社会主义核心价值观和唯物辩证法科学精神，引导学生对国情社情、全球经济政治格局的关注，并进行科学分析，培养其维护国家利益、肩负民族复兴的责任感，实现价值引领。在这一理念下，要充分挖掘各类专业课程中的思政元素，找到"知识传授"与"价值引领"的契合点，即"把价值引领要素及内涵巧妙地融合在原有的课堂教学中"，融入各学科教育教学中所找到的最契合的点[3]。专业不一样，课程不一样，具体的思政元素就有所差异，但在社会主义核心价值观、唯物辩证法科学精神这一理念下，无论人文社科还是理工医科，其思政元素都可以从以下几个方面进行充分挖掘：培养文化自信；引导对国情、国际事务的关注，深刻体会"人类命运共同体"的命题；培养职业道德，理解和认同企业社会责任；介绍中国科学家的事迹；传递工匠精神；倡导对科学精神的追求等。以轻工类专业为例，轻工类专业涵盖衣食住行方方面面，其关联行业关系国计民生，蕴含丰富的思政元素，需要充分挖掘，找到"知识传授"与"价值引领"的契合点，重点为：学习和理解工程师应具备的职业道德和工程伦理，理解和认同企业社会责任，涵盖环境保护、技术进步；从中国科学家事迹中领会并传承工匠精神；树立建设制造强国，科技创新的志向。

（二）课程内容

每一门课程，都有独特的思政元素、思政内容，首要是内容与理念的自然契合、紧密衔接。由于任何一门课程都要受到教学时间的限制，无法涵盖本专业、本学科的所有知识。因此，在内容和知识的选择上应遵循系统性和简约性原则[4]。同理，课程思政的内容安排也要遵循体系化和简约化的原则，不能是零碎、无序和繁杂的状态。在专业知识中凝练思政内容，形成体系，并在教学大纲中体现和落实。同时，在这个过程中，实现专业内容的深化、提升，真正做到与思政课程同向同行，相得益彰。例如，在经济贸易类课程中，在讲授专业知识的基础上，从我国的对外贸易政策、"一带一路"倡议、各国（地区）间的贸易摩擦、我国与其他国家（地区）的贸易摩擦，凝练出对国际经济政治格局的关注，分析探讨国际事务，再到维护我国的国家利益这样一个符合逻辑思维的体系化、简约化的课程思政内容架构。在原有的基础知识介绍上，通过关联和架构，实现了对原有专业知识和内容的深化。

（三）教学评价

教学评价包括"教"和"学"两个方面。在对教师的"教"上，应在评教体系中设置"课程思政"相应的指标，例如，大纲和教案应体现思政元素，并注重思政内容体系化方面的考评。课程思政的落脚点在于引导学生形成正确的世界观、人生观和价值观，恪守专业伦理和科学信仰，养成良好的行为习惯[5]。因此，在对学生的"学"进行评价时，应将学生的态度、认知、情感和价值观等纳入其中，并根据学习效果反馈来调整和改进教学方式及教学设计。过程考核作业、期末考题应根据专业背景，设置思政元素融入其中。在对作业和考题的评价中，注重挖掘思政元素，给出思政元素的得分点。

三、课程思政在大学探究式课堂教学中的实践与改进

"探究式教学"是国际上备受推崇的教学模式，我国众多高校纷纷通过启发式、讨论式、小班教学、学习过程考核和评价等方式全方位实践探究教学模式，其中，课堂讨论、小组课题探究汇报、文献研读、小论文是几种主要的探究式教学形式[6]。课程思政的本质是在各类课程中对学生进行德育教育。德育的特性决定了在教育过程中，要避免单纯的灌输和说教，重在启发、探讨、心领神会。因此，课程思政要达到良好的教学效果，就要做到潜移默化、润物无声，需要综合运用各种探究式教学方式。探究式课堂教学方式在课程思政的教学中显得尤为重要。

（一）探究式教学中思政主题的选择

在开展课程思政的探究式教学中，无论是小组讨论、小组课题探究还是文献研读，主题的选择都十分重要，需要自然契合其建设理念。需要围绕社会主义核心价值观和唯物辩证法的建设理念，充分挖掘每一门课程独特的思政元素。例如，在中文、历史类课程中突出中华文化自信的主题，从五千年中华文明到当今中国传统文化走出去；在经济管理、法律类课程中引导学生关注国际、国内经济形势，在全球化、区域经济一体化的背景下，充分理解"一带一路"倡议；在参与国际经济贸易活动中，树立维护国家利益的坚定信念；在理工科的课程中，紧密联系全球产业升级、科技进步的背景，引导学生追求科技精益求精。不同专业和课程都可以从培育参与者的职业道德方面提炼思政主题，提升职业素养，在职业道德教育中自然引入社会主义核心价值观，从个体从业者的职业道德延伸到理解和认同企业的社会责任。

（二）小组课题探究的方向引导

在小组课题探究这一探究式教学中，除了探究主题选择外，还应在探究的过程中着重培养学生分工协作、团队合作的精神，以及人际交往的基本能力。在探究式教学实践中，教师的评价对学生的探究活动影响重大，教师的评价除了能正确引导学生探究的方向，还能鼓励其发挥主观能动性，进行进一步探究。因此，教师在课堂上的点评及

分数评价中，应突出上述指标，让学生看到老师的取向，自然引导学生在学习、探究的过程中，重视上述能力的培养，切实贯彻课程思政，发挥每门课程的德育作用，而不仅仅是做出精彩的发言，制作出精美的文稿。

（三）中外文献差异探究

文献研读是重点培养学生自主学习能力的一种探究式教学方式。在结合思政主题时，应进一步引导学生通过文献阅读、分析、归纳，进行科学探索的尝试。同时，在文献阅读中，注意国内外文献的区别以及体现出来的不同倾向性。这种区别和不同的倾向性也恰好可以作为我们课程中的思政元素。在总结、分析中外文献区别的过程中，引导学生进一步探究在不同时代、国家背景下所导致差异的深层次原因。例如，在研读服装、纺织、鞋革等轻工业发展环境的文献时，引导学生关注我国与其他发展中国家的差异性，特别是我国在产业升级、环境保护、可持续性发展等方面做出的努力和取得的进步，深刻体会我国的发展速度，树立起民族自豪感；在研读有关贸易壁垒，特别是农产品、食品的贸易壁垒文献时，发现国外研究主要是集中在技术壁垒和环境壁垒上；国内研究除了技术壁垒和环境壁垒外，也关注发达国家把反倾销作为一种贸易救济措施，对发展中国家农食产品进行频繁的反倾销调查。针对这种差异性，进一步探究国际经济贸易的格局、各国贸易摩擦及中美贸易摩擦的现状、本质和原因及我国经济发展过程中所面临的困难和挑战。在这样的探究过程中，除了知识的获取，也自然地培养学生的危机感、责任感，帮助学生坚定树立维护国家利益的信念。

（四）线上、线下教学方式的综合运用

在新冠肺炎疫情期间，线上教学方式被广泛采用，其重要性凸显。在实践中，笔者发现线上、线下教学各有优点。线上教学可以在较短时间内实现全员参与，老师可以随时查阅线上提交的作业，能及时得到教学效果的反馈。线上教学平台提供了多种课堂互动模式，例如，语音发言、文字表达、通过"投票"表达自己的倾向和选择等，提高了参与率，教学效果也得到了提升。鉴于线上教学方式的特点，在课程思政探究式教学中，可以充分利用上述优点，提高学生的互动参与率。例如，在"国际贸易实务"和"商事仲裁"两门课程的教学中，对于仲裁员的职业

道德和责任承担，无论是理论界，还是司法实践中，都没有统一的标准，主要有责任豁免、责任部分豁免及承担责任三种观点。这一问题，具有进一步探究的价值，同时涉及价值观、职业道德，是紧密契合课程思政的选题。具体实践中，可以充分利用线上教学的多种互动模式，激发学生参与的积极主动性，让学生全员参与讨论。具体实施：可以先利用线上"投票"功能设置选项，初步了解同学们对这一问题的基本观点和倾向性。在查看投票结果、得到反馈后，老师可以建议观点相同或相近的同学组成一个小组，进一步探究，形成相关观点的 PPT 或小论文，完成小组课题探究的工作。教师通过这种探究教学方式，不仅提高了学生参与学习的积极性，还进一步提升了学生的学习成效，充分发挥了课程思政潜移默化、润物无声的育人效果。

四、总结

课程思政在我国高校和各类课程中还处在实践和探索的阶段，需要高等教育工作者积极、深入地研究和实践，在准确、深刻把握其内涵的基础上，充分利用各种探究式教学方式加以实践和改进，切实发挥全程育人、全方位育人的作用。

参考文献

［1］新华网. 习近平：把思想政治工作贯穿教育教学全过程［EB/OL］.（2016－12－08）［2020－05－06］. http://www.xinhuanet.com//politics/2016－12/08/c_1120082577.htm.

［2］刘鹤，石瑛，金祥雷. 课程思政建设的理性内涵与实施路径［J］. 中国大学教学，2019（3）：59－62.

［3］樊丽萍. "课程思政"尝试"将盐溶在汤里"［N］. 文汇报，2017－07－14（4）.

［4］高宁，张梦. 对"课程思政"建设若干理论问题的"课程论"分析［J］. 中国大学教学，2018（10）：59－63.

［5］陆道坤. 课程思政推行中若干核心问题及解决思路——基于专业课程思政的探讨［J］. 思想理论教育，2018（3）：64－69.

［6］刘健西，林炜. 大学探究式课堂教学的实践与探索：内涵、形式与评价［J］. 中国大学教学，2018（4）：30－33.

重视非医学专业大学生健康教育课程建设

——以《大学生身心健康自我关注与管理》为例

马　芳[1]　王若晗[1]　张　悦[2]　吴衣论[1]　马　学[3]

（1．四川大学华西临床医学院/华西第二医院；

2．四川大学华西临床医学院/华西医院毕业后培训部；

3．四川大学华西临床医学院/华西医院儿外科）

【摘要】我国大学生中健康素养水平参差不齐，《大学生身心健康自我关注与管理》作为健康教育类选修课，立足于对大学生身心健康的关注。本研究组对四川大学非医学专业本科生进行问卷调查，结果显示，大学生总体健康素养合格率为 44.40%，选修《大学生身心健康自我关注与管理》课程者健康生活方式维度上得分相对更高，两者差异有统计学意义（$Z=-1.999$，$P=0.046$）。本研究认为，《大学生身心健康自我关注与管理》课程的开设能提高大学生的健康意识，改善大学生健康生活方式和健康素养，对于促进大学生身心健康具有积极的意义。

【关键词】选修课；非医学专业；健康素养

　　健康素养是指个人获取和理解健康信息，并运用这些信息维护和促进自身健康的能力[1]，提高公众健康的关键因素之一是健康素养[2]。随着我国高等教育的逐渐普及，大学教育成为当代培养人才的重要阶段，大学时期获得的知识对学生自身和社会整体水平有着深远的影响，但我国大学生中健康素养水平参差不齐，赵跃媛等（2016）通过调查指出，大学生健康素养水平在不同地区、不同高校和不同专业中差异较大（12.08%～66.65%）[3,4]。医学生由于专业性质，在获取健康相关知识方面有明显优势，且国内不少研究显示，医学生健康素养水平高于非医学生[5]，因此，综合性院校中应面向非医学专业大学生开设健康教育类选修课。本研究中《大学生身心健康自我关注与管理》混合式教学课程立足于对大学生身心健康的关注，采用线上平台 SPOC 网站，线下课堂教学及 TBL（Team and Task based Learning）小班化讨论，解读与辨析当前大学生关注的身心健康问题，传递健康的生活理念与自我管理方式，旨在提升大学生对自我身体的知晓与理解，促进其健康的生活实践，对于大学生整体健康素养水平的提升具有重要意义。

一、四川大学非医学专业大学生健康素养水平基本情况

（一）调查方法

本研究选取 60 名四川大学非医学专业本科生作为研究对象，采用问卷调查法进行调查。问卷包括两个部分：①被调查者的基本资料（如性别、出生日期、年级、专业、是否选修该课程等）；②健康素养水平调查问卷：在《全国居民健康素养调查问卷》[6] 的基础上，根据大学生的特点调整了部分题目，并进行适当简化。该问卷共包含三个维度：一是健康知识和理念，二是健康生活方式，三是行为及健康技能。问卷包括判断题、单选题和多选题三种题型，共 25 道题，共计 34 分，正确回答 80% 以上被认为是具备健康素养，每个维度正确回答 80% 以上被认为是具备该维度的健康素养。

（二）被调查者的基本情况

被调查者的一般情况见表 1。在选修者和未选修者中，年龄和年级的差异具有统计学意义，且选修者年龄（$Z = -4.072$，$P < 0.001$）和年级（$\chi^2 = 67.505$，$P < 0.001$）均小于未选修者。

表 1　被调查者的一般情况（人，%）

基本资料	选项	未选修（$n=78$）	选修（$n=82$）	χ^2/Z 值	P 值
性别	男	25（32.1）	26（31.7）	0.002	0.963
	女	53（67.9）	56（68.3）		
年级	大一	2（2.6）	3（3.7）	67.505	<0.001
	大二	8（10.3）	60（73.2）		
	大三	68（87.2）	19（23.2）		
年龄 M（P_{25}，P_{75}）		21.0（20.0~21.0）	21.0（20.0~21.0）	−4.072	<0.001
民族	汉族	71（91.0）	75（91.5）	0.010	0.922
	其他	7（9.0）	7（8.5）		
家庭所在地	农村	15（19.2）	17（20.7）	0.713	0.700
	县城	19（24.4）	24（29.3）		
	城市	44（56.4）	41（50.0）		

（三）大学生健康素养水平

根据调整后的《全国居民健康素养调查问卷》对抽取的本科生进行调查，该问卷总分为 34 分，正确回答 80%（即总分在 28 以上）视为合格；"健康知识和理念"部分总分为 16 分，得分在 13 分以上视为合格；"健康生活方式"部分总分为 14 分，得分在 12 分以上视为合格；"行为及健康技能"部分总分为 4 分，得 4 分视为合格。结果显示，该校大学生总体健康素养合格率为 44.40%，共 71 人具备健康素养；其中，"健康知识和理念"部分合格率为 77.50%，"健康生活方式"部分合格率为 41.30%，"行为及健康技能"部分合格率为 66.90%（如图 1 所示）。

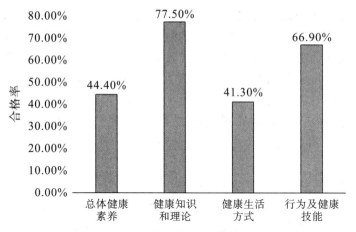

图 1　大学生健康素养情况

本研究中，大学生总体健康素养合格率和各维度合格率均高于2017 年四川省平均水平[1]。以往有不少研究[7,8]结果显示，大学生健康素养水平高于国内居民平均值，可能与当代大学生在中学和大学期间接受的教育程度有关，使得大学生总体素质高于居民平均水平。此外，本次研究中，大学生总体健康素养合格率在同类针对大学生群体的研究[9—11]中处于较高水平，大学生健康素养水平在国内高校中参差不齐，与地域和学校情况等因素有关。四川大学为"双一流"高校，校园环境较好，学习氛围浓厚，且地处四川省会城市——成都市，地区经济发展情况较好，故学生整体健康水平较为乐观。

对于健康素养三个维度，学生掌握情况不一，根据调查结果显示，健康生活方式合格率相对较低，这与田旭[12]等人研究的结果一致。当代大学生对于健康知识掌握情况较好，有正确的健康观，但并未将理论知识与实际行动较好地融合。

二、《大学生身心健康自我关注与管理》课程对提高大学生健康素养的效果

（一）教学内容及评价方法

本课程采用线上、线下混合式教学，学时 18 小时（9 周），其中，线上课程课时为 3 周，包括 SPOC 网站的教学视频及课件，

视频及课件涵盖所有课堂教学内容，且更加深入地讲解了较为复杂的医学知识，以期给学生更多的学习指导和医学知识补充。其中，线下课程为6周，包括课堂教学及TBL讨论。课堂教学涉及人体自我认识及健康、饮食与健康、现代生活方式与健康关注、男生生殖健康、情感与生理保护，以及远期健康关注与家庭健康传播等内容。TBL讨论采用任务与小组学习的模式，以20人为一组进行分组讨论引导学习，最后进行小组总结展示与课堂交流。

课程结束后，让学生填写问卷，教师通过问卷得分情况评价学生的健康素养情况。此外，问卷上应增加学生对于该课程提升健康素养的主观感受的题目，帮助老师进一步了解学生的主观感受。

（二）学生对该课程提高健康素养效果的主观感受

本次调查问卷包括具体三个方面的问题及选修该课程学生对于该课程提升自己健康素养的主观感受，该部分共3道题，每道题采用5级评分的方式，总分为15分，得分越高，表示学生感觉该课程对自己的帮助越大。结果显示，在选修该课程的82名学生中，该部分得分为9~15分，均值为13.91，大部分学生感觉介于"有较大帮助"和"非常有帮助"之间。大部分学生对于该课程认可度较高，认为该课程对于其自身健康素养的提高有较大帮助。

（三）选修该课程后健康素养客观评价指标的提升

由于经正态性检验，总得分和三个维度分别得分均不符合正态分布，故采用秩和检验。秩和检验结果显示，选修该课程者与未选修该课程者在"健康生活方式"部分得分差异具有统计学意义，且选修该课程者得分较高；在"健康素养总得分"和"健康知识和理念"部分，选修该课程者得分高于未选修者，但差异没有统计学意义（见表2）。

表 2　选修该课程者与未选修者健康素养水平比较

	未选修（$n=78$）	选修（$n=82$）	Z 值	P 值
健康素养总得分	27.00（24.75—29.00）	27.00（25.00—29.00）	−1.012	0.311*
健康知识和理念	13.50（12.00—14.00）	14.00（13.00—14.25）	−0.693	0.488*
健康生活方式	10.00（9.00—12.00）	10.50（10.00—12.00）	−1.999	0.046*
行为及健康技能	3.00（2.00—4.00）	3.00（2.00—4.00）	−1.224	0.221*

* 表示 P<0.05

本次调查结果可知，选修该课程后，学生健康素养有所提升，尤其在"健康生活方式"方面，差异有统计学意义。本项研究由于选课人数和年级限制，导致样本量相对较小，且年龄和年级均低于未选修组，而有研究表明，低年级学生健康素养水平低于高年级学生[6]，本研究仅发现学生"健康素养总得分"和"健康知识和理念"存在升高的趋势，但未检出差异，可能与此处存在的选择偏倚有关。但即便如此，本研究在"健康生活方式"的结果方面仍存在显著性差异。

三、对进一步提升《大学生身心健康自我关注与管理》课程教学质量的思考

大学生处于青少年时期，其身体机能本应处于良好的状态，但现有研究发现[14]，大学生的身体机能与身体素质存在明显不足，这与健康生活方式密切相关。国内有研究表明，医学生健康素养高于非医学生，且医学生随年龄增长，健康素养水平逐渐提高，而非医学生则没有显现该趋势[13]，因此，开设健康教育类选修课，对于大学生提高自身健康素养、加强自我管理能力有一定意义。

《大学生身心健康自我关注与管理》课程为四川大学选修课，本课程开设的目的在于解读与辨析当前大学生关注的身心健康问题，传递健康的生活理念与自我管理方式，课程内容包括：人体自我认识及健康、饮食与健康、现代生活方式与健康关注、男生生殖健康、情感与生理保护、远期健康关注与家庭健康传播等方面。课程浅显易懂，配有视频讲解，能促进大学生对自身的身心健康给予更多关注与管理，对培养大学生养成健康生活方式，提高自身素质有积极作用，并以此传播到家庭、社会，带动全民关注健康、保持健康，承担起大学生应有的社会责任。

由于该课程面向非医学生，从医学的角度出发，阐述健康生活的积极意义，能有效弥补非医学生无法从必修课获取医学知识的欠缺。本课程授课方式多样，包括视频讲解、TBL 学习等。在教学过程中，教师结合案例、TBL 学习训练等启发学生思考，提高学生学习主动性，降低了专业医学知识的复杂性，提高了学生们的课堂体验感及兴趣。

提升大学生的健康素养应是高校培养大学生重要的目标之一，大学时期获得的知识对学生自身和社会整体水平有着深远的影响。《大学生身心健康自我关注与管理》课程能提高大学生的健康意识和健康素养，促进大学生更加关注自我身心健康，并引导大学生在家庭、社会传播健康知识和理念的过程中起到积极的作用。

参考文献

［1］王思凌，李志新，刘兆炜. 2017 年四川省居民健康素养水平分析［J］. 预防医学情报杂志，2019，35（11）：1234—1238.

［2］姚一. 某医科院校大学生健康素养现状调查与分析［D］. 沈阳：中国医科大学，2018.

［3］赵跃媛，张耀匀，白雪，等. 中国在校大学生健康素养水平的 Meta 分析［J］. 中华疾病控制杂志，2016，20（3）：290—293＋298.

［4］答英娟，张婷，徐苗，等. 上海市大学生健康素养水平及相关因素分析［J］. 中国学校卫生，2015，36（10）：1543—1545.

［5］吴庆，胡沐坤，林伟庭. 高校面向非医学类学生开设医学类通识选修课的思考和建议［J］. 高校医学教学研究（电子版），2019，9（2）：29—32.

［6］袁雪晴. 两省大学生健康素养现状及与健康行为、健康状况的关系研究［D］. 北京：中国疾病预防控制中心，2019.

［7］张硕，吴妮欢，盛孟，等. 国内大学生健康素养研究现状综述［J］. 心理月刊，2020，15（4）：237—238.

［8］邹敏. 国内高校大学生健康素养研究现状［J］. 中国社区医师，2019，35（1）：191—192.

［9］邹敏，张振业. 大学生健康素养现况及影响因素研究［J］. 保健医学研究与实践，2019，16（1）：6—11.

［10］尤烁铭，王雨汇，杨旭，等. 大学生健康素养水平及其影响因素研究［J］. 健康教育与健康促进，2018，13（5）：410—414.

［11］马晓卿. 石家庄市在校大学生健康素养调查研究［D］. 石家庄：河北

医科大学，2019.

　[12] 田旭，梁兴梅，芦甜，等. 兰州市某高校大学生健康素养现状分析及对策 [J]. 西北民族大学学报（自然科学版），2012，33（1）：76－78.

　[13] 邓世佶，彭煜健，王艺蓓，等. 江苏某大学医学生与非医学生健康素养的比较 [J]. 环境与职业医学，2018，35（4）：347－351.

　[14] 谢国栋. 大学生体质现状与体育教育干预方法初探 [J]. 当代体育科技，2018，8（11）：83－84.

财务管理专业课程中思政教学的设计和实践

贾西猛

（四川大学商学院）

【摘要】思政教育进课堂是高校实现教书育人功能的重要途径。本文以财务管理专业课程为例，从"有理想""有本领""有担当"三个方面设计财务管理专业思政教学的目标和要求。然后，根据财务管理教学内容，从财务管理的目标、企业投资活动、筹资活动和营运资金管理四个方面，充分挖掘教学中的思政元素，探讨财务管理教学中思政教育的设计和实践路径。最后，结合《高级财务管理》课程教学实践，介绍了几个典型的思政教育融入专业课堂的教学案例。

【关键词】思政教育；财务管理；教学改革

一、财务管理课程思政教学设计背景

随着经济发展和社会环境的变化，新时代对人才的综合素质和能力提出了更高的要求，大学各专业课程为培养德才兼备的毕业生，都在积极寻求教学模式的改变[1]。其中，思政教育进课堂是新时代教学模式改变的重要内容。2016 年 12 月，习近平总书记在全国高校思想政治工作会议上强调："要坚持把立德树人作为中心环节，把思想政治工作贯穿教育教学全过程，实现全程育人、全方位育人，努力开创我国高等教育事业发展新局面。"① 根据"课程思政"的要求，需要将思想政治教育的内容、原则和精神内涵融入专业课程教育，充分挖掘专业课程中的价值观念、社会道德和伦理，实现专业课与德育教育的有机融合。"课程思政"不仅有利于扭转传统教学中重课本知识、轻品德伦理的现象，而且有助于从不同专业角度丰富和发展思想政治教育的理论体系[2]。

财务管理专业主要培养从事企业财务、金融投资、证券分析等工作的专业人才，这些专业人才需要具备经济学、管理学、金融学等多方面的知识和能力。财务管理人才遍布各个行业，对企业发展和国计民生会产生重大影响[3]。但是，近年来，财务造假和舞弊的事件频发，不仅导致企业股价暴跌、投资者遭受巨大损失，而且影响了金融市场和社会经济的稳定发展。因此，在财务管理专业课程教学过程中，亟须融入思想政治教育，培养德才兼备的财务管理人才。

二、财务管理课程思政教学的目标和要求

只有深刻理解思政教育的目标，才能在专业课程中有效地增加思政知识。习近平总书记在 2016 年 12 月全国高校思想政治工作会议上强调："高校思想政治工作关系高校培养什么样的人、如何培养人以及为谁培养人这个根本问题。"② 青年一代有理想、有本领、有担当，国家就有前途，民族就有希望。因此，高校思想政治教育的目标是要培养有理想、有本领和有担当的新时代青年。那么，在财务管理专业教学过程中，如何将思想政治教育目标融入其中，是我们亟须思考的问题。

第一，确定财务管理专业学生应具备什么样的理想。财务管理培养的目标是培养复合型、应用型、创新型的高级专业人才，而未来从事财务职业的最高目标是成为企业首席财务官（CFO）。CFO 需要处理企业总体的财务支出、成本结算等业务，但 CFO 不仅仅是一个"账房先生"。合格优异的 CFO 需要跟其他业务部门紧密协作，积极

① 新华社. 习近平：把思想政治工作贯穿教育教学全过程［EB/OL］.（2016－12－08）［2020－12－13］. http://www.xinhuanet.com//politics/2016-12/08/c_1120082577.htm。
② 新华社. 习近平：把思想政治工作贯穿教育教学全过程［EB/OL］.（2016－12－08）［2020－12－13］. http://www.xinhuanet.com//politics/2016-12/08/c_1120082577.htm。

支持和协调企业各个部门的业绩目标、管理工作和财务预算等。CFO 作为企业核心高管人员，会参与企业战略决策制定，而企业战略决策的终极理想是实现利益相关者权益最大化。因此，在专业课程教学过程中，教师需要思考如何让学生树立成为 CFO，实现利益相关者权益最大化的理想。

第二，确定财务管理专业学生应具备什么样的本领。大学生需要培养学习能力、沟通能力、适应环境能力以及分析问题能力等。具体到财务管理专业，学生需要具备基础专业知识的学习和理解能力，包括管理学、经济学和金融学等理论基础；掌握定性和定量分析企业财务问题的方法和技巧，包括指数分析、指标分析和统计分析等；具有较强的专业表达和有效信息获取能力，并能够利用专业知识解决财务、金融管理实际问题等[4]。在现实生活中遇到问题，需要财务管理专业学生能够活学活用财务管理知识，充分理解风险和收益，掌握资金运作的规律和管理。

第三，确定财务管理专业学生应具备什么样的担当。新时代大学生肩负着时代使命——推进新时代中国特色社会主义事业。在财务管理专业的教学过程中，也需要时刻提醒学生，要有责任意识和担当意识，从利益相关者的概念出发，树立企业长期健康发展的意识。然后从企业社会责任出发，分析每个人和企业作为社会一员，存在怎样的共生共息关系。最后，从个人自我实现需求的角度，分析财务管理者应当肩负的社会责任和时代使命，最终将学生培养成为"三有"青年。

三、财务管理课程思政教学的具体内容

财务管理专业课程内容整体上分为企业投资活动、筹资活动和营运资金管理三部分，相关的课程设计基本上围绕这三个活动展开。但是财务管理专业学生首先要明确财务管理的目标，进而才开始其他知识的学习，因此，教师有必要在一开始讲授财务管理目标时就融入思政教育。本文结合笔者教学经验，从财务管理目标、企业投资活动、筹资活动和营运资金管理等四个方面，介绍可以融入思政教育的知识点，探讨财务管理教学中思政教育的设计和实践路径。

（一）财务管理的目标

企业财务管理的目标究竟是股东财富最大化，还是利益相关者权益最大化？理论界和实践界都存在争议，但根据财务管理的经典教材，股东财富最大化具有更广泛的认可度。根据股东财富最大化的要求，财务管理课程教学都需要围绕如何为股东创造更多财富展开。究其原因，基于股东财富最大化的原则更容易去分析和计算企业投资活动，有一个可以量化的标准去选择投资和融资项目。但是，如果学生根植了股东财富最大化的思想，当股东与其他利益相关者产生利益冲突时，学生就有可能在实践中枉顾利益相关者的权益。

因此，在财务管理专业教学一开始就要用思政的理念，解释清楚财务管理的目的，即股东财富最大化方便计算和测量，具有一定的积极意义，可以作为企业生存和发展的基本目标。但是，企业是社会经济的组成部分，其发展同社会发展息息相关，如果企业为了股东利益而损害利益相关者的利益，甚至扰乱社会经济秩序，不但不利于企业可持续发展，而且会影响社会经济健康发展，这是不可取的。教师通过案例和实验等方式，跟学生深入剖析企业财务管理活动在社会文化、道德伦理和人文素养方面的思想内涵，让学生深刻认识到财务管理者应该具备的素质和原则，而不是局限在股东财富最大化的框架下。

（二）企业投资活动管理

投资是财务管理专业学习的起点，因为有合适的投资项目才有融资和营运管理活动，财务管理的核心内容都是为了保障投资的顺利展开[5]。投资活动是企业发展和延续的必要条件，由此产生时间价值、风险溢价、投资组合等一系列重要的概念。在学习财务管理过程中，学生需要掌握投资项目评价的理论和方法，并识别机会和风险。在讲授投资活动影响因素时，教材更多的是从企业投资收益的角度，着重讲授税收、成本、通货膨胀和折现等因素，往往忽视了凸显决策者在投资过程中的社会责任感和道德判断力。

马克思在写《资本论》时，就对贪婪、唯利是图的资本家进行了强烈的批判。如果片面地根据财务管理相关教材学习投资活动的原则和标准，很容易成为马克思政治经济学中被批判的对象。因此，教师在课程中应强调投资时要考虑社会影响等因素，严禁从事违法犯罪的经营活动，并通过反面案例对学生进行警示教育。通过案例和视频资料，向学生展示，投资过程中既不能畏惧高风险，也不能被高利润所诱惑，现代社会中企业投资决策不能简单地通过成本收益决定，启发学生独立思考，不断提升学生投资决策的敏锐度，避免盲目性。

（三）企业筹资活动

筹集资金是企业成立、生存和发展的基础，是企业投资活动开展的必要支持。筹资活动作为财务管理的核心内容之一，中间涉及非常多的概念和理论。如何筹集资金、不同融资渠道的成本是多少、如何确定企业的资本结构、筹资活动又会对投资活动产生什么影响，都是企业开展筹资活动过程中需要积极思考的问题[6]。在讲授筹资活动相关内容的过程中，学生一方面需要站在企业的角度思考融资渠道和融资方式，另一方面也需要从金融中介角度思考应该向什么样的企业提供融资。

但是，理论与现实总是有所差异，在企业融资过程中有些问题是理论没有办法有效解释的。例如，理论上权益融资成本更高，但是为什么中国企业还是更偏爱上市融资；为什么在现实中企业还不起债务时并没有立即破产清算；为什么越缺钱的上市公司分红越多……对这些问题的理解需要学生深入了解中国的实际情况。在讲授企业筹资活动理论时，应当重视对中国国情的介绍和制度的分析，从"中国故事"出发，让学生产生共鸣感和认同感。另外，融资活动容易引发企业财务风险，进而产生风险传导，如果控制不当有可能发生系统性金融风险。本科生是未来的金融操盘手和财务负责人，在学习阶段就要让他们明确金融风险的由来，以及不同类型的金融风险的破坏性和传导性。通过学习让学生充分了解融资对企业经营风险的影响，树立学生的风险防范意识，为未来中国金融市场的稳定打下基础。

（四）营运资金管理

营运资金管理涉及企业正常生产经营过程中的收支行为，与企业管理密切相关，是维系企业正常运转的关键，直接影响企业的投资活动和筹资活动能否顺利开展。如何提高营运资金管理效率，如何降低企业经营中的风险，如何实现资金资源的最优配置，等等，这些都是企业营运资金管理中的重要问题[5]。这部分内容更多地涉及企业内部员工和部门的管理，供应、生产和销售每个环节的运营都不是独立的，需要企业统筹安排和协调。

与投资活动和筹资活动不同，教师在讲授企业营运管理过程中，更多的是结合思政教育培养学生的本领。营运资金管理不仅需要扎实的财务专业知识，更需要沟通能力、协调能力、战略眼光和实践技巧。因此，教师一定要让学生跳出原有课本的框架，不要局限在财务知识的理论范围。ERP 模拟沙盘的教学方式是锻炼学生综合能力、培养营运资金管理效率的有效手段。在 ERP 模拟沙盘教学过程中，会模拟企业多个职能部门，包括营销与规划中心、生产中心、物流中心和财务中心等，教师通过让学生扮演不同企业部门角色，培养他们的沟通能力、决断及营运资金管理能力等。

四、《高级财务管理》思政教育典型案例介绍

《高级财务管理》课程是财务管理、会计学以及金融学专业的核心课程，也是补充完善本科生知识系统的重要课程，在学生有一定专业基础的情况下，让学生在更高的层次和复杂的环境下，分析基础财务假说的不足，让学生深入思考财务理论，系统分析数据并做出最优决策。课程中的方法和原理能够成为学生将来参与企业财务管理工作的重要依据。因此，在《高级财务管理》课程的讲授过程中，增加思政内容是合理且必要的。下面介绍几个典型的《高级财务管理》课程思政案例。

（一）用好典型案例

通过案例讲解和观看视频案例，有助于学生进行理性思考，增强社会责任感。例如，《高级财务管理》课程中，教师在分析财务管理目标时，为学生播放了央视纪录片《公司的力量：进步之痛》片段。纪录片中讲述了企业在野蛮生长过程中，吞噬公平、正义，对社会稳定造成极其不利的影响，让学生懂得照顾利益相关者利益有助于企业长期稳定发展。同时，教师在课堂上设计了一个角色扮演的游戏——普强实验。教师先向学生介绍游戏背景故事：20 世纪 70 年代，美国普强公司的新药帕纳巴十分畅销，可是对消费者身体存在较大的副作用。药品撤市时间每拖延一个月，公司就能多挣 100 万美元。这时，让学生换位思考，倘若自己是普强公司的高管，应该如何决策。是继续销售还是果断回收所有有问题的产品。通过普强实验，让学生更加

全面地理解影响企业决策的复杂因素，以及不考虑利益相关者利益要付出的代价。

（二）讲好中国故事

讲好中国故事，让学生更深刻地感悟社会发展带来的积极意义，思考现代社会中的企业应该如何为社会做出积极贡献。2021年，我国脱贫攻坚战取得全面胜利，其间，不乏企业参与的身影。习近平总书记强调，加大产业带动扶贫工作力度，关键是要激发企业到贫困地区投资的积极性，使企业愿意来、留得住。京东、苏宁、天猫等大型电商企业都开发了自己的扶贫模式，在扶贫攻坚战中表现出色。教师在讲授了企业参与扶贫的背景故事后，布置了课后思考作业——企业参与扶贫工作对自身财务绩效会产生什么样的影响。通过分析收集的学生作业，发现学生对企业参与扶贫工作表现出极大的认可，学生从投资成本、资金来源、社会声誉等多个方面分析了企业扶贫投资的收益组成。不仅如此，更有同学设计和思考了让企业持续参与乡村振兴的政策建议。通过讲好中国故事，让学生进行沉浸式思考，使课堂教学丰富有趣，并在价值引领方面体现出立德树人的根本目标。

（三）做好案例演示

通过布置与思政相关的案例表演作业，激发学生设计剧本、参加表演的积极性，让学生更加深刻地理解专业课程中思政知识的重要性。四川大学商学院财务管理专业共有学生115人，分为两个班级，人数分别为91人和24人，授课教师需要根据授课班级人数的情况，做一些不同的思政教学设计。在小班教学中可以积极思考如何进行小组展示。授课教师将小班按照5人左右进行分组，然后让各小组分别找出企业发展中的困境案例，并让学生自己设计剧本、扮演案例中的角色。学生对该作业表现出极大的兴趣，各展所长，积极准备案例、编写剧本和排练。课题展示当天，学生展示了包括《疫情下的企业困境》《公关小张的困惑》《售后权益保护与企业成本》等多个综合了财务管理知识以及思政内容的案例，课堂氛围活跃，学生参与程度高，教学效果极佳。通过案例表演，学生更加积极主动地思考财务管理中的思政知识，理解企业经营管理中社会主义核心价值观的具体体现。

五、结论

财务管理专业课程中蕴含风险识别、风险容忍、资源配置和合作共赢等知识，同时重视企业社会责任和财务会计职业道德，很多教学理念跟思政教育不谋而合[7]。将思想政治中的育人观点与财务管理专业知识相结合，对全面培养学生综合能力具有极其重要的积极意义。本文结合笔者教学经验，从财务管理目标、企业投资活动、筹资活动和营运资金管理等四个方面，对思政元素在财务管理专业教学方法、教学形式中的实践进行探索，并以《高级财务管理》课程为例，介绍了典型的思政教育教学案例，可以为财务管理专业以及其他相关经济、管理专业提供参考和借鉴。在本文研究基础之上，还需进一步展开财务管理专业课程思政教育内容，探讨和创新具体的教学形式，培养学生树立正确的价值观念、职业素养和社会责任感。

参考文献

［1］陈爱香，姚利民. 高校思想政治理论课青年教师教学发展现状与原因分析［J］. 大学教育科学，2019（2）：48－57.

［2］成桂英. 推动"课程思政"教学改革的三个着力点［J］. 思想理论教育导刊，2018（9）：67－70.

［3］周海涛，刘永林. 优化地方高校内涵式发展的制度环境［J］. 江苏高教，2018（4）：1－5.

［4］揭志锋. 应用型财务管理本科专业《财务管理》课程教学探析［J］. 高教探索，2016（S1）：85－86.

［5］马志姣，严雪. 企业社会责任与利益相关者的博弈关系分析［J］. 中国商界（上半月），2012（4）：6.

［6］乔美新. 企业筹资活动分析［J］. 山西财经大学学报，2015，37（S1）：93＋103.

［7］杭桂兰. 财务管理专业人才培养模式改革研究［J］. 山西财经大学学报，2017，39（S2）：53－54.

基于社会议题的情景式教学法
在"动物福利与消费伦理"公选课中
的探索与运用

周　瑾　邬小红　Paul Littlefair　David Coggan

（四川大学建筑与环境学院）

【摘要】生态文明建设是关系中华民族永续发展的根本大计。培养具有生态文明素养的美丽中国未来建设者，是新时代赋予高校的一项新使命。面向全校本科生开设的动物福利教育公选课以动物福利与消费伦理为切入点，从探索人与其他动物之间的关系出发，基于科学认知培养同学们的生态伦理观，使生态文明教育在高等教育中有效地落地生根。

【关键词】动物福利；消费伦理；思辨能力；翻转课堂；行为导向

一、在高等教育中开设"动物福利与消费伦理"公选课的必要性与前瞻性

党的十八大以来，生态文明建设被纳入中国特色社会主义"五位一体"总体布局和"四个全面"战略布局，习近平总书记多次强调要保持生态文明建设的战略定位。生态文明强调人与自然、人与人、人与社会的和谐共生与良性循环，全面发展和持续繁荣。生态文明教育成为高等教育的一项新使命。

一场突如其来的新型冠状病毒肺炎疫情席卷全球，让数以亿计的人们失去工作或生计受到影响，全球经济遭受重创。虽然对于新型冠

状病毒的确切来源暂无定论，但科学界基本达成共识，认为该病毒来自野生动物。造成 2003 年非典疫情（SARS）以及 2015 年的中东呼吸综合征疫情（MERS）的病毒亦是如此。这样一些由人畜共患传染病带来的疫情，让我们不得不反思人类与其他动物之间的关系。

新型冠状病毒肺炎疫情暴发以来，在我国无论是相关部门还是普通民众，都发出了拒食野生动物的号召。2020 年 2 月 24 日，十三届全国人大常委会第十六次会议表决通过了全面禁食野生动物的决定，且随着《中华人民共和国野生动物保护法》的修订，生物安全立法的相关工作也逐步开始推进。而此前，国内多次暴发的禽流感、非洲猪瘟等疫情，更是让动物健康与食品安全成为社会关注的热点话题。其实早在 2017 年第一届世界农场动物福利大会上，时任农业农村部副部长于康震就已经明确提出："促进动物福利成为推动农业绿色发展的一项重要选择，成为保障食品安全和健康消费的一项重要措施，更是现代社会人文关怀的一种重要体现方式。"① 可见，无论是从个人健康、公共卫生、国家生物安全保障，还是人文社会的发展来看，对人类与其他动物间关系的科学认知与生态伦理审视都成为一种社会层面的必须。在这样的背景下，在高校开设主题为"动物福利与消费伦理"的公选课，进行动物福利教育，不仅为生态文明教育提供了具象抓手，也利于为生态文明建设培养具备"生态文化"素养的未来生力军。这场继 1918 年西班牙流感疫情之后最为严重的全球性大流行新冠肺炎疫情的暴发，再次证明了该课程的开设具有极大的必要性与前瞻性。

动物福利科学是一门全球公认的学科领域，许多国家都设置了与动物福利事务相关的政府部门，制定了正式的法律法规。动物福利并不是不能利用动物，而是在利用动物的过程中，避免给动物带来不必要的痛苦，并尽量确保动物处于良好的生存状态。动物福利教育从本质上来说，则是去探讨人与其他动物之间的关系。开展动物福利教育的目标是要增加学生关于动物本身、人与其他动物，以及不同生物间相互依存的知识；帮助学生理解人类活动对其他动物所带来的影响，以及对动物基于爱护之心的伦理基础；为学生提供亲验机会，帮助学生获得一些诸如善待动物、照料动物，以及与他人进行有效沟通等技能。在态度及价值观陶冶方面，则是希望培养学生对生命、对环境的

---

① 搜狐. 农业部副部长于康震在世界农场动物福利大会上的致辞[EB/OL]. (2017–10–12)[2020–10–11]. https://www.sohu.com/a/203046328 _ 428106。

尊重，培养学生的善待之心、同理心和责任感等[1]。

在世界上许多国家和地区，动物福利教育以多种形式在学校内外得以开展，其中，针对中小学幼儿园学生的课程更为广泛。2017年，在我国《普通高中生物学课程标准》中，将"动物福利"模块正式写入选修课程"现实生活应用"单元。而在高等教育中，"动物福利"则多是为畜牧养殖、动物医学等学院的学生所设置的专业课程，尚未普及。在过去近十年的时间里，自然教育在我国快速发展，很多自然体验活动和课程当中融入和践行了动物福利教育的基本理念。事实上，动物福利并非仅与动物本身相关，而是一个与人类健康、环境健康、可持续发展和人文社会发展紧密相关的议题。因此，"动物福利与消费伦理"作为高校中开设的一门公选课，我们选择将动物福利与消费伦理之间的关系作为切入点，既与生命科学、医学、社会学等学科直接相关，又跳出专业局限，让不同学科背景的学生从消费者个体角色出发，基于日常生活和社会现象，从科学和综合的视角去审视人类与伴侣动物、农场动物、实验动物、野生动物之间的关系；并回归到日常学习生活中，践行负责任的消费行为，培养负责任的消费者。

党的十八大报告中，明确将"立德树人"作为教育的根本任务，生态文明教育是高等教育在打造我国生态文明新常态过程所肩负的一项重要使命；探索人与其他动物之间双向关系中的介入与退出，则是这场百年一遇的全球性流行新型冠状病毒肺炎疫情带给整个人类的警示。因而在高等教育中设置"动物福利与消费伦理"公选课程，是一项具有必要性、前瞻性的创新举措，其教学理念、教学内容、教学方法、效果评估等都亟待探索与沉淀。

二、情景式教学法在"动物福利与消费伦理"课堂中的探索与运用

（一）创设情境体验场，提升学生解读现实社会议题的思辨能力

动物福利是一个相对新兴的学科领域，20世纪60年代，动物福利（Animal Welfare）这个概念首次公开出现在公众面前[2]，之后其相关议题也越发受到社会各界的关注，这与人类使用动物的数量、程度、形式不断增加具有密切联系。在过去的二十多年里，动物福利的

概念逐步被我国越来越多的公众、学者、相关行业人士、政府部门、媒体、公益机构等认知和关注。

然而，虽然学生的日常生活与学习和动物（野生动物、伴侣动物、农场动物、实验动物）密切相关，但对于"动物福利"的概念仍显陌生。例如，在"动物福利与消费伦理"公选课前对学生进行的多次调研中发现，绝大部分同学都表示自己在此之前从未听说过"动物福利"这一概念。因而，有目的地创设一些形象生动的教学场景，一方面可以帮助学生从具体的生活经验中理解较为抽象陌生的动物福利及消费伦理相关概念，另一方面则能促进学生将课堂中所学的知识、理念、价值判断等，内化为实际行为回归到生活当中。

在第一次课引入动物福利概念前，我们请学生以小组为单位，列出自己从早上睁开眼睛到此时所有和动物直接或间接相关的生活实例，并进行分类。在讨论初期，早餐中的动物源食品往往最先被列举出来，而后随着小组伙伴不断相互启发，一些平常容易被大家忽略的细节就会逐渐呈现，例如，要经过动物实验，符合安全标准才能够被自己使用的药物、化妆品；蚊子、苍蝇这类小小的貌似不那么受人喜欢，但又承担着必要生态角色的动物等。在这个过程中，不少学生都会对不断"挖掘"出的和动物之间的日常生活联系表示惊讶。通过这个活动，再引导学生去探讨人在使用动物的过程中给动物带来的影响，能帮助学生更深层次地理解人与动物之间的密切联系。

当我们在判断动物个体在某一时刻的具体福利状态时，可以以科学为依据做出客观判断，但当探讨人与其他动物之间的具体互动关系时，则是一种基于对动物个体福利的客观判断的主观认知。这意味着，在对人与其他动物关系的认知上很难有非黑即白的答案。动物福利议题的这一特征，对很多同学来说，在思维上是一种挑战，因为许多同学往往会急于获得一个明确的正确答案，而此时，恰恰是培养与提升学生思辨能力的良好契机。

为此，在教学过程中我们常常会运用社会中的真实场景，让学生进行分析、评述与探讨。例如，在介绍如何运用"使用—滥用—虐待"这一尺度工具对动物的福利做初步判断时，引入了多组日常生活中的场景：宠物主人给自己的狗进行染色，海洋馆训练海豚用于表演，饲养黑熊用于抽取胆汁制作药物，养蚕供小朋友了解蚕的生命史，用兔子做化妆品安全性实验，等等。让学生独立判断这些真实场景中利用的动物情况是"使用""滥用"，还是"虐待"。在完成自我判断以后，他们会发现，虽然自己和周围的同学对任何一种动物都并无恶意，但在对同一个利用动物的真实场景做出判断时，几乎是没有共识的。之后再让学生在小组内陈述自己判断的理由，倾听同伴的观点。整个过程易于学生理解，在探讨人与动物之间的关系时，往往没有固有的、正确与否的答案，有利于培养学生的思辨能力，同时，也利于锻炼学生有理有据进行判断的能力[3]。在课后作业的内容设计过程中，我们会注重让学生运用思辨能力去解读与动物相关的真实社会议题，并在评分结构上予以体现和鼓励。从期末评估反馈来看，学生也将类似的反思与视角运用到了自己的日常生活和学习实践中。

（二）结合学生专业，翻转课堂

"动物福利与消费伦理"虽然是面向全校本科学生所开设的一门公选课，但是，其内容与一些学生的专业学习密切相关。例如，来自医学专业、生物学专业的同学在自己的专业学习中会用到实验动物，专业实操过程中的直接体验非常有助于他们对实验动物福利相关议题的认知和理解。由此，在教学中，我们会邀请部分医学专业的学生担任教学主体，以"翻转课堂"的形式组织教学。

一方面，在学生准备实验动物福利相关内容分享的过程中，能对自己专业学习中的观察与实践进行反思，调动学习的主观能动性；另一方面，同伴之间的分享与学习，也常常让其他学生觉得更有说服力和可信度。曾经有一位刚刚进入口腔医学专业的学生，在第一堂课上非常坦诚地阐述了自己的观点，他认为一些动物的天然使命就是为人类服务。之后他对每一次课堂中的实验动物议题阐述以及课后作业中的议题分析都极为认真和深入。在整个课程过程中，能够明显地看到，他从最开始持"动物天然为我所用"的态度，到课程后期态度转变为给予实验动物个体的尊重，并将实验动物福利的 3R 原则（即reduce 减量、refine 优化、replace 替代）切实运用在自己的实验课程中。

动物福利议题除了与医学、生物学专业内容直接相关，也与公共管理、计算机、经贸、法学、媒体等相关专业紧密相连。在案例解析与课后作业内容的设计上，我们会让学生尽量从自己专业的视角去解读动物福利的相关议题。例如，邀请公共管理学院的同学针对流浪动物与社区管理提出自己的看法和建议，请经贸专业的同学解析农场动物福利可能给农产品的出口带来哪些影响，请法学院的同学思考在中国动物福利立法的可行性和挑战，等等。我们希望通过公选课主题与专业教育的良好结合，更好地实现对学生交叉学科融会贯通能力的培养。

此外，每次课都会为学生留出小组互动时间，让学生相互交流自己在完成作业过程中的主要体会、发现与观点，丰富彼此看待同一议题的各个视角。

（三）开阔学生视野，链接社会资源

动物福利议题不仅仅与许多同学的专业内容直接相关，更是一个涉及社会、经济、文化、法律、环境健康、公共卫生等多个领域的社会公众议题。四川大学一向注重学校教育与社会现状与需求的链接，倡导以国际视野培养人才，践行国际教育本土化的创新模式。因而在"动物福利与消费伦理"教学框架设计中，我们充分利用校外专家在其工作领域长期积累的专业网络资源，邀请多位既扎根本土工作、又有丰富国际合作经验的专家（其中不乏四川大学毕业的校友），来到课堂与学生分享在动物福利和保护领域的实践经验、最新进展以及个人成长经历等。与一线专业工作者的直接互动，不仅加深了学生对教学议题在社会中的真实发展现状与趋势的了解，也为那些有兴趣对该议题进行深入探索的学生提供了社会资源链接。同时，专家个人尤其是川大校友的个人发展历程也为学生个人职业发展规划提供了参考，并对学生产生积极影响。例如，曾经选修课程的一位学生在毕业后所开设的微信公众号"大橙子的菜园子"，一直持续撰写与动物福利和保护动物相关的推文。

除了邀请专家进课堂外，在充分做好学生安全保障工作的前提下，我们还带领学生走进成都动物园和四川龙桥黑熊救护中心，让学生直观感受和体验两个机构如何在园区设计、动物饲养与管理、机构文化等方面以科学为基础践行动物福利理念。并让学生通过与两个机构不同工种工作人员之间的交流，初步了解动物福利教育行业发展需求，这不仅为一些学生的未来职业规划提供了更多的可能性，也为动物福利领域的发展培养潜在人才，是学校教育与社会发展之间的一种良性互动。在教学反馈调研中，不难看出这种实践体验对学生们产生了深刻影响。从长期来看，类似的重要生命经验可能会对学生未来价值观的培养以及人生轨迹产生一定的积极影响。

（四）注重行为导向，回归生活实践

开设"动物福利与消费伦理"公选课的重要目标之一是培养有生态文明素养的负责任的消费者。负责任的消费行为是推动生产链各环节选择符合生态伦理及可持续发展生产方式的重要动力。只有当意识内化为行为时，这样的转变才有可能发生。世界知名行为经济学家美国芝加哥大学教授理查德·泰勒（Richard Thaler）所提出的助推理论（Nudge Theory）认为，我们90％的决定都是在无意识中做出来的，是过去积累下来的习惯性反应。因此，在教学评估环节，我们特别注重对学生日常行为的引导，让学生懂得辨别动物友好型产品，践行对动物友好的行为。在每一次课程结束时，要求学生做一件有利于动物福利的小事，并在下一次课程中进行分享。同学们曾分享过这样一些动物友好的行动：在购买牛奶时，选择具有"FSC"森林认证标识包装的产品；在实验课程运用实验动物福利的3R原则；清理校园中可能让动物误食的垃圾；与在宿舍中饲养宠物的同学分享动物福利的相关知识并共同改进宠物的生存环境，等等。同学彼此之间的分享有助于相互借鉴和激励，使这些可以在日常生活中践行的良好行为逐步形成习惯。

（五）客观解读现实挑战，关照学生心理，以点燃希望作为教学结束点

动物福利教育本质上在于探讨人与动物的关系。在教学之初引入此话题时，我们会指出，当地球上没有人类时，动物在遵循自然法则生存的过程中，其生存状况仍有好坏之分，但与人类无关；当因为人类的介入影响了其他动物的福利状况时，我们需要从伦理层面考虑人类是否应该对此负责。

随着社会的发展，我们的生产生活方式不断发生变化，对于大部分学生来讲，虽然在自己的学习以及吃、穿、住、用、行的过程中，越来越多地和动物发生直接或间接的联系，但他们了解动物真实生存状况的机会其实是越来越少。为此，在教学过程中注重基于一些真实的动物生存案例创设教学场景，让学生带入角色进行解读，分析人类利用动物的过程给动物福利带来的影响。

虽然大学生的心智发展已经趋于成熟，但我们必须考虑到不同学生个体对于负面信息的心理承受差异，尤其是涉及"虐待""安乐死"

等敏感话题时。我们在选择教学材料时，会尽量避免使用过度血腥、残忍的画面；在呈现案例的过程中尽量保持客观解读，避免过多的情绪带入；在相关教学实施过程中特别注重关注学生个体的情绪反应；在课后作业的设置上，为学生提供不同层级的议题，并提示他们按照自己心理状况做出适宜选择。特别是在教学环节的设计上，选择积极正向的案例或信息作为教学结束点。

三、过程评价注重学生独立思考及综合素养

"动物福利与消费伦理"公选课采用过程评价的方式对学生进行考核。其中，平时成绩占总成绩的 60%，结课小组调研报告占总成绩的 40%。在平时每次布置学生作业时，我们都会向学生强调，在评分过程中会注重每个人的投入用心程度和自己的独立见解，而非文字表达的篇幅长短。期末考核则以小组开展主题调研及汇报的形式进行，评分体系设置注重学生综合素养的表现，即团队协作的高效性、调查报告的真实性、调研结果呈现的逻辑性、问题分析论据是否充分、见解是否独到、报告结构是否严密、语言表达是否精准、版面是否呈现适宜等（见表 1）。

表 1　结课小组调研报告评分标准

85～100 分（优秀）	70～84 分（良好）
• 团队全体参与，且分工合理、协作高效 • 实际进行了调研访谈工作；且调研对象数量超过最低要求的 5% • 现象分析有理有据、见解独到 • 报告结构严谨、逻辑性强 • 报告语言非常简洁流畅，叙述非常清楚明了 • 排版清晰专业	• 团队全体参与，有分工合作 • 能如实阐述某个社会现象和社会问题 • 实际进行了调研访谈工作，调研对象数量达到最低要求 • 现象分析合理 • 报告结构比较规范，内容充实，语言流畅 • 排版清晰
60～69 分（合格）	60 分以下（不合格）
• 团队全体参与 • 实际进行了调研访谈工作；调研对象数量达到最低要求 • 对现象结论有所分析 • 结构基本规范，内容基本充实，语言基本达意	• 有成员没有参与团队工作 • 调研对象数量没有达到最低要求 • 没有进行实际调研访谈工作 • 结构不规范，内容贫乏，语言不流畅，词不达意

反思人与自然之间的关系，探索人类在未来发展中所需要遵循的

生态伦理是打造生态文明新常态、建设美丽中国的一门必修课。在高校开设"动物福利与消费伦理"公选课，将科学和生命关怀并重，正是对生态文明教育的创新性回应。

参考文献

［1］刘宇，刘恩山. 基于5E教学模式的动物福利校本课程结构设计［J］. 生物学通报，2013，48（7）：19—23.

［2］马花荣，龚晓斌. 思辨能力含义及对高等教育的启示［J］. 海外英语，2019（22）：157—159.

《革制品设计史论》课程中的
"课程思政"改革与探索实践①

杨璐铭[1,2]　　冉诗雅[2]　　张同修[3]　　祝　蔚[4]　　王舒灏[4]

（1. 四川大学皮革化学与工程教育部重点实验室；

2. 四川大学制革清洁技术国家工程实验室；

3. 四川大学教务处；

4. 四川大学轻工科学与工程学院）

【摘要】以"立德树人"为育人目标，推进"课程思政"建设，是高等工程教育改革发展的必然要求。本文通过对"课程思政"的基本理念、价值本源和育人功能等关键性问题的梳理，以《革制品设计史论》课程为例，从"教学目标""教学元素""教学设计""教学方法"四个方面，探索工科类课程在本科教学实践中"课程思政"实施的有效途径，以期为工科类课程开展"课程思政"提供借鉴。

【关键词】课程思政；工科；立德树人；革制品设计史论

一、引言

　　"课程思政"是当前高校立德树人、铸魂育人的重要理念和创新实践。习近平总书记在全国高校思想政治工作会议上指出，要用好课堂教学这个主渠道，思想政治理论课要坚持在改进中加强，提升思想政治教育亲和力和针对性，满足学生成长发展需求和期待，其他各门

———————————

① 本论文系中国轻工业联合会教育工作分会课题资助。

课程都要守好一段渠、种好责任田，使各类课程与思想政治理论课同向同行，形成协同效应[1]。教育部出台的《高等学校课程思政建设指导纲要》中对文理工农医教艺各个学科专业如何开展"课程思政"提出了明确和具体的要求，为各高校和教师拨开了认识上的"迷雾"，让每位老师都能找到自己的"角色"、干出自己的"特色"[2]。在高校各类课程体系中，工科类课程有其生成机理和逻辑结构，如何开展课程思政，培育时代所需要的工程人才尤其是中国当代和未来社会所需要的建设者和接班人是尤为重要的。

开展"课程思政"必须从育人角度关注课程价值。以"立德树人"为育人目标，培养德才双馨的创新型卓越工科人才，在高等工程教育体系的发展过程中是大势所趋[3]。在我国，如皮革这类传统行业正在面临转型升级的挑战，需要具有家国情怀和人文关怀的复合型人才去继承和创新[4]。因此，加强高校"课程思政"建设，提高工科类课程思想政治教育的有效性、持续性和可靠性，对"新工科"教育的发展起到了重要作用。本文以轻化工程专业《革制品设计史论》课程（以下简称"本课程"）为例，从"教学目标""教学元素""教学设计""教学方法"四方面，探索"新工科"背景下本科教学实践中"课程思政"实施的有效途径，同时，也为工科类课程思想政治教育的改革提供参考。

二、《革制品设计史论》课程开展"课程思政"的意义

（一）"课程思政"的内涵及优势

大学时期的思想政治教育对大学生群体意识形态取向有实际影响，这种影响不仅来自大学的生活经历，更来自大学教育本身[5]。社会秩序的良好变化往往是由新生代知识分子推动的，因此，对大学生思想政治教育的重视和发展是国家与时俱进的关键。"课程思政"作为高校人才培养体系中的重要环节，具有"道德培养、知识传递"的双重作用，是影响和塑造学生意识形态的有效渠道，在未来也呈现出"方法创新化、理念前沿化、手段信息化"三大发展趋势[6]。

"课程思政"不只是"课堂思政"，"课程思政"将"教书育人"中的"育人"放在"教书"之前，将人才培养放在教学目标的首位，

改变了传统工科教学中以"知识传授"作为主导任务的教学模式，真正潜移默化地将"思政"教育融入整个教学过程，把显性教育变成"润物无声"的隐形教育[7]。通过"课程思政"建设，可以使每一门课程、每一位教师发挥育人功能，使教师在传授专业知识的同时，引导学生坚持正确的价值取向和政治态度，提高学生的社会责任感。

（二）《革制品设计史论》的课程特点及育人功能

四川大学轻化工程专业是国家"211 工程"和"985 工程"本科重点建设专业，《革制品设计史论》是轻化工程专业培养计划中的核心课程[8]。本课程紧紧围绕"三全育人、五育并举"教学理念，通过基础理论与历史沿革、时代变迁及现代先进设计的结合，努力培养既具备工科的逻辑思维和架构能力，又具有社会责任担当的"新工科"高层次创新人才。

马克思主义理论把社会实践认识上升到科学理论层面，把唯物主义和辩证法的结合运用到社会历史决定论的研究中去，从而更好地揭示社会发展的一般规律[9]。《革制品设计史论》课程（以下简称"本课程"）以史为鉴，辩证古今，根据学科特色挖掘和提炼"思政"元素，增进学生对皮革学科前景和发展的认识，培养学生对行业传承的责任心和使命感。通过"价值引领"鼓励学生拓宽国际视野，运用国际语言将专业领域文化及理论知识传播到世界。在全球化背景下，通过专业英语和专业知识的课程讲授，培养学生团队协作的能力以及国际学术交流能力，提高学生的民族自信、技术自信及文化自信，使其在今后的学术生涯或工作历程中能有所作为、有所贡献，真正实现以德育人、以文化人。

三、《革制品设计史论》"课程思政"的实现路径

（一）确立以"课程思政"为主体的教学目标

"课程思政"中的思想政治教育具有概念建构的有效性和较强的逻辑性，需要与社会现实、工程教育理念紧密结合。本课程以"课程思政"为主体，旨在实现"专业素质""思政品德""实践创新"三位一体的课程体系，将"认知、情感、动作技能"三大领域的布鲁姆教学目标作为教学理论基础[10]，充分结合科学思维与社会责任两大要素，

凸显课程特色，关注对学生社会主义意识形态的培养，形成以下课程学习目标：

（1）认知目标：通过讲解革制品的基本概念、结构设计、革制品工艺过程及工序实施途径等专业英语词汇及专业英文表达，引导学生借助专业英语了解国外革制品及制鞋行业发展状况，以及最新的研究热点，培养学生精益求精的大国工匠精神，激发学生科技报国的家国情怀和使命担当。

（2）技能目标：对革制品的历史发展及社会属性做出归纳和总结，培养学生问题决策、团队分析、探索创新的"高阶思维"能力，帮助其形成学术道德优良的品质。

（3）情感目标：注重强化学生工程伦理教育，强化绿色发展、循环发展、低碳发展等基本理念；通过将中华传统文化等"思政元素"植入教学过程，提高学生的文化自信，培养其工科人才所应具备的爱国情怀以及职业素养。

（二）围绕"课程思政"的教学元素挖掘

"思政"元素是"课程思政"建设的精神桥梁，在高校深化"思政"改革的过程中，需要充分挖掘课程的"思政"元素，以增强教学情境中学生的专业认同感。《革制品设计史论》可挖掘的德育元素包括社会主义核心价值观、艺术审美观、中国传统文化元素、工匠精神等。

由于近年来生态建设法律法规政策的推行，皮革业、鞋业等轻工领域内的传统行业，朝着低污染、低能耗、原料及生产绿色化的方向转型发展[11]。通过在教学中对"人文素养"元素的挖掘，可以消除学生对传统行业的误解，培养其对传统行业继承的使命感，对专业技术刻苦钻研的工匠精神。《革制品设计史论》中所涉及的皮革制品设计领域，与大众物质生活、穿戴艺术、人文理念息息相关。"非遗"文化的传播、历史传统纹样的延续，已成为当下市场赋予皮革类商品文化附加值的关键理念。鞋类设计的工艺表现，如中华盘扣的编饰、皮革纹样的雕花、皮鞋帮面的刺绣等手法技巧，均含有深厚的中华传统文化内涵以及文化底蕴。而将少数民族文化、"非遗"文化等中国传统元素引入教学体系中，亦是"新工科"教育模式下人文素质教育的重要方法[12]。对"思政"理论概念做减法，对"思政"元素做加法，是以马克思主义为指导的教学改革创新路径，也是弘扬中华美育、人文精神的绝佳途径。

（三）融合"课程思政"的教学设计

以"课程思政"为背景进行教学设计，需要充分把握隐性教育的实施方法和"新工科"人才的培养情况。个别理工科类学生对社会问题缺乏兴趣和关注度，易将"思政育人"误认为是意识形态的"洗脑"，对"思政"教育缺少成熟的认知和理解[13]。因此，"思政"教育在教学内容中需要适时融入整体教学设计及实施流程（如图1所示）。本课程在进行"课程思政"教学改革时，并没有单纯地灌输"思政"理论和"思政"主张，这会造成"课程思政"浮于学习目标的表层，学生只知其然，而不知其所以然。因此，要将"思政"理念贯穿于课堂教学中，让"思政"思想在传递专业知识的过程中得到升华，从而对学生进行正确的价值引领，培养学生的辩证思维、责任担当和人文精神。

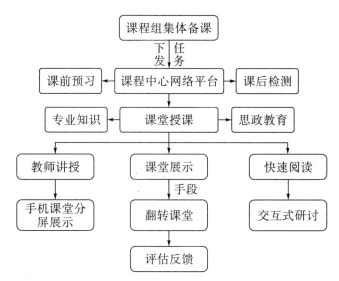

图1　"课程思政"视角下的教学设计

（四）提升"课程思政"实效的多元化教学方法

智能化的教学技术和现代化的教学方法能为"课程思政"的建设带来良好的教育效果。网络技术的拓展是大学生思想政治教育创新的有效途径，多媒体技术的应用使教学场景更加生动具体[9]。本课程采用探究式小班化教学，形成"线下＋线上"的混合教学模式，充分利用教学设备，充分调动课堂气氛，使学生在愉快的教学环境中，接受更多的知识信息。

在线下教学中，本课程采用学校搭建的手机互动教学课堂、TBL教学模式等多元化教学方法，能够实现举一反三、因材施教、师生互动的良好教学效果。教学过程中，学生需要以思维导图的方式对课堂内容进行梳理，并根据现代皮革制品的科技发展、流行趋势以及功能要求等方面对课程问题展开讨论，使学生的创高阶思维能力得到锻炼。通过翻转课堂，课程增加了学生主题展示和师生互评的环节。学生可以选择与课程相关的各类主题，在课后进行文献调查工作，在课上与同学交流分享、与教师探究分析。同时，将"课程思政"与学生课堂展示进行结合，通过对国内皮革制品设计品牌的介绍，引导学生树立文化自信、增强民族自豪感。

在线上教学中，学生可以通过学校课程中心网站进行课前预习和课后检测，丰富的课件及课程资料能激发学生思维的创新性和灵活性，引导学生以自然、科学的眼光看待世界。学生可通过课程QQ群、微信、手机App等平台来对教学内容及授课方法进行反馈，学生与教师之间可以实现实时交流，充分发挥第二课堂的作用。平时，教师能通过教学指导以及课程中心网站的评估反馈机制，及时了解学生的思想政治教育需求，通过身心互动的教学形式，建立和谐的思政教育关系。

四、课程改革的成效与反思

（一）教学改革成效

本课程以"课程思政"为背景的教学设计具有课程脉络清晰、育人目标明确、教学重点突出等特点。通过对"新工科"教育理念的理解，对高等教育改革发展时代背景的把握，本课程教师团队深入研究了教材及相关参考资料，教学方法灵活多变，真正打造了以学习者为中心（Learner-Centered）的翻转课堂教学模式。在四川大学评教系统上，共有16位轻化工程专业大三本科生参与了教学调研，并针对课程满意度进行了评价（如表1所示）。

表 1   "课程思政"教学成效调查表

序号	学生学习收获和体会
1	主讲老师认真负责,总体效果好,是一位热爱教学并能向我传递正能量的优秀教师
2	教学内容丰富,课程有一定的挑战度和难度,课后工作量适中,能激发我的创新意识
3	课程不仅讲解了革制品的历史,还让我学到衣锦纹针法等蜀绣这类非遗文化,这门课是我认识中华传统文化的有效途径,建议增加课时
4	老师会主动收集学生的教学意见,并能及时进行改进
5	课堂讨论、互动方式在这门课程中得到有效实施。我很喜欢团队协作以及翻转课堂的授课模式,很好地锻炼了我的沟通表达能力和逻辑思维能力
6	老师提供了丰富的课程资料,让我对制鞋、制包的传统技艺和文化内涵有了更深入的了解
7	课上老师不拘泥于课本,能调动课堂气氛,也能让我学习关于中国传统文化的知识;课后收集查阅资料的过程让我能更深层次地学习,我对这门课程很感兴趣,收获良多
8	老师对课程考核环节有清晰说明、设计合理、评价标准公正

(二)"课程思政"建设反思

第一,重视大学生思想政治教育是新时代兼具"工具理性"培养思路下教学改革强调"价值理性"的关键。"课程思政"要满足学生成长的实际需要,关键是专业课授课教师要掌握有效的思想政治教育方法,提高专业教师思想政治教育素养,才能与思政课教育同向同行。这对主讲教师的思想政治素养提出了更高的要求。专业课教师需要加强培训、学习,提升意识和能力,要避免专业课上出"思政味",做到"盐溶于水",才能做到更高水平、更有实效的"课程思政"。

第二,开展"课程思政"必须进行有针对性的设计。教学设计中的"思政"元素不能脱离现实世界,现实社会和具体工科专业是思想政治教育理论的毗邻背景。将教育与"思政"要求相统一,教学内容与"思政"元素相结合,这样的教学情境有助于提高教学效果,也使大学生的思想政治教育不脱离社会现实和具体工科专业。

第三,开展"课程思政"必须坚持"以学为中心"的理念。教学的目的是育人,要通过专业课教师的言传身教,全方位对学生进行价值塑造;要聚焦"课程思政"的着力点,围绕学生未来的职业发展和成长成才，改进教学方式方法。同时，教师需要及时进行教学反思，评估教学效果，特别是总结"课程思政"的教学设计。

五、结语

"课程思政"是积极影响大学生行为规范和身心发展的有力抓手。在新时代"新工科"背景下，研究有效的思想政治教育方法是高校育人机制关注的重要课题。要通过建立"专业素质""思政品德""实践创新"三位一体的课程体系，对学生进行正确的价值引领，培养学生的辩证思维、责任意识和人文精神。而在"课程思政"推进的过程中，还应关注教师"思政"素质的提高，将教学与实践有机结合，建立师生间和谐的"思政"教育关系，为高校复合型工科人才的培养以及轻工领域行业的发展打下基础。

参考文献

［1］郑永安. 以立德树人为根本 全力构建"三全育人"体系［J］. 中国大学教学，2018（11）：11—14.

［2］中华人民共和国教育部. 教育部关于印发《高等学校课程思政建设指导纲要》的通知：教高〔2020〕3 号［A/OL］.（2020—06—01）［2021—02—13］. http://www. moe. gov. cn/srcsite/A08/s7056/202006/t20200603_462437. html.

［3］郑庆华. 新工科建设内涵解析及实践探索［J］. 高等工程教育研究，2020（2）：25—30.

［4］盛莹. 基于皮革产业下双创人才的培养——评《众创空间：从"奇思妙想"到"极致产品"》［J］. 皮革科学与工程，2019，29（5）：84.

［5］JUNG H，GIL J. Does college education make people politically liberal？：Evidence from a natural experiment in South Korea［J］. Social Science Research，2019（81）：209—220.

［6］王静. 高校思政工作体系与队伍建设策略研究［J］. 高等工程教育研究，2019（S1）：303—304＋308.

［7］于歆杰. 理工科核心课中的课程思政——为什么做与怎么做［J］. 中国大学教学，2019（9）：56—60.

［8］杨璐铭，冉诗雅，曾琦，等. 基于网络与课堂协同模式的工科教学研究［J］. 皮革科学与工程，2018，28（2）：72—77.

［9］YIHUI P，KEQIN T. Method Innovation of Undergraduate Ideological and Political Education Based on Network Environment［J］. Procedia Engineering，2011（15）：2752－2756.

　［10］肖安庆，颜培辉. 基于布鲁姆教育目标分类的高中生物核心素养评价［J］. 创新人才教育，2019（2）：84－88.

　［11］石碧，廖学品，彭必雨，等. 高校传统工科专业教育改革模式探索——"轻化工程"专业教育改革研究［J］. 高等工程教育研究，2020（2）：12－17.

　［12］杨禾. 少数民族文化艺术与轻工新工科人才培养［J］. 皮革科学与工程，2020，30（2）：90－92.

　［13］王宝军. 大学理科专业课程思政的特点和教学设计［J］. 中国大学教学，2019（10）：37－40.

在"马工程"《民法学》
慕课中弘扬社会主义核心价值观①

王　竹　冯　珂

（四川大学法学院）

【摘要】在"马工程"《民法学》慕课中弘扬社会主义核心价值观是新时代法学课程教学的客观要求，是新时代法学课程建设的价值支撑，是践行社会主义核心价值观的重要手段，也是构建中国特色社会主义的民法学思维的必由之路。《民法典》在第一条（立法目的）条款中明确规定，"弘扬社会主义核心价值观"政治意义重大，实质上对"马工程"《民法学》慕课提出了理顺三重关系的要求。在"马工程"《民法学》慕课授课过程中，教学团队提出"中国特色社会主义民法核心价值观"这一全新的理论概念，并将其纳入民法典精神框架中进行学术归纳和演绎，在民法具体规则构建和理论研究中践行中国特色社会主义民法核心价值观。

【关键词】"马工程"《民法学》慕课；《民法典》；社会主义核心价值观

"马工程"《民法学》教材配套慕课分为《民法总则》《物权法》《合同法》《人格权法》《婚姻家庭继承法》和《侵权责任法》6门子课程，合计约3000分钟，配有2500道习题，通过学习强国APP、

---

① 本文系中国高等教育学会高等教育科学研究"十三五"规划课题子课题："中国特色社会主义法治理论在线课程群（民法学）"（16ZG004-38）中期成果。

"中国大学 MOOC"平台和"中西部高校课程联盟（WEMOOC）平台"向全国高校提供慕课教学服务。课程宣传片明确提出了将社会主义核心价值观作为该门课程的基本取向。

一、在"马工程"《民法学》慕课中弘扬社会主义核心价值观的必要性

习近平总书记在 2016 年 12 月的全国高校思想政治工作会议上强调，要坚持不懈培育和弘扬社会主义核心价值观，引导广大师生做社会主义核心价值观的坚定信仰者、积极传播者、模范践行者。[①]习近平总书记在中国政法大学考察时进一步强调，法学专业教师要坚定理想信念，带头践行社会主义核心价值观[②]。2016 年，中共中央办公厅、国务院办公厅印发《关于进一步把社会主义核心价值观融入法治建设的指导意见》，在"二、推动社会主义核心价值观入法入规"中明确要求"加强重点领域立法。深入分析社会主义核心价值观建设的立法需求，把法律的规范性和引领性结合起来……推进民法典编纂工作，健全民事基本法律制度，强化全社会的契约精神。"[③]党的十九大报告[④]在"一、过去五年的工作和历史性变革"中指出："思想文化建设取得重大进展。加强党对意识形态工作的领导，党的理论创新全面推进，马克思主义在意识形态领域的指导地位更加鲜明，中国特色社会主义和中国梦深入人心，社会主义核心价值观和中华优秀传统文化广泛弘扬，群众性精神文明创建活动扎实开展。"在"三、新时代中国特色社会主义思想和基本方略"中指出："文化自信是一个国家、一个民族发展中更基本、更深沉、更持久的力量。必须坚持马克思主义，牢固树立共产主义远大理想和中国特色社会主义共同理

---

① 新华社. 习近平：把思想政治工作贯穿教育教学全过程[EB/OL]. (2016-12-08)[2020-12-13]. http://www.xinhuanet.com//politics/2016/12/08/c_1120082577.htm。

② 新华社. 习近平在中国政法大学考察[EB/OL]. (2017-05-03)[2020-12-13]. http://www.xinhuanet.com/politics/2017-05/03/c_1120913310.htm。

③ 新华社. 中共中央办公厅 国务院办公厅印发《关于进一步把社会主义核心价值观融入法治建设的指导意见》[EB/OL]. (2016-12-13)[2020-12-13]. http://www.gov.cn/xinwen/2016-12/25/content_5152713.htm。

④ 共产党员网. 决胜全面建成小康社会 夺取新时代中国特色社会主义伟大胜利——在中国共产党第十九次全国代表大会上的报告[EB/OL]. (2016-12-13)[2020-12-13]. https://www.12371.cn/2017/10/27/ARTI15091036565574313.shtml。

想，培育和践行社会主义核心价值观，不断增强意识形态领域主导权和话语权，推动中华优秀传统文化创造性转化、创新性发展，继承革命文化，发展社会主义先进文化，不忘本来、吸收外来、面向未来，更好构筑中国精神、中国价值、中国力量，为人民提供精神指引。"随后，进一步在"七、坚定文化自信，推动社会主义文化繁荣兴盛"中指出："社会主义核心价值观是当代中国精神的集中体现，凝结着全体人民共同的价值追求。要以培养担当民族复兴大任的时代新人为着眼点，强化教育引导、实践养成、制度保障，发挥社会主义核心价值观对国民教育、精神文明创建，以及精神文化产品创作、生产、传播的引领作用，把社会主义核心价值观融入社会发展各方面，转化为人们的情感认同和行为习惯。"因此，在"马工程"《民法学》慕课中弘扬社会主义核心价值是时代的要求，也是中国特色社会主义法治建设的重点。

首先，"马工程"《民法学》慕课中弘扬社会主义核心价值是新时代法学课程教学的客观要求。法学是一门注重实践与经验的科学，社会主义核心价值观也需要培养和践行。要将人类的基本伦理道德上升为法律，需要将外在伦理规范内化于心形成习惯，并且长期反复地践行，最终变成法律人的基本素养。社会主义核心价值观作为正确的法治思想，是社会主义法治实践的灵魂，指引着社会主义法治道路健康稳步向前。因此，法学教学中嵌入社会主义核心价值观是必由之路[1]。通过"马工程"《民法学》慕课设计将民法学的知识和理念嵌入课堂教学，由浅入深不断内化，让受众对社会主义核心价值观的理解能够融会贯通，真正实现内心认同，并逐渐上升为个人品格和意志信念，自觉自愿地践行社会主义核心价值观。

其次，"马工程"《民法学》慕课中弘扬社会主义核心价值是新时代法学课程建设的价值支撑。社会主义核心价值观的融入为新时代"马工程"《民法学》慕课提供了更有力、更庞大的思想价值体系，使其具有中国特色、民族精神与深厚的文化底蕴。"一个民族的生活创造它的法制"[2]，不同的文化背景和历史积淀所形成的特有的民族文化形态会对包括《民法典》在内的法律制度产生深远的影响。法律是由文化塑造和凝结的，当代中国社会主义核心价值观作为中国特色社会主义文化精神，渗透在《民法典》的编纂、理解及适用的整个过程中，也影响着民法教学的基本价值理念，展现出我国新时代法治思想的文化自信与民族自信。社会主义核心价值观所凝结的社会文化观念为"马工程"《民法学》慕课提供了宏观导向。

再次，"马工程"《民法学》慕课中弘扬社会主义核心价值是践行社会主义核心价值观的重要手段。在社会主义核心价值观指引下制作的"马工程"《民法学》慕课，将中华民族优秀传统文化渗透到民法教学中，在抽象的法律条文中融入了人文情怀，体现了中华民族优秀传统文化与现代法律科学相结合的中国特色新时代民法精神。社会主义核心价值观凝练融合成基本的民事法律制度，通过慕课平台进行广泛教学传播，让公众学习法学知识的同时深入理解社会主义核心价值观的基本理念。例如，面对近年来出现的一些贪图享乐、个人至上、不赡养父母、拒绝抚养子女等比较突出的社会问题，《民法典·婚姻家庭编》第 1043 条明确规定：家庭应当树立优良家风，弘扬家庭美德，重视家庭文明建设。夫妻应当互相忠实，互相尊重，互相关爱；家庭成员应当敬老爱幼，互相帮助，维护平等、和睦、文明的婚姻家庭关系。立法者对家庭伦理道德的引导规范，有利于培养和传承优良家风，提升社会整体风气，这也是对"文明、和谐、友善"等社会主义核心价值观的践行，更是对夫妻互敬、孝老爱亲、家庭和睦的中华民族传统家庭美德的大力弘扬[3]。

最后，将社会主义核心价值观融入"马工程"《民法学》慕课教学是构建中国特色社会主义的民法学思维的必由之路。目前，中国正处于市场经济转型的关键节点，经济转型势必会带来一些思想文化和意识理念的冲突，弘扬中华民族核心价值观，提升民族认同感，是凝聚民族自信与民族力量的关键。中国共产党提出了社会主义核心价值体系，向全世界宣告了当代中国和谐社会建构的意识形态性质和主导价值诉求[4]。"马工程"《民法学》慕课教学内容以人文关怀的民法理念为引导，以实现人的自由全面发展为目标，将个人的自我修养、家庭的和谐美满、国家的长治久安融为一体，使得社会主义核心价值观贯彻到个人民事生活的方方面面，为民法学知识理论提供更多的中国智慧、中国经验和中国元素[5]。

二、《民法典·总则编》第一章"基本规定"对社会主义核心价值观的展开

《民法典》第 1 条"弘扬社会主义核心价值观"之前的部分确立了我国民法的本位；"为了保护民事主体的合法权益，调整民事关系"

强调对民事主体合法权益的保护，体现的是权利本位；"维护社会和经济秩序，适应中国特色社会主义发展要求"兼顾了不特定第三人权益、社会秩序和公共利益，体现的是社会本位。因此，《民法典》确立的我国民法本位是"权利本位为主，社会本位为辅"。

"弘扬社会主义核心价值观"确定了我国民法的基本价值取向。社会主义核心价值观的内容十分丰富，包括富强、民主、文明、和谐、自由、平等、公正、法治、爱国、敬业、诚信、友善等 12 个方面的内容，兼顾公法和私法。在《民法典》的立法目的条文中强调"弘扬社会主义核心价值观"，通过"权利本位为主，社会本位为辅"的民法本位"筛选过滤"，确立了我国民法的三大基本价值取向："自由""平等"和"秩序与发展"。

"平等"作为民法的前提直接对应第 4 条"平等原则"，"自由"作为民法的核心，直接对应第 5 条"意思自治原则"，再通过第 6 条"公平原则"进行微调，实现正义论与公平论的衔接。第 7 条"诚实信用原则"、第 8 条"公序良俗原则"和第 9 条"生态文明原则"则是"社会主义核心价值观"的其他 10 项内容以"秩序与发展"基本取向为通道进入民法价值体系的方式。

三、《民法典》中"弘扬社会主义核心价值观"的具体条文——以"总则编"为例

第一，《民法典·总则编》规定的"父母与子女之间的义务"与"身份权"相互配合，形成了完整的身份权利义务关系体系，体现了社会主义核心价值观。第 26 条规定：父母对未成年子女负有抚养、教育和保护的义务。成年子女对父母负有赡养、扶助和保护的义务。第 112 条规定：自然人因婚姻、家庭关系等产生的人身权利受法律保护。

第二，《民法典·总则编》规定的"行使权利应履行义务"，是社会主义核心价值观的体现。第 131 条规定：民事主体行使权利时，应当履行法律规定的和当事人约定的义务。

第三，《民法典·总则编》规定的"见义勇为受损补偿责任"是贯彻"弘扬社会主义核心价值观"立法目的的重要条文。第 183 条规定：因保护他人民事权益使自己受到损害的，由侵权人承担民事责任，受益人可以给予适当补偿。没有侵权人、侵权人逃逸或者无力承担民事责任，受害人请求补偿的，受益人应当给予适当补偿。

第四，《民法典·总则编》规定的"自愿实施紧急救助造成损害的责任承担"是贯彻《民法典》弘扬社会主义核心价值观立法目的的重要条文，避免"彭宇案"等热点事件对社会带来负面影响。第184条规定：因自愿实施紧急救助行为造成受助人损害的，救助人不承担民事责任。

第五，《民法典·总则编》规定的"侵害英雄烈士人格权的责任"是贯彻《民法典》弘扬社会主义核心价值观立法目的的重要条文。第185条规定：侵害英雄烈士等的姓名、肖像、名誉、荣誉，损害社会公共利益的，应当承担民事责任。

四、"马工程"《民法学》慕课对社会主义核心价值观的弘扬

在"马工程"《民法学》慕课授课过程中，教学团队对社会主义核心价值观的弘扬主要体现在三个方面：

第一，提出"中国特色社会主义民法核心价值观"这一全新的理论概念[6]，主动将社会主义核心价值观"整体"而非"个别"融入中国民事立法活动、学说研究和司法实践，明确提出"中国特色社会主义民法核心价值观"的理论概念，并形成相应的理论体系。

第二，将中国特色社会主义民法核心价值观纳入《民法典》精神框架中进行学术归纳和演绎。在《民法典》的展开过程中，需要在中国特色社会主义民法核心价值观指导下，分层次地构建民法典、民事部门法、民事法律规范群和具体民事法律制度的精神框架。将中国特色社会主义民法核心价值观作为价值判断要素，与作为立法对象的事实要素相结合，确保《民法典》能够实现弘扬社会主义核心价值观的立法目的。

第三，在民法具体规则构建和理论研究中践行中国特色社会主义民法核心价值观。由于我国民法学说具有较强的继受性，在具体民事法律规则构建过程和理论构建中，我国民法学界通行的做法是与比较法上民法先进的国家进行对照，推定与比较法上的通行做法的差距就是我国民事立法中的缺陷。这种对比式的问题发现方式与填补式的理论发展路径具有一定的局限性，没有在制度移植过程中经过中国特色社会主义民法核心价值观的检验，在特定情况下会透过法律适用和司法实践产生不良社会影响。在民法具体规则构建和理论研究中，必须

践行中国特色社会主义民法核心价值观，避免法律移植和制度构建过于"技术化"而忽略了"价值性"。

我国民事立法应当彰显民族精神和时代特色，民法作为处理民事关系的基本法律制度，更应当体现人文关怀，重视对人的尊重与保护。社会主义核心价值观要真正发挥作用，需要每位社会成员将其内化于心，外化于行。社会主义核心价值观对"马工程"《民法学》慕课教学具有在价值层面和精神层面的指引作用，"马工程"《民法学》慕课教学最终任务是实现全程、全方位、全员育人，实现专业知识与思政内涵相互融合，实现立德树人[7]。未来民法学理论研究与教学实践将继续以私权保障为价值追求，在追求个人权益的同时，努力实现与国家利益、集体利益的平衡，更好地融入社会主义核心价值观，实现进一步的发展[8]。

参考文献

[1] 袁力，李志国. 论社会主义核心价值观嵌入法学实践教学及其深度融合[J]. 黑龙江省政法管理干部学院学报，2017（6）：156—158.

[2] 苏力. 法治及其本土资源[M]. 3版. 北京：北京大学出版社，2020.

[3] 吕姝洁. 以社会主义核心价值观为指引编纂新时代民法典[N]. 天津日报，2020—2—10（9）.

[4] 李宏. 社会主义核心价值观融入民法典的理论意蕴[J]. 河南师范大学学报（哲学社会科学版），2018，45（3）：65—70.

[5] 钟瑞栋. 社会主义核心价值观融入民法典编纂论纲[J]. 暨南学报（哲学社会科学版），2019，41（6）：63—72.

[6] 王竹，吴涛. 论中国特色社会主义民法核心价值观——基于体系论、层次论和方法论的探讨[J]. 中国矿业大学学报（社会科学版），2019，21（1）：15—29.

[7] 包姝妹. 法学专业"课程思政"教学改革路径探析——以《侵权责任法》课程为例[J]. 高教学刊，2020（16）：1—5.

[8] 王利明，石冠彬. 新中国成立70年来民法学理论研究的发展与瞻望[J]. 人民检察，2019（Z1）：27—33.

抗疫时期基础化学线上教学中的课程思政教育探索[①]

赖雪飞　周加贝　龙　沁　廖　立

（四川大学化学工程学院）

【摘要】结合抗击新型冠状病毒肺炎疫情时期的线上基础化学课程教学的特点，讨论将"专业知识点"与"育人思政点"相结合的课程思政教育模式，通过典型案例融入思政元素的方法，利用"雨课堂"作为传递途径，以落实"立德树人"为根本任务，引导学生树立正确的人生观和价值观。

【关键词】抗疫；基础化学；雨课堂；课程思政

一、前言

2020年5月教育部印发的《高等学校课程思政建设指导纲要》指出，培养什么人、怎样培养人、为谁培养人是教育的根本问题，立德树人成效是检验高校一切工作的根本标准。落实立德树人根本任务，必须将价值塑造、知识传授和能力培养三者融为一体、不可割裂。全面推进课程思政建设，就是要寓价值观引导于知识传授和能力培养之中，帮助学生塑造正确的世界观、人生观、价值观，这是人才

---

①　本文系四川大学新世纪教育教学改革工程（第八期）项目研究成果之一。

培养的应有之义，更是必备内容①。要根据不同学科专业的特色和优势，深入研究不同专业的育人目标，深度挖掘提炼专业知识体系中所蕴含的思想价值和精神内涵，科学合理拓展专业课程的广度、深度和温度；对于理学、工学类专业课程，要在课程教学中把马克思主义立场观点方法的教育与科学精神的培养结合起来，提高学生正确认识问题、分析问题和解决问题的能力。理学类专业课程，要注重科学思维方法的训练和科学伦理的教育，培养学生探索未知、追求真理、勇攀科学高峰的责任感和使命感。工学类专业课程，要注重强化学生工程伦理教育，培养学生精益求精的大国工匠精神，激发学生科技报国的家国情怀和使命担当。

二、"近代化学基础"课程开展课程思政教育的意义

"近代化学基础"是四川省精品资源共享课程，是面向我校大化工类专业开设的一门专业基础课，是化工、制药、环境、材料、皮革等专业大一年级的重要主干课。在"课程门门有思政、教师人人讲育人"的新局面下，"近代化学基础"教研室全体教师作为"主力军"，身体力行，在课程建设这个"主战场"上，利用课堂教学这个"主渠道"，在专业教育中"撒一把盐"，将思政内容积极融入专业知识教育中，形成"育人思政点"与"专业知识点"相结合的课程思政教育模式。

在这场与新型冠状病毒斗争的战役中，全国的高校都"停课不停学、停课不停教"，努力实现"在线学习与线下课堂教学质量等效"的目标，扎扎实实打好新冠肺炎疫情防控期间的"教学攻坚战"。"立德树人，德育为先"，既是挑战，也是机遇，更是基础课程进行课程思政教育的契机。在隔着屏幕相见的云端课堂里，利用"雨课堂"信息化教学平台，我们不仅保质保量地完成了教学任务，还结合课程、专业及学科的实际，挖掘课程所蕴含的思想政治教育元素，积极进行课程思政教育探索实践。将基础化学的知识与疫情时期相关的育人点

---

① 中华人民共和国教育部. 教育部关于印发《高等学校课程思政建设指导纲要》的通知：教高〔2020〕3号[A/OL].（2020-05-28）[2020-06-01]. http://www.gov.cn/zhengce/zhengceku/2020-06/06/content_5517606.htm.

相结合，设计教学案例，通过"雨课堂"的互动功能发布相关教学信息，融入生命教育、感恩教育、健康卫生教育，春风化雨、潜移默化地坚定学生理想信念，厚植爱国主义情怀，提高学生品德修养，增强学生的责任意识、主动担当意识和科技报国的家国情怀，润物无声地进行课程思政教育[1—3]。

三、抗疫时期的"课程思政"教育探索

本文选取了"基础化学"课程思政教学中的三个案例从增强社会责任感、培养学生学习动力和家国情怀、培养学生的职业素养和责任担当等三个不同的方面探索"课程思政"在线教学。

（一）案例一

教学内容：运用化学知识消毒，为自身及家人的身体健康服务，增强社会责任感。

教学目标：理解"化学"学科的知识点在消毒方面的应用。

育人目标：灵活运用化学知识，增强学生的社会责任感。

在师生都还处于紧张的疫情防控时期，开学第一周如约而至。师生在适应线上教学的同时，也必须要做好个人及家人的防护，生命安全大于一切。根据《新型冠状病毒感染的肺炎诊疗方案（试行第五版)》，可以有效灭活病毒的消毒剂有：75％的乙醇、含氯消毒剂、过氧乙酸、氯仿、乙醚等，这些都是曾经出现在同学们书本上的化学物质，教师再结合"四川大学华西医院"的公众号 2020 年 2 月 17 日关于消毒知识的文章，给学生介绍 75％的乙醇和 84 消毒液在生活中用于消毒的原理及方法，并鼓励学生负责居家环境的消毒事务，为家人创造健康的生活环境。培养学生关注生活、热爱生活的思想意识，并能将所学知识灵活有效地运用于生活实践中，解决生活中的实际问题。

结合学科专业特点的课程思政教育能让学生认识到学科与生活有着密切的联系，以学术本身的张力，赋予课程质量，让生命健康教育激发学生的学习兴趣，增强学生的社会责任感。

（二）案例二

教学内容：运用"雨课堂"平台开展教学活动，拓展课程思政教

学的时间和空间。

教学目标：运用"雨课堂"进行线上教学，让学生可以随时随地学习。

育人目标：培养学生的学习动力和家国情怀。

教师在线上的课堂教学中除了运用"雨课堂"发送课件和进行师生互动之外，教师还请学生通过雨课堂发送自己所在城市的弹幕，再把它生成词云发送给每一位同学，让学生知道，虽然大家现在不在教室里一起学习，可是大家的心一直在一起，一直在"云端"共同学习和奋斗，展示了课堂的亲和力与吸引力。随着我国疫情逐渐向好，线上教学也进入了平稳实施阶段。学生在线上的学习体会由最初的新鲜，转到了逐步适应的阶段，有些学生因为自己一个人学习，缺乏监督与竞争，没有学习动力，进入了线上学习的疲怠期。于是，教师利用"雨课堂"的统计数据为成绩优异的学生颁发电子奖状，鼓励同学们坚持学习，共克时艰，促进各位学生在复杂环境中审视自我，在自主学习中体悟做人做事的基本道理，激发学生学习的动力。

教师在课前和课后的"雨课堂"作业的封面里会加入一些四川大学华西医院医护人员抗疫出征、凯旋等的新闻图片，然后在"雨课件"中配上诸如"同学们，先让我们为最美的逆行者致敬"这样的语音，以警醒学生珍惜我们国家来之不易的疫情防控阶段性成果，致敬我们身边的平凡英雄，课下的思政教育就这样悄然而至。"雨课堂"要求学生每一页课件至少看够三秒钟才算完成相应任务，在这一次又一次的三秒钟里，同学们被浸润和熏陶，在感恩的教育中培养了浓烈的家国情怀，提升了学习动力。

运用各种信息化的教学手段，可以拓展课程思政教育的空间和时间，让学生随时随地都可以感受思想的成长，实现对学生的价值引领。

（三）案例三

教学内容：运用多元的社会教育资源，鼓励学生正确认识化学化工学科，培养学生职业素养和责任担当。

教学目标：拓展教学资源，让学生正确认识和理解化学化工学科。

育人目标：培养学生的职业素养、责任担当。

随着四川大学本科生转专业工作在春季学期的启动，一部分大一学生转专业的想法也越来越浓郁，有学生在一些化工厂爆炸的新闻影响之下，认为做化学化工实验太危险，不想继续学习化学化工相关专业。教师从培养职业素养的角度，结合学生的思想变化情况，融合当前的社会时事热点和各种网络信息资源，有针对性地挖掘课程的育人元素，运用多元的资源，潜移默化地发展和提升学生的职业素养和责任担当。例如，向学生宣传在抗击新冠肺炎疫情期间，援鄂医务人员零感染的事迹：在医院进行核酸检验的医务人员，每天都要检测大量阳性的血液样本，在极易被感染的情况下，他们迎难而上，奋勇担当，鼓励学生在实验中胆大心细，做好预案，严格按照规程操作，防范潜在的危险；与学生分享在进行新冠病毒测序和疫苗研究工作中的科研工作者的勇敢创新和攻坚克难的科研精神；在课程 QQ 群分享《化工与生活》的 PDF 文档、课前分享纪录片《我们需要化学》的视频，引导学生正确认识化学化工学科，勇于探索，不断创造，引领学生确立个人与国家民族共命运的立场和态度，从而创造无愧于时代、无愧于人民、无愧于历史的化工新成就，培养具有职业素养、责任担当的时代新人。

四、结论

教师在设计课程思政的教育案例时，一定要切合专业知识的实际、学校的实际、贴近生活的实际，使专业知识与"真善美"结合，让"育人元素"和"专业知识"充分发挥化学反应，润物无声地将抗疫精神融入课程，让英模事迹温暖人心，让学生感受到课堂上疫情相关的课程思政内容就在我们的身边，并非遥不可及的空谈。思政教育富有中国心、饱含中国情、充满中国味，思政的力量才可以抵达心灵深处。教师充分利用线上的信息化教学工具功能，传递教学内容和升华教学目标[4]，让课程思政教学贯穿教育的全过程。如此才能让课程思政教育的价值引领有高度，专业知识有深度，能力培养有广度，真正做到思政内容进课堂、进头脑，使之内化为学生的精神追求，外化为学生的自觉行动。教师才真正能"守好一段渠、种好责任田"，使课程与思政课程同向同行，将显性教育和隐性教育相统一，形成协同效应，构建全程、全员、全方位育人的大格局[5]。

当然，疫情期间的课程思政教育元素还可以从更多方面进行挖掘（如科学史），让学生更好地理解知识背后所蕴含的科学思维、科学方法；教学方法还可以更多样（如线上情景模拟教学），从而更好地激发学生的思想碰撞和情感体验，实现"价值引领、知识传授和能力培养"三位一体的教学目标。

参考文献

［1］刘金库，周丹，卢怡，等. 感恩意识教育融入实验课堂——课程思政新载体的探索与实践［J］. 化工高等教育，2020，37（3）：109—112.

［2］朱国贤，谢木标，陈静，等. 无机化学教学中"课程思政"教育的探索与实践［J］. 大学化学，2021，36（3）：38—43.

［3］王铭. 基于课程思政的大学生生命教育有效路径探究［J］. 高教学刊，2020（33）：173—176.

［4］廖嵘. 高校思政课移动云教学"两个课堂"的融合［J］. 黑龙江教育（高教研究与评估），2020（10）：8—10.

［5］刘玉霞. 显性教育和隐性教育相统一提高育人效果［J］. 黑龙江高教研究，2020，38（7）：140—144.

《诊断学》课程思政研究与实践

吕晓君

（四川大学华西临床医学院）

【摘要】提升高校思想政治教育实效性，必须充分发挥课堂育人主渠道作用。本文凝练总结了华西《诊断学》课程团队在课程思政建设方面的思考与实践。突出了在教育教学过程中，对课程思政建设的实际问题的深入思考、探索、实践、成果和经验，提出了课程思政的建设难点及对策。

【关键词】课程思政；诊断学；职业素养；医学人文

一、《诊断学》课程思政建设背景

（一）课程思政建设的必要性及目标

高校思想政治工作关系高校培养什么样的人、如何培养人以及为谁培养人这个根本问题。要坚持把立德树人作为中心环节，把思想政治工作贯穿教育教学全过程，实现全程育人、全方位育人，努力开创我国高等教育事业发展新局面。

办好我们的高校，必须坚持以马克思主义为指导，全面贯彻党的教育方针。要坚持不懈传播马克思主义科学理论，抓好马克思主义理论教育，为学生一生成长奠定科学的思想基础。要坚持不懈培育和弘扬社会主义核心价值观，引导广大师生做社会主义核心价值观的坚定信仰者、积极传播者、模范践行者。要坚持不懈促进高校和谐稳定，培育理性平和的健康心态，加强人文关怀和心理疏导，把高校建设成为安定团结的模范之地。要坚持不懈培育优良校风和学风，使高校发展做到治理有方、管理到位、风清气正[1]。

高校的课程建设，是高校的核心工作，是高校思想政治工作最主要的形式。党的十八大以来，课程思政在高校思想政治工作中的地位和作用得到进一步明确和加强。全国高校不仅在认识上得到了提升，而且在实践中积累了不少经验，取得了一定成效。但是必须看到，我们对课程思政的本质与作用、内容与形式、问题与原因、方法与路径等方面还缺少科学、全面、系统的认识，需要进一步加强理论研究和实践探索。

课程思政是指，在习近平新时代中国特色社会主义思想指导下，以尊重专业课程自身建设规律为前提，在教学中融入那些能够引导学生建立正确"三观"和践行社会主义核心价值观、树立崇高理想信念和积极人生态度、培育高尚职业道德和扎实职业素养的内容，使专业课程与思政课程同向同行，形成协同效应，落实"守好一段渠、种好责任田"的共同使命，构建全员、全过程、全方位育人的新格局，落实"立德树人"根本任务，使学生在"专业成才"的同时"精神成人"。

（二）课程思政建设的现实基础

《诊断学》是四川大学为医学专业开设的必修课。华西诊断学教学团队以主编全国规划教材《诊断学》（第五版至第九版）、《临床诊断学》（第一版至第三版）、《Clinical Diagnostics》《图解诊断学》系列教材为引领，使四川大学华西临床医学院的《诊断学》课程成为"首批国家级精品资源开放课程"和"来华留学生品牌课程"。教学团队引导《诊断学》教学由单纯地注重理论知识向理论与技能并重，同时着重培养临床思维方式的多元化转化，教学的重心由教师为中心向以学生为主体的模式转化，教学成果辐射全国各高等医学院校。

诊断学是连接医学基础学科和临床专科的桥梁，是开启临床各学科大门的钥匙。课程构架的设计围绕培养合格的临床医疗工作者这一目标，旨在培养学生采集病史、临床体征，分析常见症状的能力，同时掌握临床检验相关理论和实践技能，熟悉心电图、超声波等临床常用检查的原理和应用，并在此基础上能够对各方面临床资料进行综合分析，逐步使学生具有独立编写完整的住院病历和提出初步诊断的能力。同时，诊断学是培养和提高医师职业素养和"交流沟通技能"的主要课程之一。从 1993 年引入标准化病人教学开始，华西临床医学院就强调对学生医患沟通能力的培养；2000 年，我院主编第四版《诊断学》时，又在教材层面进一步推进对学生医患沟通能力的培养。

二、课程教改的实践探索

（一）《诊断学》课程思政建设的核心思路

要落实立德树人根本任务，将社会主义核心价值观教育贯穿医学人才培养的全课程、全过程，做到课程门门有思政、教师人人讲育人，就必须将课程思政教育融入医学教育的核心课程教学中。专业课作为课程思政教学体系中的重要一环，其主要目的是培养学生的专业能力，课程思政的建设及教学开展也应有所侧重，根据医学类专业课程的学科专业特点和育人目标，应着重强调对学生职业素养和医学人文的培养，有机融入课程教学。课程思政并不是专业课教师讲思想政治理论，也不是简单地将专业课变成"思政课＋专业课"，而是教师在专业学科知识体系中寻找与德育知识体系的"触点"，在教学过程中，顺其自然地用学生喜闻乐见的方式，润物无声地开展德育教育，而不是牵强附会、生搬硬套。

最高明、最有效的思政教育往往是通过各个学科专业和各门课程自然渗透、有效迁移来实现的。思政教育的建设，必须尊重课程自身建设规律，在进行课程的知识传授、能力培养的同时，力求做到价值引领。诊断学是学生进入临床学习的"第一站"，职业道德和职业素养的培育在这一阶段就显得尤为重要，在课程的开展过程中，要引导学生尊重职业、尊重病人。真正落实到教学中，就是以案例教学为主要手段将思想政治、职业素养、医学人文内容融入课程中；加强对学生的管理，强化过程考核；调动教师教学积极性，增加教师教学的使命感、荣誉感，真正做到"以本为本，四个回归"，使课程思政与专业课程形成协同效应，同向前行。

（二）在理论课堂建设教学案例库

实际的课程开展过程中，创建课程思政的课堂教学案例库是一个行之有效的方法。例如，大课讲授的"问诊技巧"部分，华西临床医学院消化内科的唐承薇教授用实际策略举例，引导学生在问诊时应急患者所急，想患者所想。"Partnership"策略要求医生为患者营造共同解决问题的氛围，如"不着急，我们帮你想办法"；"Empathy"策略要求医生表示理解，且话语中要带有感情，如"你这么远来真不容易啊"；"Apology"策略表示客气，如"不好意思，我的手有点凉"；"Respect"策略要求医生尊重患者的选择，如"你这样考虑也对"；"Legitimization"策略表示对患者的感受和选择的认同，如"任何人遇到这种情况都会紧张"；"Support"策略要求医生为患者提供个人能力所及的帮助，如"如果您病情加重，请随时来看急诊"等。在问诊技巧的教授过程中，要求学生能够站在医生和患者双方的角度，设身处地地用专业能力思考病情，以及尊重患者的情绪、体验和难处，并提供情感上的支持。在课后，唐教授提出问题：医生怎样赢得尊重？通过引导学生思考医生的职业意义，使学生重视与患者的沟通方式。学生经过思考后表示，医生一方面应做到专业能力强，能够给予病人专业建议；另一方面要尊重病人，能够听取病人的诉求并给予反馈。

大课讲授的"临床诊断思维"部分，杨锦林教授引入了卫生经济学观念，结合医学社会学进行思考：在病史采集和体格检查完成后，医生需要给患者安排辅助检查。在这个过程中，医生必须明确以下几点：（1）检查的意义：为什么要做这项检查；（2）检查的时机：结果多久出，以及检查对诊断和治疗的必要性；（3）检查的特异性、敏感性：检查结果离"标准答案"的距离；（4）检查的安全性、性价比等。检查并非越多越好，需要综合考虑耗时、性价比、创伤性，同时合理安排检查的优先级别，尽可能选择不误诊、不漏诊的项目。阐述清楚原则后，以"腹泻"患者为例，应首先安排患者进行常规检查，因为疾病到一定阶段均可能出现多种指标的异常，常规检查可以初步评估一般状态，如血常规、肝肾功、电解质、凝血常规、大小便常规和心电图检查等；然后进一步安排主要围绕患者主诉症状的鉴别诊断检查，用于确诊疾病，如无创的血液、大便、小便等样本及影像学检查，和有创的肠镜、黏膜组织活检等。无创检查优先于有创检查，其必要性和性价比均较高。此时，需要更进一步提出问题：如果是急性腹泻，为什么并不推荐常规肠镜检查？学生便可即时通过前述原则去尝试解答。

（三）在实践课堂规范职业素养

在见习课、模拟教学及床旁教学的过程中，学生对于尊重职业、尊重病人的体会更加直接、深刻。

在问诊时，学生必须做到保持良好的仪表和礼节，举止友善，赞扬和鼓励患者的健康行为习惯，关心疾病对患者的影响和病人的期望，并鼓励患者提出问题，为病人消除疑虑。在查体时，应注意保护患者隐私，做到合理暴露检查部位；除阳性体征外，避免让患者感到寒冷、疼痛等不适；关注患者的情绪和身体情况，并妥善处理。

模拟教学时，引入模拟人进行教学的方式，可使教师能够及时发现并制止学生不合理、不尊重患者的行为，同时又不侵犯患者的权益。在此基础之上，教师可进一步示范如何进行良好的医患沟通，如何正确暴露检查范围，避免患者产生不适等。

在床旁教学时，学生可直接感受到教师教风教态和患者的情绪反馈，优化隐性教育，教师亦可在学生既往未曾注意到的细节处进一步指出问题、规范言行[2]。

（四）教考协同助力课程思政建设

除教学场景外，丰富的过程考核及形成性评价的指标体系做到了敢于管理、加强管理。学生在学习《诊断学》的过程中，要经过十余次考核，包括问诊及体格检查的 SP 教学指导员考核，症状学 TBL 考核，模拟人体征考核，心电图机考，实验报告，病历书写，网络、随堂测验等，并结合以综述、科普文或视频为载体的非标准化考核，包括考勤纪律、职业责任感、团队协作、教学反馈等职业素养评估，诊断思维及基本理论口试答辩，以及最终的期末理论考试。除理论考核会设计职业素养相关题目外，在 SP 考核、模拟人考核、病历书写（需要于病房床旁获取患者病史、体征）及非标准化考核中，都着力考查学生职业素养的真实实践水平。

（五）积极提升教师思政水平

课程思政教学的开展，也在职业素养方面对教师提出了更高的要求。"师者为师亦为范，学高为师，德高为范"，尽管《诊断学》课程的教师来自我院各个不同的临床科室，对教师"为人师表，以身作则"的要求却是一致的。教师在教授诊断学课程的同时，也是临床医生，在教授学生尊重职业、尊重病人之前，自身首先要尊重职业、尊重病人。对病人的尊重应体现在方方面面，这是作为医生的基本素质而不是特殊技能，加之医学重"言传身教"，学生素质的培养应由教师想在前、做在前，时时刻刻提醒学生注重自身专业素质和能力的培养，将思政教育渗透在课程开展的每个细节。在课程结束后，教学反馈会要求学生对教师的授课情况做出综合评价，只有真正关切病人的教师，才能教出真正关切病人的学生。课程思政教学的开展，也能在临床工作中，督促临床医生不断增强自身素质，为患者带来更好的就医体验。

（六）利用课后反馈评价课程思政建设水平

在积极开展课程思政建设的实践中，本文作者在课后获得了大量来自师生双方的反馈评价。

在教师方面，有的教师认为课程思政对课堂教学具有反哺作用：诊断学是一门衔接基础与临床课程的医学生专业必修课，学生由此开始逐步接触临床工作、培养临床思维和技能，是后续临床专业课程的学习基础。但诊断学知识结构较前不同，知识点庞杂、学习周期长，理论课程必须让学生清楚课程框架，为什么要学习、怎么学习、怎么学好。另外，大三的医学生未曾真正接触过临床工作，实际例子更能激发学生的兴趣，正确地引导学生发现学习的乐趣，激发学生对临床工作的热情、对于病痛的悲悯之心。

有的教师站在课程体系建设角度提出意见：医学生在跟着学院制订的教学计划学习的时候，是有很多迷茫的，没有办法将知识系统地整合在一起时就会导致知识结构散乱。诊断学教学的目的不是让学生知晓有多少知识点，怎样得分，而是给学生一个纲领，给学生一个工具去整合自己所学的知识，教会学生如何利用已有的知识去思考，这是学生临床思维构建的关键性阶段。在这一阶段，教师授课时应极为注意职业素质的培养，在课堂上引导学生关注医患沟通、关注病人的感受，在做出临床决策之前能够综合各方面的信息进行综合判断。

在学生方面，教师应有效地启发学生积极地思考，增强学生的职业荣誉感和获得感，如"这节课让我重新思考了医生这个职业，只有发自内心地热爱医疗事业、情感与专业性高度结合才能够成为一名称职的医生。""今天专注地听杨教授讲了三节课，觉得非常开心和温暖。老师给我们展示了一个优秀的临床医生是怎样运用知识，一点、一点缩小范围，确定诊断结果的，条理分明、有条不紊。而且老师今天只讲生死之分和疾病之分，目的明确、思路清晰，让我感到醍醐灌顶。另外，老师本人也非常具有人格魅力。"同时，对专业知识的学习也起到了较强的促进作用，有的学生反馈："诊断学知识点太多了，这节课提纲挈领地将这门课程的重点和难点提炼了出来，让我们清楚了学习这门课的意义。""最开始老师说'没有感情的打字机'，我还有些不以为意，觉得自己问诊的过程中还是有所思考的。但听了一个又一个案例后，才发现原来诊断学零零碎碎的知识是这样用的。有种茅塞顿开的感觉。"

三、《诊断学》课程思政建设的难点及对策

（一）教师团队的引导和渗透是课程思政建设的重中之重

尽管诊断学的课程思政建设在案例教学、学风管理和教风教态方面都有一定探索，但实际开展时，仍存在许多难点。

四川大学《诊断学》的授课是"折子戏"的形式，每个主题都邀请相关专业领域的教授进行讲授，在讲授专业课时，个别老师存在对课程思政的概念缺乏确切理解、对课程思政的内涵缺乏深入认识，以及对课程思政的建设方法缺乏实践经验等问题。因此，要结合教师思想政治工作，提高"课程门门有思政，教师人人讲育人"的责任认知；要结合德育和思政工作能力提升，加强队伍建设，全方位打造有理想信念、道德情操、扎实知识和仁爱之心的教师队伍。

针对以上问题，在实际运行中，课程团队应从教学运行层面加强课程思政建设，着重强调教师对学生职业角色意识的培育，加强团队合作和沟通交流能力、信息管理能力、医患沟通能力的培养，避免思维局限；同时，进一步强化集体备课时对课程思政的要求，加强与院内、校内各教学单位之间的交流研讨，通过建立健全优质资源共享机制，促进优质资源在不同科室、层次、类型的教师间共享共用；开展专题培训，提升教师课程思政建设的主动性；增加考核，将课程思政纳入教师岗前培训、在岗培训和师德师风、教学能力专题培训，建立课程思政集体教研制度，着力提升专业教师的课程思政建设能力；针对课程思政建设中的重点、难点、前瞻性问题，加强系统研究。

（二）完善课程体系，助力课程思政建设

课程大纲及教案中课程思政内容应体现得更加具体，教学团队在

完善教学大纲中课程思政相关内容的同时，进一步分析课程知识结构特点，找到课程思政切入点，要求任课教师的教案、课件等教学材料中着重体现课程思政的具体教学方式、案例，进一步完善对教师的课程思政教学能力的考核；课后要求学生对教师的职业素养、教学能力等做出主观评价，并根据学生反馈加强对教师课程思政教学能力的培训。同时，课程团队应在教材编写中进一步突出课程思政内容的建设[3]。

在此基础上，要努力推动课程思政全程融入课堂教学建设，课程思政建设工作要落实到课程教学各方面，贯穿医学人才培养各环节，不断推进现代信息技术在课程思政教学中的应用，综合运用第一课堂和第二课堂，努力拓展课程思政建设方法和途径。进一步研究完善课程思政建设评价激励机制。建立健全多维度的课程思政建设成效考核评价体系，将课程思政教学成效纳入教学绩效考核等评价考核中。在教学成果奖、教材奖等各类成果的表彰奖励工作中，突出课程思政要求，加大对课程思政建设优秀成果的支持力度[4]。

四、《诊断学》课程思政建设的发展方向

全面推进课程思政建设工作应坚持知识传授和价值引领相统一、坚持显性教育和隐性教育相统一、坚持统筹协调和分类指导相统一、坚持总结传承和创新探索相统一。

教育部高等教育司负责人表示，课程思政内容明确了五个方面的主要内容：推进习近平新时代中国特色社会主义思想进教材、进课堂、进头脑，不断加强马克思主义理论教育，着力推动党的创新理论教育，增强学生对党的创新理论的政治认同、思想认同、情感认同，坚定"四个自信"；培育和践行社会主义核心价值观；加强中华优秀传统文化教育，大力弘扬以爱国主义为核心的民族精神和以改革创新为核心的时代精神；深入开展宪法法治教育；深化职业理想和职业道德教育。

把课程思政融入课堂教学建设的全过程，首先是要抓好课堂教学管理，进一步修订课堂教学管理规定，在课程目标设计、教学大纲修订、教材编审选用、教案课件编写等各方面下功夫落实到位；其次是要在教育教学方法上不断改革创新，积极适应学生学习方式的转变，积极推进现代信息技术在课堂中的应用，创新课堂教学模式。

要教育引导学生正确认识世界和中国发展大势，从我们党探索中国特色社会主义的历史发展和伟大实践中，认识和把握人类社会发展的历史必然性，认识和把握中国特色社会主义的历史必然性，不断树立为共产主义远大理想和中国特色社会主义共同理想而奋斗的信念和信心；正确认识中国特色和国际比较，全面客观认识当代中国、看待外部世界；正确认识时代责任和历史使命，用中国梦激扬青春梦，为学生点亮理想的灯、照亮前行的路，激励学生自觉把个人的理想追求融入国家和民族的事业中，勇做走在时代前列的奋进者、开拓者；有远大理想抱负，珍惜韶华、脚踏实地，把远大理想抱负落实到实际行动中，让勤奋学习成为青春飞扬的动力，让增长本领成为青春搏击的能量。

苏格拉底认为，知识即美德，即一切知识都具有"善性"，问题在于是否有发现的慧眼。通过教学活动潜移默化地影响学生，教师应当努力用好课堂教学这个主渠道，守好一段渠、种好责任田，与思想政治理论课同向同行，形成协同效应，让《诊断学》的课程教学真正做到在"教书"的同时"育人"。

参考文献

［1］新华社. 习近平：把思想政治工作贯穿教育教学全过程［EB/OL］.（2016—12—08）［2020—12—13］. http://www. xinhuanet. com//politics/2016—12/08/c_1120082577. htm.

［2］高德毅，宗爱东. 课程思政：有效发挥课堂育人主渠道作用的必然选择［J］. 思想理论教育导刊，2017（1）：31—34.

［3］马亮，顾晓英，李伟. 协同育人视角下专业教师开展课程思政建设的实践与思考［J］. 黑龙江高教研究，2019，37（1）：125—128.

［4］敖祖辉，王瑶. 高校"课程思政"的价值内核及其实践路径选择研究［J］. 黑龙江高教研究，2019，37（3）：128—132.

课程思政教育的研究与实践

——以《耳鼻咽喉科学》为例

邹　剑

（四川大学华西临床医学院）

【摘要】"课程思政"是一种以立德树人为价值旨归的课程教学理念，各大高校纷纷响应开展各专业课程中的思想道德培养方式与方法的研究，以便全面推进高校课程思政建设，形成全员、全程、全方位的育人格局。医学教育是高校课程中重要的组成部分，其中，耳鼻咽喉科学是一门专科性极强的临床医学学科，在探索专业性课程开展课程思政教育方面，提供了充分的辩证思考与教育实践，可为其他思政教育工作的开展提供可行的参考方案，共同推动我国专业性课程思政的建设发展。

【关键词】课程思政；医学教育；耳鼻咽喉科学

"课程思政"是一种以立德树人为价值旨归，通过充分挖掘课程的思政教育元素，以期实现知识传授与价值导向相融合的课程教学理念，该理念最早由上海市教育委员会于 2014 年提出并付诸实践[1]。习近平总书记在 2016 年 12 月的全国高校思想政治工作会议上，特别强调了课程思政的教育作用，指出要充分利用课堂教学作为课程思政的主渠道，并确保各类课程均与思想政治理论课相向同行，努力形成强大的协同效应[2]。各大高校积极响应号召，纷纷开展各专业课程中的思想道德培养方式与方法的研究，并在各自专业领域取得了一定的成效。2020 年 5 月，教育部印发了《高等学校课程思政建设指导纲要》（以下简称《纲要》）[3]。《纲要》提出将思想政治教育贯穿整个人才培养体系，以全面推进高校课程思政建设的进程，形成全员育人、全过程育人、全方位育人的育人格局。该《纲要》明确了推动课程思政建设是立德树人的战略举措，明确了课程思政建设的目标和重点，同时强调了需结合专业分类推进的建设策略。医学教育是高校课程中重要的组成部分，医学课程是一门自然科学与社会科学相统一的综合性学科，更应强化学医者"德医"双修的素养[4]。其中，耳鼻咽喉科学作为一门专业性质极强、解剖结构精细而复杂的临床学科，在既往的课程教授过程中，仅侧重于专业课程内容的讲授，而对思想政治教育元素的融入不够充分。为此，本文将根据《纲要》精神，剖析《耳鼻咽喉科学》教学课程思政建设中所存在的问题，探讨如何将思政教育融入该学科实践，并探索如何充分挖掘专业课程中隐藏思政元素的教学方法，全面提升学生的思想政治理论素养。

目前，高校课程大致可分为专业课程、通识课程和思想政治理论课程三类。思想政治理论课程（以下简称"思政课"）的开设主要是为了正确引导大学生的世界观、人生观和价值观。思政课是立德树人、培根铸魂的关键课程，但"课程思政"并不是指狭义的思政课程，而是指在思政课以外的专业课和通识课中，试图挖掘各学科课程的思想政治教育元素[1]，将价值塑造、知识传授和能力培养三者融为一体的实践过程，是落实新时代高校思想政治教育工作的重要载体，是实现立德树人根本任务的有效途径[3]。

一、耳鼻咽喉科学课程思政的必要性

耳鼻咽喉科学是属于临床医学下的一门二级学科，主要研究耳、鼻、咽喉等部位疾病的临床诊治，各个亚专业与其他多个学科交叉，学习难度大[6]。该学科的主要教学形式有课堂讲授和临床见习，在课堂讲授的教学方法中以"照本宣科"的方式较为普遍，授课形式缺乏趣味性和吸引力，难以调动学生主动思考问题的积极性，尤其对疾病发生发展的机制理解不够深刻，对疾病的认识大多停留在表浅的机械记忆。此外，耳鼻咽喉科学还明显伴有丰富而复杂的社会学科性质，在实际工作中不仅需要"治病"，更需要"医心"。既往课程未强调医患沟通技巧、人文关怀等相关内容，在临床见习实践中表现出一定的局限性。在见习内容安排方面，涉及实践操作知识点时，学生缺乏临床关怀的切身体验。例如，在鼻镜、喉镜的使用中，因患者个体体验较差，医患沟通不够充分、恰当，患者常表现出明显排斥心理及不适感，并伴有不同程度的抵触行为。这与学生跟患者接触的机会少，临床思维的锻炼以及换位思考的关怀意识不够有关。因此，教师在课堂教学中除传授专业知识外，还需要通过思政教育帮助学生建立人文关怀意识，培养学生的敬业精神及辩证看待问题的思维方式，培养医学生对医学职业崇高性的追求。"课程思政"的教学思路明显具有专业化特征，需要充分基于该课程所特有的基础知识，全面结合临床实践，以促进"课堂教学"与"课程思政"相统一、"专业教育"与"专业育人"相统一，实现课程思政与思政课程相向同行，形成育人合力，最终培养出具有正确人生观、价值观和世界观的合格学生。

二、耳鼻咽喉科学课程思政建设策略

（一）明确教学目标及内容，注重引导学生辩证思维

课程思政内容要坚持培育和践行社会主义核心价值观，进行爱国教育、法治教育等，增强学生们的政治认同、思想认同，坚定"四个自信"。在医学类专业课程中，要注重加强医德医风教育，引导学生敬畏生命、尊重患者、增强职业责任感。在当前"新冠"疫情的背景下，引导学生学习"舍小家、为大家"的奉献精神。医学还是一门自然科学，应注重引导学生开拓进取、勇于探索的创新精神，教育学生利用马克思主义思想武装自我，并坚持历史唯物主义，以发展的眼光、辩证地看待客观事物的发展形势。

（二）充分挖掘思政素材，将思政元素与教学内容结合

结合学科特点，充分挖掘思政教育元素是进行课程思政的前提。在授课时加入适当的学科背景介绍，以国内外特定领域的研究对比作为切入点。以耳显微外科为例，介绍从耳科的宏观结构到显微解剖、从听觉生理产生到言语发育过程认识的曲折发展历史，关注耳显微外科随着科学技术不断进步所取得的成就，强调事物发展总的方向和趋势是由低级到高级、简单到复杂的螺旋上升运动，让学生们树立正确

的唯物主义发展观。基于我国当前所取得的发展成就，对比发达国家所展现出的优势，让学生体会到社会主义制度的优越性和可持续性；充分赞扬和肯定爱国主义情怀，明确人民群众是推动历史前进的真正动力，让学生切身体会在中国共产党带领和无数先驱者努力下的进步与发展。鉴于耳鼻咽喉领域诸多疾病的发病机制尚不清楚，教师在讲授相关机制时，需要明确持续进行科学探索和实践研究才能完整认识该疾病。教师在授课过程中，可以有意识地引导学生，使其认识到科学研究的唯一确定性就是存在广泛的不确定性，科学的本质是不断探索、揭示真相的过程，用新的认知丰富旧的观点，人类成长与进步正是在这样不断地自我否定中发展起来的。在临床见习中，教师可通过讲授临床上发生的"小故事"来提高学生学习的兴趣。如好发于幼儿的气管异物事件，可因食用花生或误吞硬币等行为引发窒息风险，若不及时诊治可能会有生命危险。通过正面或者反面教材，教育学生在临床工作中面对突发情况要学会辩证思考、冷静鉴别，排除其他疾病的可能性。通过临床见习实践，进而提升学生的职业道德感，维护医学职业的神圣感与使命感。

紧密结合当前国内外趋势，在课堂中引入"新冠肺炎疫情"题材，讲述身边"最美逆行者"的抗疫事迹，引发学生对生命的思考。并以核酸检测体验作为实例展示，结合"口咽拭子"和"鼻咽拭子"，讲解鼻咽、口咽、喉咽部的解剖结构及相关知识，进一步提醒学生做好耳鼻咽喉相关的防疫措施。

在临床工作中，不乏各种医疗纠纷甚至"医闹"的问题，教师可将法律知识融入教学内容，一方面既要强调保护患者隐私权、知情同意权，另一方面也要规范医疗行为并保障自身的合法权益。

总之，教师可根据自己的教学风格和专业知识，挖掘大量蕴含在专业课程中的思政元素，逐步探索思政元素与专业课的契合点是一个持续积累并不断完善的过程。

（三）创新教学模式

在课程设计时，将课程思政建设为"基因植入式"的教学实践，不生搬硬套，通过科学的教学方法及丰富的实例，让学生的心理和行动从自然接受、情感共鸣、学习内动力激发到有效促进这四个层面进行升华。

课题讲授采用混合式教学，如翻转课堂、病例分析、角色扮演等教学模式[7]，可以有效提高学生的自主学习能力和分析问题的能力。耳鼻咽喉科内镜技术是重要的学科特色之一，可以解决既往由于解剖结构"孔小洞深"的特点带来的教学困难。内镜技术可以清晰展示病变的解剖部位和特点，可视化记录功能可以让病例易于重现，因此，教师可以通过鲜活的案例将书本上枯燥的知识点转化成实实在在的可感知事件，同时，将思政教育融入其中。结合现实病例分析时，采用非标准答案，可锻炼学生辩证思考的能力和严谨认真的态度。内镜检查可以充分实现"角色扮演"的模拟教学模式，可将临床上的问题搬到课堂上来，模拟真实的临床环境，帮助学生学会换位思考，既增强了学生的职业认同感，也加深了学生对医患沟通技巧的理解。在教学技术上，可以采用多种现代教学技术，如 VR 技术可以帮助学生在可视化条件下学习精细的解剖结构、疾病发生的原理等抽象知识点。制作 PPT 时，多使用图片而非文字的简单堆砌，还可使用短视频等学生群体更为接受的方式授课[8]。临床见习中，安排学生与患者面对面接触，以医学生的身份体会医疗过程，经过仔细询问患者的发病情况、临床症状后，收集患者症状体征及影像资料等临床信息，最后得出诊断并给出相应治疗方案，该过程不仅锻炼了学生的临床思维能力，还可以帮助学生提高与患者的沟通能力。

从知识讲授角度来看，源于生活的教学内容更容易引起学生的情感共鸣，教师在授课过程中可联系最近的热搜新闻、季节相关疾病以及社会关注热点等，进而引出课程内容，以问题为导向引导学生主动思考。例如，在讲授常见疾病——过敏性鼻炎之前，可询问大家身边有无患此类疾病的患者，观察他们有何种症状，对比是否好发于高发季节，并由此提出问题，请学生思考如何诊断过敏性鼻炎。还可以优化课程的考核方式，以往注重卷面成绩，使得学生们只注重自己的专业知识技能而忽略了思想政治教育。教师可适度提高平时成绩的考核权重，将考核方式改变为一次科普比赛或社会实践，以加分方式而非扣分模式来评估学生的学习实践能力，更能充分发挥学生的主观能动性。最后，教学模式少不了学生关于学习体验的及时客观反馈，教师可定期发放问卷，收集学生的反馈意见，进一步帮助教师了解学生的学习掌握情况及思想动态，从而有针对性地进行课程思政教育。

三、结束语

目前，耳鼻咽喉科学课程思政已取得一定成效，"填鸭式"教学模式逐步被大家所摒弃，课程思政建设提高了学生自主学习的能力，激发了学生主动思考的内在动力。课程思政也增强了学生的爱国意识和法制意识，提高了学生的政治素养、职业道德和使命归属感，培养了学生努力探索、勇于创新的科学钻研精神。但我们需要认识到的是，当前课程思政教育还存在一定的问题，教学大纲和知识点更新不够及时，因此，需要将更明确的思政育人的目标和更多课程资源融入课程教学全过程；进一步挖掘专业知识中的思政元素，有待长期持续地进行，进而形成课程思政教育的共享资源库。另外，针对教师思政课程的意识和能力还需要进一步强化，课程思政不仅是对学生的教育，也是对教师本身思想理论水平和教学能力的巩固与提升。课程思政教育不可能一蹴而就，也不能滞于表面形式，好的教育需要长时间的实践，并能在实践过程中不断完善改进。以"否定之否定"的客观规律，实现课程思政由量变到质变的过程，最终摸索出一套适合本专业的教学模式，充分发挥出课程的育人作用，完成"立德树人"的根本任务，为国家和社会培养出德才兼备的优秀人才。

参考文献

［1］张正光，张晓花，王淑梅. "课程思政"的理念辨误、原则要求与实践探究［J］. 大学教育科学，2020（6）：52—57.

［2］习近平. 把思想政治工作贯穿教育教学全过程　开创我国高等教育事业发展新局面［N］. 人民日报，2016—12—09（1）.

［3］中华人民共和国教育部. 教育部关于印发《高等学校课程思政建设指导纲要》的通知：教高〔2020〕3 号［A/OL］.（2020—06—01）［2020—10—23］. http：//www. moe. gov. cn/srcsite/A08/s7056/202006/t20200603＿462437. html.

［4］杨红梅，刘芳，陈洁，等. 医学类高职院校专业课课程思政策略研究［J］. 高教学刊，2020（30）：166—168.

［5］新华社. 中共中央办公厅、国务院办公厅印发《关于深化新时代学校思想政治理论课改革创新的若干意见》［EB/OL］.（2019—08—14）［2020—10—23］. http：//www. gov. cn/zhengce/2019—08/14/content＿5421252. htm.

［6］王伟，高颖娜，陈梦婕，等. 案例结合翻转课堂在耳鼻咽喉科教学中的应用［J］. 中国继续医学教育，2019，11（22）：36—38.

［7］杨云莉，刘立义. "课程思政"背景下的医学生思想政治教育［J］. 临

床医药文献电子杂志，2020，7（24）：186.

［8］吕冬云，周清波，张卫东，等. 课程思政视域下专业课教学融入思政元素的实践与研究［J］. 经济师，2020（7）：155—156.

课程思政在老年医学教学中的融合与实践①

宋 娟 黄晓丽

（四川大学华西临床医学院）

【摘要】 人口老龄化已成为我国面临的严峻挑战，亟须培养专业的老年医学人才队伍。本文探讨了在老年医学临床教学过程中，融入课程思政理念立德树人的实践经验，在教学理念、教学内容、教学方式、考核方式等方面改革创新，加强学生的专业素质、人文关怀、循证能力，为老年医学思政教育提供参考。

【关键词】 课程思政；老年医学教育

老年医学（Geriatrics）是医学的一个分支，它是研究人类衰老的机制、人体老年性变化、老年病的防治以及老年人卫生与保健的科学，是老年学的主要组成部分，是医学中涉及有关老年人疾病的预防、临床诊断和治疗、康复、照护、心理及社会等方面问题的一门新兴的、综合性的学科[1]。

人口老龄化已成为我国面临的严峻挑战，预计到 2030 年，我国将成为全球人口老龄化程度最高的国家。人口老龄化伴随着疾病和伤残负担加重，老年人的身体功能、自我照顾能力、健康状况随年龄增长而不断下降，多病共存、病程延长将成为常态[2]。老年医学教育迎来前所未有的挑战，一方面，医疗卫生资源（如老年病专科医生、护士、保健工作者）的需求不断增加，另一方面，医疗工作者的职业素

---

① 本文系四川大学研究生培养教育创新改革项目资助（GSKCSZ2020021）。

养和胜任力面临新的标准和要求，如何以此需求为导向，培养研究型、复合型和应用型人才，为保障人民健康提供强有力的人才保障，是老年医学教学的根本任务。

《高等学校课程思政建设指导纲要》强调，培养什么人、怎样培养人、为谁培养人是教育的根本问题。因此，将价值塑造、知识传授和能力培养三者融为一体，全面推进课程思政建设，提供高质量的老年医学教育，是实现健康老龄化不可或缺的重要举措。

一、老年医学及其课程思政教育理念

老年医学为综合性、全面性和个体化的学科，内容涉及医疗、护理、心理、营养、康复等多个方面，面向本科生、研究生、继续教育和规范教育的学员授课，开设了老年医学、老年护理、老年常见慢病管理、循证临床科研与实践等不同层次和难度的阶梯课程。为实现老年医学和课程思政的有机结合，需在课堂教学中加强医德医风教育，引导学生尊重生命、尊重患者，提升综合素养、人文素养和突发公共卫生事件的应对能力，更好地满足老年人群个体化医疗的发展需求，在医疗战线培养出担当民族复兴大任的时代新人、党和人民信赖的好医生。课题组根据教学情况，凝练出"老年医学特色思政理念"。

（一）知识传授——整体思维理念

老年病的临床表现、诊治与非老年群体差别较大，常表现出多病共存、发病缓慢、临床症状不典型、容易出现并发症和药物不良反应等特点，相较于其他专科，诊疗模式从"以疾病为中心"转换为"以患者为中心"，具有鲜明的学科特色。老年医学强调全面医疗、全程照护和多学科协作，强调功能维护和生命质量，因此，不能仅以传统的病史、查体、辅助检查评估疾病，还需要引入第六大生命体征——老年综合评估（CGA），以满足对老年人功能、心理、社会、环境等多方面照顾的需求[3]。以上这些特点都需在教学过程中体现和加强，着重培养学生在进行老年病的临床诊疗中建立起综合评估和综合管理的理念，培养具备整体思维的复合型老年医学人才。

（二）价值塑造——人文关怀理念

在我国现有的医疗环境下，患者基数大、医疗资源不足、医患双方不能有效沟通是医疗纠纷频发的主要原因。在诊疗过程中，如果医生仅关注生理疾病而忽视心理疾病，仅重视药物治疗而轻视精神安慰，仅注重实验室检查而漠视问诊查体，是对人生存状态、尊严和价值的否定。人文关怀是通过知识、情感、心理环境氛围体现以人为本、温馨服务和人文精神的关怀服务[4]。老年患者视力、听力、认知、交流等功能减退或丧失，常合并身心困难，使诊疗工作面临诸多困难，"有时去治愈，常常去帮助，总是去安慰"是老年科的工作常态。医者不仅要有精湛的医术，帮助患者缓解生理痛苦，更要富有人格温度，给予其心理慰藉[5]。以人为本的情感关照，不仅是医师医者仁心精神的重要体现，也是对老年患者施以照顾的必要前提。

（三）能力培养——循证医学理念

老年医学涵盖呼吸、消化、心血管、神经、精神、内分泌等多学科领域，疑难问题繁多。随着基础医学、生命科学的进步而高速发展，新理论、新机制、新疗法层出不穷，丰富的循证医学证据、预防和保健知识也在不断完善。在临床实践中，不管是开具处方、制定治疗方案，抑或是多学科组织管理，都应遵循现有最好的研究证据，从而进行科学决策。循证医学是遵循客观证据的医学，是指临床医生慎重准确地选择目前可以获得的最佳证据，结合个人的专业技能和临床经验，兼顾患者的具体情况，制定最佳的医疗决策[6]。在老年医学教育中引入循证医学的理念，旨在培养学生的循证思维，在解决问题的过程中学习知识，在应用知识的过程中构建体系，在循证实践过程中了解老年医学内涵，把人民群众生命安全和身体健康放在首位，学会自主学习和终身学习，具备深层次、多维度的批判性思维和克服问题的坚韧性。

二、老年医学融合课程思政的教学实践

（一）强化教师课程思政的意识和能力

课程思政是一项系统工程，其中，教师是课程思政建设的决定性要素[7]。要保证课程思政具有思想性、理论性、亲和力和针对性，就需要一支政治强、情怀深、思维新、视野广、自律严、人格正的思政课教师队伍。华西医院老年医学中心教师团队由临床主任、副主任级医师构成，长期开展教学讲课、教学查房、临床规范化培训等，科教研经验丰富，德育氛围浓厚。以病人为中心、关爱生命、廉洁自律、全心全意为人民健康服务等准则，既是医者最基本的从业规范，也是培育社会主义核心价值观的天然土壤。在教学主任的组织下，教学团队通过对课程思政概念的反复学习和讨论，在习近平新时代中国特色社会主义理论指导下，形成课程思政与专业教学融合的统一认识，凝练老年医学特色的育人理念。从教学大纲修订、教案课件编写、课前试讲等方面逐一突破，教学成员间相互合作，形成同向而行的合力，保证了教学成效的一致性和稳定性。教学过程中，经由教学主任、教学团队、学员的循环结构实时反馈教学效果，持续推动老年医学课程思政的改进和优化。

（二）将课程思政融入老年医学教学全过程

1. 优化教学内容

课程思政融入老年医学教学的过程中，既要把握思政元素的结合触点，将励志教育、社会主义核心价值观教育、爱国主义教育、社会主义民主法治教育等融入课堂教学，又要结合不同课程的特点，挖掘课程思政元素，围绕为党育人、为国育才这个根本，将显性教育和隐性教育有机融合，达到润物无声的育人效果。既要当好知识传授的"经师"，更要做好价值引领的"人师"。例如，在老年医学概论一节中，为了使学生形成以患者为中心的整体思维理念，授课教师引用了神探福尔摩斯的原型约瑟夫·贝尔医生的趣事：他可以通过患者敲门的次数预判患者的心情，通过患者的外貌判断患者的饮酒习惯，从走路的姿势判断患者的职业，自然引出"医者要具备察人入微的能力"这一理念，让学生从疾病、心理、社会、环境全方面把握老年患者的诊治的知识点。案例生动形象贴切，给学生留下了深刻的印象。又如，在老年合理用药一节中，授课教师列举了真实的临床案例：高血压患者应用四联药物仍不能控制血压转诊，接诊医生通过对患者困倦状态的观察和睡眠情况的追问，最后确诊为睡眠呼吸暂停综合征导致的继发性高血压，医生通过使用无创呼吸机改善患者睡眠的方式达到了控制患者血压的目的。教师通过一个个鲜活的案例，将细心观察、耐心倾听、用心交流的人文关怀理念融入专业课程，潜移默化地提升了医学生的人文素质。

2. 丰富教学形式

老年医学涉及的内容范围广、技能要求高、实践性强，难以通过课堂教学的方式获得理想的教学效果。四川大学老年医学教学团队设计了连通线上线下、连接理论临床、翻转讲课主体的跨时间、空间、人员的三维立体教学模式。通过丰富的教学形式，在各环节中有机地融入思政价值塑造的要素。

（1）基于网络平台的线上线下相结合。线下平台侧重理论知识的讲授，线上平台侧重课外视野的拓展，在四川大学课程中心平台上，任课教师们搭建了教学视频、教学资料、课后习题、交流讨论等多个板块，为学生提供了课后进一步巩固知识的平台和技能难度提升的空间。新冠肺炎疫情期间，我们在课程中心上传应对疫情的医疗救治工作方案，通过腾讯视频、微信公众号等线上互动模式展示华西医院老年医学中心在武汉抗疫的一线事迹[8]，增强了学生应对突发公共疫情的意识和能力，与时代呼吸相闻，与国家脉搏共振，强化了学生对医师救死扶伤、敬佑生命的职业身份认同。

（2）依托临床科室的理论实践相结合。本科选修课和研究生必修课，我科老年医学的教学地点设在距病房仅一墙之隔的教室，采用理论加实践的双轨并行授课机制，实现从课堂到临床的无缝衔接，在临床实践环境中，教授学生老年综合征评估量表的使用方法，选取谵妄、衰弱、尿失禁等典型病历，带领学生进行床旁病史采集、查体和CGA评估，建立起学生对老年人群的直观感知；同时发挥临床专业教师的实践榜样作用，并借此为立足点融入思政教育，以良好的医患沟通展现精湛的专业素养，带动学生的身份认同和价值理念同化，在实践中体验并增强关爱患者、医患沟通、团队合作等职业素养。

（3）由听课向讲课转变的翻转课堂。翻转课堂的目标是将学生由被动的知识接受者转变为主动的知识探索者，核心是循证医学。本科教学对象为实习前学生，讲授形式以课堂讲授和围绕临床问题的小组讨论汇报为主；研究生教学和继续医学教育，以临床病例分析和循证医学临床实践为主。两者均需学生通过检索查询研究证据，分别开展理论性学习和探究性学习，解决临床实际问题，提高实践循证医学的能力。在此过程中，学生成为强国建设的主体，自然将个人的"小我"融入祖国的"大我"、人民的"大我"之中。

3. 改革考核方式

为增强同学在平时教学活动中的参与度，充分利用网络平台的实时性、高效性和互动性，课程组不再以单一的期末考试为考核重心，增加了平时成绩的比例，考察内容包括课堂出勤、课后网络发布随堂作业完成情况，以及临床实践和翻转课堂的思维能力、临床能力、沟通表达能力等多种形式。在开放讨论中，引导学生关注国计民生，关注现有专业理念和发展，结合目标导向和问题导向，引导学生主动学习、深入思考、灵活应用，提高学生的思政理论素养。

4. 检验课程思政实施成效

在课后的开放讨论中，华西医院老年医学中心设计了多项开放性讨论问题，以学生的角度审视课程思政的实施效果，从教学素养、价值观渗透、教学态度等方面对课程思政进行初步检验。问题主要包括：（1）本学期印象深刻的教学内容有哪些？（2）对某位教师印象较好的原因是什么？（3）教师在教学过程中的专业知识传授、技能训练、社会事件讨论对你有什么触动？（4）通过学习本门课程，你有什么收获？（5）你对本门课程有什么建议？通过收集反馈，我们发现，"有气质""有亲和力""举例贴近生活""查房考虑病人感受""启发人活着的意义""养老产业任重道远"等教师个人特质和真实世界案例设计更容易给学生留下深刻的印象；教师引用的社会事件、推荐书籍能促进学生课后深入学习，激发职业兴趣；教师的人生经历分享可以帮助学生建立更坚定的救死扶伤信念。同时，我们也发现，教师个人的职业素养对课程思政的实施效果影响较大，我们仍要继续梳理凝练本学科的思政元素，不断丰富和完善社会主义核心价值观与本课程相契合的思政结合点，加强同行听课评课的有效性，集思广益，提高整体教学水平。

三、结语

老年医学是面向未来的科学，在中国老龄化形势愈加严峻的当下，老年医学承担起服务健康中国建设的重任。老年医学教育从业者也应意识到，老年医学的理念已从疾病诊疗向预防、诊疗、康养的生命全周期、健康全过程转变。在医学生的培养过程中，要不断吸收新理念，思政育人，与时俱进，加强救死扶伤的道术、心中有爱的仁术、知识扎实的学术、本领过硬的技术、方法科学的艺术的教育，促进学生德智体美劳全面发展，培养学生爱国情怀、社会责任感、创新精神、实践能力，让学生成为医德高尚、医术精湛的人民健康守护者，为推进健康中国建设、保障人民健康提供强有力的人才保障。

参考文献

［1］于普林，王建业. 老年医学的现状和展望［J］. 中国实用内科杂志，2011，31（4）：244－246.

［2］侯建林，董哲，王维民，等. 人口老龄化背景下我国医学教育应对策略的探讨［J］. 中华医学教育杂志，2013，33（5）：641－644.

［3］杜文津，陈晋文，李华军. 老年医学教学中重要理念培养的探讨［J］. 中华医学教育杂志，2012，32（2）：271－272.

［4］马清，李敏，陈海平. 让人文关怀渗透老年医学的临床教学［J］. 临床和实验医学杂志，2011（1）：69－71.

［5］叶莎，金爱萍，高洁. 老年医学教学中人文关怀教育的实践与思考［J］. 医学教育研究与实践，2020，28（4）：685－687.

［6］常晶，孙倩美. 循证医学教学思维在老年医学教学中的探讨［J］. 继续医学教育，2016（1）：79－80.

［7］岳慧君，李发国. 高校提升教师"课程思政"教学能力的制度支持体系的构建［J］. 文教资料，2019（33）：161－163.

［8］马瑶，黄晓丽. 突发公共卫生事件发生后的医学本科教育探讨［J］. 高校医学教学研究（电子版），2020，10（3）：24－27.

高校课程思政在"模拟电子技术基础"课程中的探索实践①

贾绍芝 杨 杰

（四川大学电气工程学院）

【摘要】课堂教学作为高校教育最重要的环节，不仅要重视学生科学文化素养与实践能力的提升，还应将知识传授与价值引领相结合，帮助学生塑造正确的人生观、价值观和世界观。大力推进课程思政在课堂教学中的建设，是培养社会主义现代化建设人才的必然要求。本文基于"模拟电子技术基础"课程，坚持用社会主义核心价值观引领知识教育，充分挖掘其中的思政元素，采用多元化教学方法，探索专业课程与思想政治理论教育相结合的有效途径，把引导学生成长成才贯穿于该课程的所有教学环节中。

【关键词】课程思政；课堂教学；有效途径；思政元素

一、引言

习近平总书记在 2016 年全国高校思想政治工作会议中明确提出，高校思想政治工作关系高校培养什么样的人、如何培养人以及为谁培养人这个根本问题。要坚持把立德树人作为中心环节，把思想政治工作贯穿教育教学全过程，实现全程育人、全方位育人，努力开创我国

① 本文系四川大学新世纪高等教育教学改革工程（第八期）研究项目（项目编号：SCU8210）的成果之一。

高等教育事业发展新局面[1]。思想政治工作本质上是一个释疑解惑的过程，应该帮助学生认识人生应该在哪用力、对谁用情、如何用心、做什么样的人。高校推进改革创新[2]，必须按照习近平总书记的要求，遵循思想政治工作规律，遵循教书育人规律，遵循学生成长规律。"模拟电子技术基础"作为很多工科专业的必修基础课[3-4]，是一门理论与实践并重的课程，对专业技能与思政教育的传授责无旁贷。本文将课程思政融入课程教学的各个方面，以课堂为载体，以立德树人为根本，充分提取蕴含在专业知识中的育人元素，将知识传授、能力培养、价值引领有机结合，引导学生关注国情，培养学生的家国情怀、科学精神、专业情怀与社会责任感[5]。

二、"模拟电子技术基础"课程特点及教学方式方法

"模拟电子技术基础"课程是电子信息类、自动化、电气和部分非电类专业本科生在电子技术方面入门性质的技术基础课程，具有自身的完整体系和很强的实践性。它是一门发展很快、应用极广、实践性很强的技术学科，强调技术理论与实践相结合，对学生提出了较高的要求。学生除了要熟悉常用电子器件、基本放大电路、以基本放大电路为核心的基本应用电路外，还要掌握系统分析和设计的相关知识。同时，学生要通过做大量的实验，才能在动手实践方面打下坚实的基础。该课程的难度系数较高，为配合实体教学课堂的顺利开展，课程组近年来不断探索基于"SPOC＋翻转课堂"的混合教学模式。通过线上网络学习、线下实体课堂教学与实验课程相结合的方式，学校全方位为学生提供良好的学习实践环境，培养学生理论与实践相结合的思维方式，不断提高学生的动手能力，激发学生的学习热情，使学生全身心投入实物创作，逐步培养学生的系统观、工程观、实践观和科学进步观。学校还鼓励学生积极参加校级、省级和国家级甚至是世界级科创大赛。一方面，可以提升学生的能力；另一方面，可以培养学生的使命感、责任感与爱国情怀，真正将所学知识转化为技术成果，争做对国家和社会有用的技术型人才。

三、"模拟电子技术基础"课程思政元素提取

课程思政建设的内涵有以下三点：一是寓价值观引导于知识传授

和能力培养之中，帮助学生塑造正确的世界观、人生观和价值观；二是深入挖掘各类课程和教学方式中蕴含的思想政治教育资源；三是让学生掌握事物发展规律，通晓天下道理，丰富学识、增长见识、塑造品格，努力成为德智体美劳全面发展的社会主义建设者和接班人。专业课程是课程思政建设的基本载体，二者之间的关联如图 1 所示。

图 1　专业课程是课程思政建设的基本载体

因此，在"模拟电子技术基础"专业课程的教学实践中，不断探索提取课程蕴含的思政元素时，要考虑以下几个方面：

（1）要让学生充分了解电子技术基础的发展历史及其在我国现代工业社会发展进程中所起到的重要作用，培养学生学以致用、报效国家的爱国情怀。作为一名工科学生，更是要把投身社会主义建设作为自己的职业理想。在课堂上，授课教师应鼓励学生开展时事热点讨论，积极交流学习心得，实时掌握国际学科发展前沿动态，不断更新知识储备，把握明确的学习方向，让学生不仅做到学得扎实，更要学得新颖、开阔眼界，充分体验电子技术的学科魅力，从而树立正确的学习观念与价值取向。

（2）由历史转为现实教育，积极引导学生开展"为什么而学"的深刻思考。通过教学内容的不断推进，做到每一章节有所思，让学生以汇报形式交流章节学习心得，准确把握学生的思想动态。不仅要培养学生的科学思维，而且要引发学生关于哲学问题的思考，让学生真正体验到实践学科与哲学思维巧妙结合的魅力所在。

（3）不能只依赖于实体课堂的理论知识传授，要对学生学习体系进行不断优化。通过时间管理、作业补充练习、学期规划以及网络教学资源下放，以学习各类型科技成果为切入点，使学生坚信，所学定有所用，而不是时常怀疑学习课程仅仅为了拿到学分而无用武之地。经常开展小实物创作，无论是电脑建模或者实体操作，要不断激发学生的学习热情，让学生愉快地学习知识。

（4）突出该课程应具备理论与实践相结合的强大能力。教会学生常用的工程分析方法，改变固有的精确计算的纯理科思维，让学生在实际学习中学会运用定性分析、定量估算，明白合理近似也是解决实际问题的重要手段。在不断实践的过程中，学生将学会正确选取模型求解电路，例如，对含有非线性特性的半导体器件，为了使电路转换成一般的线性电路，可将半导体元件用适当近似的等效模型来代替，等等。另外，教会学生掌握实验调试的基本功，包括学习常用电子仪器的使用方法、模拟电子电路的测试方法、故障判断和排除方法等，让学生真正成长为具有理论与实践相结合的工科型人才。

基于以上几点考虑，本文在课程教学实践过程中提取了蕴含在专业知识当中的思政元素（见表1）。

表1 "模拟电子技术基础"课程思政点

思政元素	知识点	具体内容	思政点	备注
爱国主义情怀教育	模拟电子技术的发展史	科技教材是科教兴国的重要支柱	家国情怀、科技自信、科学精神、社会责任感	MOOC平台线上资源
辩证唯物主义教育	放大电路的主要性能指标	增益，输入电阻R_i，输出电阻R_o，频率响应，非线性失真	性能指标之间的相互制约，工程观、系统观的辩证思维的渗入	
人生价值观教育	集成运算放大器应用	集成运放的线性和非线性应用电路	锐利进取，发奋图强、科技自信、专业情怀	在专业知识的传授中、培养学生的科学精神、提高学生正确认识问题、分析问题、解决问题的能力
	课程设计＋实物制作	用四运放的集成器件设计、调试、制作实物产品	求实、创新、协作、系统观、工程观、实践观培养、专业情怀	
	半导体器件	二极管、三极管、场效应管的特性、参数及模型等效	工程观培养、科学创新、自主学习、终生学习	
	功率放大器	甲乙类双电源功率放大电路的制作与调试	工程观、实践观、专业情怀、科学精神	
	反馈放大电路	引入负反馈的作用及参数计算	系统观、辩证思维、科学思维、工程观、实践观	
	低频信号发生器	RC正弦波产生电路分析与设计	专业情怀、科学态度、科学观、实践观、学业规划	

续表

思政元素	知识点	具体内容	思政点	备注
人生价值观教育	直流稳压电源	直流稳压电源的设计与调试	专业情怀、工程观、实践观、社会责任感	
	EDA 技术	Multisim 软件学习	自主学习、勤奋刻苦、专研精神、专业情怀、国际视野、爱国主义情怀	MOOC 平台线上资源
学业规划与社会责任	基本单元放大电路设计与组装	放大器非线性失真研究装置（讲座）	求实，创新、自律、团队精神、专业情怀、系统观、实践观、自身价值、社会责任、时间管理	2020 年 TI 杯电子设计大赛题目
	全国大学生电子大赛线上专题讲座		自主学习、终生学习、创新精神、实践能力、职业素养、价值取向	线上发布相应参考资料、收集学生的反馈信息
家国情怀与使命担当	与电子技术息息相关的实事热点讨论		主动学习、不断更新、激发学生科技报国的家国情怀和使命担当、价值取向	
	专家开设讲座：《运载火箭电子技术简述》			外请航天领域专家

四、课程思政方略实施

（一）着力提升教师自身课程思政的意识与能力

"模拟电子技术基础"作为理工科类偏重实践教学的课程之一，其任课老师也多为电工电子类学科教育背景，相比较于思政专业或者其他社会科学类专业的教师，思政教育的理论水平明显薄弱。为实现思政教育与实际教学的深度融合，该课程组开展多次课程研讨活动，首先，在课程设计、教学内容、教学方法、考核评价等环节推进知识传授、能力培养、价值引领有机结合，切实提升教师自身的教学效能。其次，授课老师还应积极参加学校组织的专项交流活动，有针对性地研究如何结合学科专业和具体课程融入课程思政，坚定社会主义核心价值观、积极传播、模范践行课程思政教育改革。

（二）不断更新课程的教学手段和教学方法

结合近些年开展的"SPOC＋翻转课堂"，以口袋实验室等多形式混合教学方法和手段为依托，紧密贴合课程思政的建设需求，通过实体课堂，线上资源下放等融入思政元素的专业知识，让学生在学习专业知识的同时，能够接受良好的思政教育熏陶，培养学生建设国家、报效社会的家国情怀；多鼓励学生参与各项电子类竞技大赛，通过项目实践与历练，不断推进理论知识向科技成果转化，从各项成果中，不断提升学生的自信心与成就感，通过竞赛培养学生拼搏奋进、争做第一的竞技精神，全面提升学生的综合素质。

（三）努力寻找结合点，开展启发式教学

课程思政属于专业知识教学的自然延伸，应使专业内容与思政内容"巧妙"衔接，不能有明显的思政说教痕迹。在具体实施过程中，首先，授课教师要鼓励学生要勇敢表达想法，在实际项目执行过程中，放手让学生自己去做，包括对国际前沿知识的探索和了解，以及对研究方向的把控，通过对比学习、诱发式学习，真正做到让学生动脑动手，激发学生的学习热情，延伸教学的深度。其次，积极开展案例式教学。电子技术基础有着太多的成功案例值得我们借鉴学习，通过国际国内典型案例剖析，激发学生自由学习的热情，让学生在实例中思考、进步与成长，拓展教学的广度，全面提升学生的专业素养和综合能力。

（四）持续建立有效评价机制与监督体系

好的思政教育离不开切实有效的执行体系，在"产、学、研"深度融合的教学过程中，以参与式教学模式和评价体系作为保障，充分响应思政教育的建设目标。首先，教师团队内部要形成良好的监督，定期进行思政汇报，更多地进行相互学习，时刻总结更正在融合思政元素中出现的各种问题并及时进行交流解决。其次，设计好课程内容，除了专业知识的教授，还应有实时热点参与研讨、学生提问、学生讲课体验、讨论课等多形式的教学模式，充分调动学生的学习热情。最后，定期设计问卷调查，时刻关注思政教育环节在学生中的反响、好感度与满意度，真正做到时刻自省，真正回归到以学生为本的教育理

念。而在教学评价中，采用多元化评价方式，将学生的认知、情感与价值观等内容纳入教学评价环节，从而体现出教学评价的多元化。

（五）大力开展课外延伸活动，促进全景育人

积极引领学生加入乐电社团，走进国家创新创业实验室，这也是课程思政教育重要的组成部分之一。乐电社团是四川大学学术型院级社团，拥有配套的创新实验室和创新专用室，承载着学生的课外创新训练活动，以全国大学生电子设计竞赛为中心，全方位、多层次、立体化地为学生开展培训工作，可以进一步丰富学生的课外生活，推进学生开展创新训练，提高学生的自学能力，培养学生的使命感、责任感与爱国情怀。

五、结束语

"模拟电子技术基础"作为典型的工科课程之一，其思政教育改革目标应是较为明确的。教师首先要形成课程思政意识，牢固树立既教书又育人的使命与职责，自觉把课程思政落实到各项教学活动中。除了理论与实践相结合，教师还应该顺应思政课程建设的新目标，将课程培养目标与国家实际发展需求紧密结合，充分体现出课程的教育性、知识性与技能性。同时，学科素养应该与人文素养相辅相成，只有树立了正确的人生观、价值观和世界观，才能更好地指导学生本身的学习生活。工科类学生更是肩负着社会主义建设最基础、最核心的重任，只有融合良好的思政教育，才能更好地培养学生"为什么而学"的职业理念，相信通过专业思政教育的不断完善与坚持，其"潜移默化，润物无声"的立德树人作用也会愈加明显。

参考文献

［1］杨雅玲. 教育客体主体化，提高大学生学习习近平新时代中国特色社会主义思想有效性——以高校思政课《概论》课程教学为例［J］. 佳木斯大学社会科学学报，2020，38（1）：181－185.

［2］胡庆，方红，高山山，等. "模拟电子电路"课程思政教学改革与实践探索［J］. 工业和信息化教育，2020（8）：11－13.

［3］陈琦，张勇，闫智. 课程思政在"模拟电子技术"课程中的应用［J］. 教育教学论坛，2020（40）：19－20.

［4］邓果.《电子技术》课程思政的研究与探索［J］. 计算机产品与流通，2020（10）：118.

［5］张丽，王立国，刘景艳，等. 课程思政视角下数字电子技术教学改革实践与探索［J］. 教育教学论坛，2020（26）：93－95.

基础化学课中价值塑造与能力培养的实践[①]

——以科普视频制作为例

周加贝[1] 张远见[2] 刘 靓[3] 李 琼[3] 权新峰[4]

（1. 四川大学化学工程学院；2. 上海卓越睿新数码科技有限公司；
3. 成都七中初中附属小学；4. 四川大学匹兹堡学院）

【摘要】通过过程化考核和设计非标准答案大作业，组织工科大一学生利用所学知识给留守儿童制作科普视频，并在小学开展科普实践活动，以培养工科大学生的合作能力、创新能力和表达能力。通过实践活动，让学生在实践的过程中进行价值塑造，强化服务社会的人生观，以期达到四川大学培养国家栋梁的目标。

【关键词】基础化学课；价值塑造；能力培养；立德树人

一、背景

《高等学校课程思政建设指导纲要》[1]中指出，落实立德树人根本任务，必须将价值塑造、知识传授和能力培养三者融为一体、不可割裂。全面推进课程思政建设，就是要寓价值观引导于知识传授和能力培养之中，帮助学生塑造正确的世界观、人生观、价值观，这是人才培养的应有之义，更是必备内容，这说明了价值塑造在立德树人工作中的重要性[2]。天津大学副校长巩金龙教授在《开启"新工科"课程

① 本文系四川省 2018—2020 年高等教育人才培养质量和教学改革项目 JG2018－30、四川大学未来教学专项和四川大学新世纪教育教学改革工程（第 8 期）研究项目成果之一。

思政建设新篇章》中提出了引导学生将个人的"小我"融入祖国的"大我"、人民的"大我"之中[3]。培养学生为社会服务的人生价值观，及培养学生的表达能力、合作能力和创新能力，既秉承四川大学化工学院张洪沅先生"立足基础、面向工业、服务社会"的办学理念，又符合四川大学培养"具有崇高理想信念、深厚人文底蕴、扎实专业知识、强烈创新意识、宽广国际视野的国家栋梁"的人才培养目标。

《近代化学基础》是四川大学化学工程学院开设的一门工科基础化学的主干课。面向大一新生，该门课程的授课老师将渐进混合式教学模式与过程化考核相结合[4]，在具体实践的过程中，通过线上学习，锻炼学生自主学习的能力；通过让学生绘制思维导图，锻炼学生归纳总结知识的能力；通过设计非标准答案大作业，锻炼学生的高阶思维能力、合作能力与创新能力（如图1所示）。例如，让学生自主设计故事化非标准答案的题，想象古代和未来场景中化学知识的应用；让学生动手制作习题讲解视频，或让学生给地震灾区设计应急净水装置，给非洲欠发达地区设计简易消毒装置和过滤装置，等等。从2018年春季学期起，近代化学基础的课程思政开始设计非标准大作业，让本科生给留守儿童拍摄科普视频，并让小学生对科普视频进行评价，然后通过支教学生进行推广，以达到对学生进行价值塑造与能力培养的目的，并在2019年秋季学期实现了"制作—反馈—应用"的完整闭环。

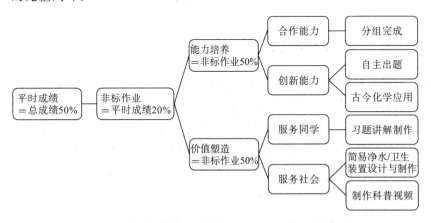

图1　近代化学基础中非标课程思政作业的类型

二、理论分析

课程思政建设的目标是全面提高人才培养能力，让大一学生用所学知识给留守儿童制作科普视频，将理论与实践相结合，通过以输出促输入的方式巩固学生所学知识，拓宽学生视野和提升学生综合素质，并在潜移默化中对学生进行价值塑造，厚植爱国主义情怀和加强品德修养，让学生在利用所学知识服务社会的过程中找到自己的价值和意义（如图2所示）。同时，选择知识基础与留守儿童接近的小学生作为科普实践对象，由于小学生基本没有化学知识基础且与大学生年龄差较大，因此，可在科普过程中锻炼学生的同理心、表达能力和创新能力，让学生在反馈中进一步改进科普视频，以期在支教活动中使用效果更佳。

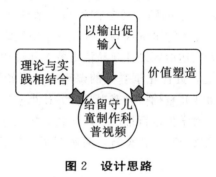

图2 设计思路

三、方法与实践

让本科生给小学生制作科普视频的活动的方法为：根据班级人数将学生分为5~8人一组，每组选择书上的一个知识点进行科普视频制作，并由任课教师进行修改，请小学生和小学科学老师担任评委，对科普视频进行评分和反馈。该活动的评分和反馈结果将作为一项非标准大作业的评分依据（占平时成绩的10%）。本文以2019年秋季学期实践为例（如图3所示）。

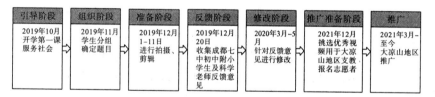

图 3　实践路线图

（一）引导、组织阶段

首先，在开学第一堂课即从学"生"的三层含义引申出，"学会生存""学会更好地生活"和"学会让他人生活得更好"，并基于四川大学培养国家栋梁和社会精英的人才培养理念，强调合作能力、高阶学习能力和社会责任感的培养对于学生未来发展的重要性。从 2019 年 11 月份开始，将学生进行分组，将每个班（约 50 人）的同学分成 8 组，每组约 5~6 位同学。并于 2019 年 12 月前确定了题目和拍摄方式。

（二）准备阶段视频拍摄与制作①

在 2019 年 12 月的前三周进行视频的拍摄和制作，具体拍摄根据学生的安排分成了集中拍摄和个人自主拍摄，集中拍摄分别在四川大学望江西四教智慧树摄影棚和江安一教 A207，由上海卓越睿新数码科技有限公司西南地区负责人带领工作人员协助进行拍摄。拍摄的选题结合小学生的兴趣点，从生活中常见的现象出发进行拍摄，最后共得到视频 16 个，视频时间为 5~10 分钟。由于视频采用小组分工合作的形式完成，在拍摄过程中，全小组成员均需全程参与策划、拍摄和后期制作，锻炼了学生的合作能力。

（三）反馈阶段

为了更好地对留守儿童进行科普，特选择面向与留守儿童一样无化学基础的小学生进行视频的初次播放，并收集反馈意见。经过前期的沟通和安全培训，由周加贝老师和权新峰老师在李琼老师的协助下，于 2019 年 12 月 20 日选择了 3 个三年级班级的小学生约 100 人

① 致谢：视频的拍摄得到了上海卓越睿新数码科技有限公司的大力支持，具体科普活动的实践得到了成都七中初中附属小学的大力支持与合作。

进行分享并搜集反馈意见。反馈的维度包括小学生是否能听懂、是否觉得有趣、学到了什么，以及对视频的评价和期望。李琼老师根据自己科学老师的经验也对学生制作的视频进行了一一点评。科普交流活动之后，任课教师参考反馈结果对学生的非标准大作业进行评分。

（四）修改阶段

在 2020 年春季学期第一堂课，周老师给同学们分享了自己假期服务抗疫的故事，对同学们进行了激励，并将收集到的小学生和小学科学老师的意见反馈给学生，学生也认识到，他们制作的科普视频在趣味性上和表现手法上还需改进。因此，他们分组对 16 个视频中的 12 个视频进行了改进。

（五）推广准备及推广阶段

到了 2020 年 12 月中旬，活动组挑选了 12 个视频中制作和表现水平优秀的 6 个视频，经四川大学学生社团联合会审核后交给四川大学化工学院支教团。支教团于 2021 年将科普视频用于大凉山地区留守儿童的科普教育课，同时，邀请视频制作的学生报名加入学院的支教群，以期对视频进行进一步的改进。

（六）总结及成效

节选部分学生的反馈（见表 1），通过科普视频制作的非标准大作业的设计，让学生从大一开始就接触公益事业及团队合作，并能够以趣味性的方式多维度展现知识。在知识应用的过程中，不仅培养了学生各方面的能力，还帮助学生树立了为社会服务的人生观与价值观。

此次活动，共在小学进行科普 1 次，挑选 6 个视频用于在大凉山地区进行支教，并有约 40 名学生加入志愿者组织。

表 1　部分学生收获主观反馈

姓名	反馈内容
苏同学	收获了互帮互助的能力、沟通交流的能力、创新公益的能力
赵同学	第一次参与公益（应该是第一次正式地参与公益，之前都只有捐款）

姓名	反馈内容
李同学	收获了：（1）逻辑归纳能力——思维导图；（2）化学知识；（3）团队协作能力；（4）互助的小伙伴；（5）先预习再上课的自觉；（6）有笑声、有痕迹的上课模式；（7）抓住了可爱的贝爷一只以及贝爷的可乐……
陈同学	通过这门课程，打开了再次认识化学的大门，并且相较于课本内容知识的吸收，收益最大的是在于课堂之外的东西，例如，科学、辩证地看待某些事情，以及了解到一些微小的藏在生活中的知识，比如七喜为什么叫七喜
唐同学	收获了知识、语言表达能力、动手能力、高科技产品、与同学间的情谊
朱同学	学到了很多课外知识，学会用化学的眼光看待问题，和可爱的贝爷做朋友，以及画思维导图的概括能力
刘同学	在知识上接触了以前没学过的高中化学选修三，并对其他知识进行了深入了解。有一位开明、思想先进的老师，不只限于课堂，在生活中也有所收获，如可乐会等，都是学习的另一种体现

四、结论与反思

通过过程化考核和非标准答案的设计，将价值塑造和能力培养融入工科基础化学课《近代化学基础》的知识传授过程中，通过分组以输出促输入的方式对学生的服务意识、合作能力、表达能力和创新能力进行培养，符合"双一流"大学的学生培养目标及化学工程学院服务社会的定位。该方法得益于多方的合作，但学生学习课程的时间只有大一的两个学期，所以视频内容的后续改进和推广将受到一定程度的影响，如何做出高质量的科普视频依然是需要面对的挑战。

参考文献

［1］中华人民共和国教育部．教育部关于印发《高等学校课程思政建设指导纲要》的通知：教高〔2020〕3号［A/OL］．（2020—05—28）［2020—06—01］．http：//www. gov. cn/zhengce/zhengceku/2020—06/06/content＿5517606. htm.

［2］彭刚．课程思政要如盐在水［EB/OL］．（2020—06—08）［2020—06—18］．http：//www. moe. gov. cn/jyb＿xwfb/moe＿2082/zl＿2020n/2020＿zl29/202006/t20200608＿463716. html.

［3］巩金龙. 开启"新工科"课程思政建设新篇章［EB/OL］.（2020－06－06）［2020－06－18］. http://www. moe. gov. cn/jyb ＿ xwfb/moe ＿ 2082/zl ＿ 2020n/2020 ＿ zl29/202006/t20200608 ＿ 463711. html.

［4］周加贝，鲁厚芳，赖雪飞，等. 轻度混合式教学在工科基础化学课中的应用［J］. 大学化学，2020，36（7）：169－173.

生理学教学中的思政教育

陈华华　　岳利民　　周　华　　何亚萍　　陈　丽　　朱敏佳

（四川大学华西基础医学与法医学院 生理教研室）

【摘要】生理学专业知识与思政教育相结合，在传授生理学知识的同时弘扬爱国主义、无私奉献和科学创新精神，帮助学生树立正确的人生观和价值观是新时期生理学教学需要探索的新课题。作为生理学教师，深入挖掘课程蕴含的德育要素，润物无声地嵌入育人要素，将专业教育与育人目标巧妙地融为一体，培养有专业精神、有奉献精神、有科学精神和人文情怀的医学人才。

【关键词】生理学；课堂教学；爱国主义；思政教育

2016年12月7日至8日，习近平总书记在全国高校思想政治工作会议上强调：要坚持把立德树人作为中心环节，把思想政治工作贯穿教育教学全过程；要用好课堂教学这个主渠道，各类课程都要与思想政治理论课同向同行，形成协同效应。生理学是一门重要的基础医学课程，如何在教学工作中将生理学专业知识与思政教育有机结合，在传授生理学知识的同时弘扬爱国主义，无私奉献和科学创新精神，帮助学生树立正确的人生观和价值观是新时期生理学教学需要探索的新课题，也是生理学教学工作者应该追求的更高境界。作为生理学教师，要深入挖掘课程蕴含的德育要素，润物无声地嵌入育人要素，将专业教育与育人要求巧妙地融为一体，在专业知识传授过程中融入思政教育，培养有专业精神、有奉献精神、有科学精神和人文情怀的医学人才。

为此，本文以申请到的学校的专业课思政教育项目为依托，结合教研室生理学教学的实际，在原有课程体系和教学内容的基础上，将思政教育的内容有机融入生理学教学的全过程，重点进行了以下的探索和实践。

一、将专业精神与爱国主义教育相结合，融入生理学教学

生理学是一门重要的医学基础课程，与临床各学科、医疗保健及疾病预防工作密切相关。大部分学生将来会从事临床医学方面的工作，直接为患者的健康负责，就像学生进校时宣读的《医学生誓言》里面写的：健康所系，性命相托。学生对生理学知识掌握的程度直接影响到后续的病理生理学、药理学及各门临床课程的学习，因此，生理学教学对于培养学生的专业素质十分重要。实际上，医学专业教学有自带思政的特点，在专业知识传授的过程中，可以通过列举中国科学家对生理学的发展所做出的贡献，切实做到将思政教育润物细无声地渗透到专业教学中。例如，可以在讲授神经－肌接头时，列举冯德培院士在神经－肌接头研究中的成就；在讲授胃液分泌的调节时，列举林可胜教授在胃肠激素研究中的成就，以此激发学生的民族自豪感，增强学生的文化自信。

个人前途与国家命运是不可分割的，只有国家发展得好，个人才有长久的立足之地。生理学教学中除了专业知识的传授，还要大力弘扬爱国主义精神。例如，可列举林可胜教授在抗战前线组建中国红十字会救护总队；易见龙教授在抗战时期建立我国第一个血库；还有许多老一辈生理学家在战乱不断的年代，在爱国精神激励下做出了卓越贡献，正是他们的努力，推动了中国生理学的发展。通过讲述爱国生理学家的故事，激发学生的爱国热情，帮助和引导学生树立正确的世界观、人生观和价值观。

二、将科学创新精神教育融入生理学教学

生理学还是一门实践性很强的科学，生理学的知识很多都来自科学研究和临床实践，因此，学习生理学知识对于培养学生科学思维和科学态度、了解基本的科学研究方法都有着重要的作用。所谓科学精

神，就是坚持以科学的态度看待问题、评价问题。科学发展的道路是曲折的，科研工作者不仅要有好奇心和想象力，还要有锲而不舍的顽强性与坚持性。在生理学教学过程中，教师要教育学生一切从实际出发，培养学生实事求是、勇于创新的科学精神。

例如，在"内分泌"章节的教学中，教师可以向学生介绍一下促胰液素的发现过程。英国生理学家贝利斯和斯塔林坚持尊重实验结果，突破当时科学界认为只有神经调节这种唯一的调节方式的传统束缚，勇于创新，大胆提出新的假设，进行严谨的科学实验，从而发现了一个新领域，建立了内分泌学。在第一个激素促胰液素发现之后，人们才发现了调节机体活动的一种新方式——体液调节。再如，在"消化和吸收"的章节教学中，教师可以给学生讲述发现幽门螺杆菌的故事。澳大利亚的科学家马歇尔和沃伦坚持自己的发现，不顾当时医学界认为胃内是无菌的观念，甚至为了证明致病机理，两人还曾喝下培养的细菌。两人先驱性的发现，使胃溃疡从原先人们眼中的慢性病，变成了一种采用短疗程的抗生素和胃酸分泌抑制剂就可治愈的疾病。这样的故事还有许多，可以在生理学教学中有机地融入，不断培养学生勇于创新的精神。

三、将无私奉献精神融入生理学教学中

学术研究是一项艰苦的探索性工作，需要有忘我无私的工作作风，以及为科学事业献身的崇高精神。例如，在呼吸章节的教学中，讲述高原反应时，教师可列举复旦大学钟扬教授无私奉献的事迹——为了采集世界上最高海拔的种子植物，守护高原生态屏障，为祖国守护植物基因宝库，钟扬带领他的学生们进行了长期的野外收集种子工作，体现了一个科学家不畏艰苦的无私奉献精神；通过讲述在新疆、西藏高原戍边的人民解放军保家卫国的艰难，以及建设者克服巨大的困难，修建了几乎不可能完成的天路——青藏铁路，让学生体会高原的人民解放军和建设者们的无私奉献精神；在讲述诺贝尔生理学或医学奖获得者屠呦呦的故事时，重点讲述她在发现青蒿素的过程中，献身科学的奉献精神和坚忍不拔的攀登精神。这一个个鲜活的人物，必将直击学生的心灵，在学生心中埋下为了科学研究无私奉献的种子。

四、将人文精神融入生理学教学中

医学院校是培育生命健康使者的摇篮，除教会学生专业知识以外，还要着力培养他们"敬佑生命、救死扶伤、甘于奉献、大爱无疆"的医者精神，注重加强医者仁心教育，培养具有"大爱""仁慈"的人文精神。例如，在"血液循环"章节的教学中，要提醒学生要注意血压测定中的人文关怀，注意环境因素对患者血压测定的影响，如"白大褂高血压"；在"血液"章节的教学中，结合输血安全性，给学生讲授无偿献血的重要性，讲述汶川大地震发生后，全国各地群众自发组织献血的故事，以及我们身边的老师，十年如一日捐献血小板的光荣事迹；同时，在"血液"章节的教学中，列举临床错误输血的案例，引导学生思考如何才能避免类似事故的发生。通过思政教学，让学生在教学中逐步形成敬重生命、关爱生命、守护生命的思想觉悟。

不仅人类有生命，动物也有生命。因此，不仅要关怀人的生命，也要关怀实验动物。在实验教学中加强 4R 原则，提醒学生在实验操作中要温柔对待动物，做到有效的麻醉和细心的操作，将手术对动物的伤害降到最小。通过敬畏生命，让医学知识不再冰冷，而是充满温度。

以上四点，都是以课堂教学为渠道，将思政教育融入生理学专业知识教学的探索和实践。实际上，思政教育不应该仅仅局限于课堂讲授这种单一的教学形式，还可以采取其他适当的仪式。例如，上课时喊起立，学生和老师互相鞠躬和问候。一方面体现了尊师重教，另一方面有利于让学生思想上做好上课准备，集中注意力。再如，在科研工作中，要提醒学生要遵守规则、恪守底线，培养正确的价值观和人生观，做合格的公民。

生理学是一门比较抽象的科学，如何化抽象为具体，让学生不排斥生理学、爱上生理学、学好生理学，是每个生理学教学工作者应该思考并解决的问题。因此，对于生理教学工作者来说，要努力提升自己的专业素养，真正的热爱生理学教学工作，认真备课，讲好每一节课，做好每一个实验，认真对待学生的每一个提问，对于教师自身来说，就是最好的思政。而教师自己对待工作认真负责的态度也将感染学生，起到很好的言传身教的作用，同时，课程思政就像"盐溶于汤"，起到了"提味增养"的作用。

通过在生理学教学中融入思政教育，对学生起到了润物细无声的渗透作用，学生将更加热爱生理学、热爱科学研究，为今后能成为一个优秀的医务工作者而努力奋斗。

参考文献

[1] 张中海，崔洁，李翠，等. 思政课融入生理学教学的方法探析 [J]. 卫生职业教育，2019，37（12）：20—21.

通过国际关系史课程增强学生
对党领导核心地位的认同感

修光敏　庞玲芳

（四川大学国际关系学院）

【摘要】当前，通过专业课的课程思政建设切实提升大学生对党的领导核心地位的认同感具有特殊的重要性和紧迫性。在这方面，国际关系史课程思政的研究和实践主要包含三种路径：一是利用外国档案从客观角度展现中国共产党的先进性，二是引导学生通过史实比较认识到中国共产党在维护主权领土完整方面的历史性贡献，三是根据西方主流政治学者的理论阐释中国共产党领导核心地位确立的历史必然性。借此，国际关系史课程能够从档案实证、国际视野、史论结合等方面切实提升大学生对党的领导核心地位的认同感。

【关键词】课程思政；国际关系史；中国共产党；领导核心；认同感

2021年是中国共产党建党一百周年。在这个关键的历史节点，中共中央办公厅、国务院办公厅印发的《关于深化新时代学校思想政治理论课改革创新的若干意见》明确指出："办好思政课，要放在世界百年未有之大变局、党和国家事业发展全局中来看待，要从坚持和发展中国特色社会主义、建设社会主义现代化强国、实现中华民族伟大复兴的高度来对待。"① 当前思想舆论和意识形态领域的国际斗争日趋激烈,美国不断加强对中国政治体制的攻击力度[1]。在此背景下,通过国际关系史课程,引导大学生从国际视角回顾党的百年奋斗历程,并在此过程中认同中国共产党领导核心地位确立的历史必然性就显得尤为迫切。

一、当前历史、政治等学科课程思政研究的成效与不足

当前,历史、政治等学科在课程思政研究方面进行了大量探索。如陈兰芝以"抗日战争在上海"课程为教学承载,展现国共两党在抗战中发挥的作用,通过讲述中国共产党的抗战史,加强学生的历史观、政治观、国家观、民族观和价值观[2];李林杰将共产党的革命精神融入高校思政理论课,使学生认识到共产党在革命中的艰难困苦以及弘扬共产党革命信仰的重要性[3];黄璜提出要将党史教育和思政教育有效融合,引导学生构建正确的价值认知和价值取向[4]。崔修竹通过普及世界历史相关知识并将中国历史与世界历史进行对比,引导学生厚植爱国主义情怀[5];张莉将国际政治学课程与课程思政相结合,促进学生形成正确的政治价值观和政治立场,增强学生对共产党领导下的社会主义道路自信[6]。

尽管课程思政建设已取得丰硕成果,但还存在以下几点不足:一是明确将落脚点定为培养学生进一步坚持和维护党的领导核心地位的课程思政建设成果尚不多见;二是有的课程思政研究尚未充分从国际视角论述我们党捍卫国家利益的艰辛努力;三是既有研究主要从宏观层面阐述思政教育的方向,而具有针对性的具体案例、做法、经验论述较少,在实操性方面存在一定不足。国际关系史课程作为国际政治专业的专业基础课,为提升当代大学生对党的领导核心地位的认同感提供了国际视角和独特抓手。

---

① 新华社. 中共中央办公厅 国务院办公厅印发《关于深化新时代学校思想政治理论课改革创新的若干意见》[EB/OL]. (2019−08−14)[2020−11−23]. http://www.gov. cn/zhengce/2019−08/14/content_5421252. htm。

二、国际关系史课程思政建设的实践

根据国际关系史研究和教学的方法、内容和目标，结合教育部关于"将课程思政融入课堂教学全过程"的要求，国际关系史课程将多国档案运用、史实比较、史论结合等方法贯穿教师讲授、学生报告和课堂讨论等环节中，在提升学生专业素养的同时切实提升其对党的领导核心地位的认同感。

（一）通过外国档案证实党的先进性

大学教育当以求真为先，课程思政建设的基础也须尊重客观事实。档案是在历史中客观形成并保存下来的，具有记录方式的直接性和记录内容的真实性等特征，因而是令人信服的历史证据[7]。在《国际关系史》课程教学中适当使用外国解密档案，不仅在知识上能够更为完整地呈现历史事件，在方法上能够展示多国档案利用这一国际关系史研究的"高级"原则[8]，而且能够通过展示来自他者、对手甚至敌人的评价更为全面客观地体现我们党团结带领人民、维护国家利益的努力和成效。例如，在向学生讲授世界反法西斯战争时，中国的抗日战争是其中的重要组成部分，而中国共产党领导的敌后游击战又是中国抗日战争的重要组成部分。在讲授此部分内容时，充分利用美国和日本的历史档案再现敌后抗日根据地的中国共产党及人民军队的昂扬斗志。1939 年 2 月 23 日，美国驻华大使馆代办向美国国务卿发送的电报就介绍了朱德、彭德怀领导的八路军"在政治和军事上都组织得很好"，八路军士兵的特性也给美国人留下了斗志高昂、纪律严明、军事装备充足的深刻印象[9]。又如，在讲述第二次世界大战后远东国际格局的变化时，必然涉及中国共产党战胜国民党反动派，成立新中国。在向学生解释为什么历史和人民最终选择了中国共产党时，英美解密档案从第三方视角提供了令人信服的答案。美国驻华大使司徒雷登在1947 年 10 月 29 日发给美国国务卿的电报中对国共两党进行了对比。在谈到国民党时，他不得不承认："国民党内充斥着的腐败和反动势力太熟悉了，不需要再进一步强调……在日益绝望的前景中，失败主义的情绪已经使得所有创造性努力逐渐瘫痪"。与此同时，他认为[10]中国共产党"正在稳步提升他们的组织和纪律。官兵们同甘共苦，有着为一项超越所有自私自利或享乐想法的事业而献身的热情。"

1949 年 8 月新中国成立前夕，驻新加坡英国殖民官员的政治报告则反映了东南亚华侨对国民党的看法："在国共内战中，海外华侨却丝毫没有给予蒋介石金钱和行动上的任何支持。过去二十年蒋介石在中国的统治破坏了所有中国人的生计，除了让四大家族及其追随者渔利。因此，一个新政权取代一个旧的、腐败的政权是很公平的。"[11]

在论证中国共产党的先进性时，外国档案由于处于第三方视角，其观点往往更容易被学生所接受。当前，西方媒体和网络上不时会出现一些历史虚无主义的言论，这些外国档案恰是对此类言论的有力否定。

（二）通过史实对比突出党的历史性贡献

除了教师讲授之外，国际关系史课程也鼓励学生以小组为单位进行探究式学习并与同学们分享成果，同时，教师通过设置问题链，引导学生从史实对比中认识到中国共产党在维护祖国主权和领土完整方面的历史性贡献。

结合课程内容，学生小组报告的一个选题是 1905 年的日俄战争。通过查阅相关文献，学生能够阐明这场战争的性质、结果和影响：这场战争是日本和沙俄两大帝国主义国家为争夺中国东北和朝鲜进行的一场战争；清政府积弱已久，对此只能自称"局外中立"；战争的结果是日本吞并朝鲜并将势力范围扩张至中国东北；战争后期，美国通过出面调停开始进入远东国际政治舞台。

但为了进一步实现课程思政的目标，教师基于这场战争的基础知识引导学生结合史实进一步思考：清朝之后的北洋政府收回了日本在东北的权益吗？事实上，彼时奉系军阀张作霖虽号称"东北王"，但对驻扎东北的数万日军无可奈何，且最终被日军炸死。

国民政府在取代北洋政府之后收回了东北的领土主权吗？此时可向同学们介绍 1939 年 1 月，蒋介石在国民党五届五中全会上说他的所谓抗战到底的"底"是恢复卢沟桥事变以前的状态。对此，毛泽东特别提出抗战到底的目标是"打到鸭绿江边，收复一切失地"[12]。

那么抗战胜利之后国民政府能够在东北完全行使主权收回辽东吗？应向同学们说明 1945 年 8 月"中华民国"与苏联签订了有效期为 30 年的不平等条约《中苏友好同盟条约》，其中规定中东铁路和南满铁路由中苏共同经营，中方同意将大连港设为国际自由港并与苏联共同使用旅顺口海军基地。虽然中国为第二次世界大战的战胜国，但国民政府仍然无法改变外国势力盘踞东北的局面。

那这一局面究竟什么时候才得到彻底改变呢？可借此机会教育学生：直到新中国成立后，1950 年 2 月，中华人民共和国与苏维埃社会主义共和国联盟（苏联）签订了《中苏友好同盟互助条约》，其中规定苏方不迟于 1952 年末从旅顺口撤回其驻军，苏方保证将大连的行政管理权完全交予中国政府，苏方将在对日和约签订后或不迟于 1952 年无偿向中国移交中长铁路的权利及全部财产[13]。在抗美援朝战争胜利的背景下，1952 年底，中长铁路正式归还中国。1955 年，苏联正式撤离旅顺港。至此，外国势力才完全撤离中国东北。

通过学生报告和教师引导相结合，根据史实对比，可以帮助学生清晰、深刻地认识到在维护中国东北的领土主权完整方面，新中国履行了晚清政府、北洋政府、国民政府都无法完成的历史使命。

（三）通过政治学理论阐释党领导核心地位的形成

国际关系史课程的授课对象是国际政治专业的本科生，他们所属的一级学科是政治学。针对授课对象的学科属性，本课程通过史论结合的方法，在史实讲授中融入西方主流政治学者的理论，借此解释中国共产党领导核心地位确立的历史必然性，努力培养又红又专的时代新人。

在介绍近代法国、俄国及中国革命的内容时，教师借助原美国政治科学学会主席、哈佛大学教授西达·斯考切波（Theda Skocpol）的理论来论证中国共产党与农民血肉联系的独特价值和重要意义。斯考切波认为，18、19 世纪的法国农民虽然发动了相对有限的革命来对抗资本主义对自己剩余劳动产品的剥夺，但由于未能得到有效的组织而丧失了自身的团结，他们的地位也逐步被资本主义无情地侵蚀殆尽[14]。20 世纪 20 年代的布尔什维克也缺乏与农民直接的政治联系，这使得俄国共产党只能通过"革命动员方式"，即依靠城市特派员实行强制高压手段来实现农业集体化，最终造成农业生产的短期崩溃以及集体部门长期的停滞不前。而中国共产党与农民的血肉联系是中国革命和建设取得成功的重要保障。斯考切波认为革命时期，中国共产党和农民结成同盟完成革命；建设时期，中国共产党通过调动并拓展其在农村早已存在的政治基础，得以比较顺利地实施农业的集体化。因此，中国共产党与农民之间通过完成、巩固二者在革命事业中早已结成的特殊关系，为日后中国共产党发动农民积极参与社会主义变革创造了特殊的可能性[14]。

对此，斯坦福大学教授乔治·霍兰·萨拜因（George Holland Subin）也在其著作《政治学说史》中指出："列宁只承认农民阶级在工业不发达的社会里的重要意义，而毛泽东则把农民阶级置于革命战略的中心地位。"[15]

另一方面，在向同学们介绍现代民族国家形成的历程时，本课程借助塞缪尔·菲利普斯·亨廷顿（Samuel Phillips Huntington）的理论，从中国近代历史和国情的角度解释了中国共产党成为领导核心的必然性。亨廷顿指出，在那些传统政治制度（君主制和封建议会制等）得以在现代政治体制中延续的地方，政党只起着第二位的、辅助性的作用。然而，在那些传统政治制度或崩溃或软弱或根本不存在的政体中，强大的政党组织是唯一能最终排除腐化型的或普力夺型的或群众性的社会动乱的选择，政党成为合法性和权威性的源泉。在这种情况下，不是政党反映国家意志而是政党缔造国家[16]。正是在这个意义上，亨廷顿明确指出："20世纪中期最突出的政治成就之一，就是1949年中国在经过百年的动乱后首次建立了一个真正能治理中国的政府"[16]。

因此，在课堂讨论中通过史论结合的方法介绍西方主流学者的理论，能够使学生们认识党的领导核心地位一方面来自"党和人民群众的血肉联系"，这种联系是中国革命和建设能够取得成功的重要保障，也是其他国家和政党难以具备的独特优势；另一方面来源于中国近现代化的历史进程，"在那些传统政治制度被革命所粉碎的地方，革命后的秩序实有赖于单一强大政党的出现，中国、墨西哥、俄国和土耳其革命证实了这一观点"[16]。

三、总结与展望

十九大报告指出，要确保党在坚持和发展中国特色社会主义的历史进程中始终成为坚强领导核心。通过课程思政建设切实提升青年大学生对中国共产党这一领导核心地位的认同和拥护，不仅是坚定大学生理想信念的题中之意，而且是落实立德树人根本任务的内在要求，更是中华民族伟大复兴的中国梦接续传递、变为现实的必由之路。在此过程中，国际关系史课程责无旁贷，任重道远。

本课程努力将专业素养提升与课程思政建设相结合，一方面探索了教师讲授、小组报告、课堂讨论等多种教学形式，另一方面在实践中努力将档案实证、史实比较、史论结合等教学方法贯穿各类教学形式始终，使学生在情感和学理两方面都充分认识到我们党在战争年代带领人民打败日本帝国主义和蒋介石政权的艰辛努力，中华人民共和国成立后维护祖国主权领土完整的丰功伟绩，以及党和人民群众血肉联系在国际上的独特之处和巨大影响力。

打铁还需自身硬。为了更好地坚守思想舆论和意识形态的主战场，接下来我们还需从以下几方面加强国际关系史课程思政建设。一是更广泛地搜集各国档案资料以客观真实地反映我们党团结带领全国各族人民在革命、建设和改革等各阶段取得的成就，尤其是向学生展示随着时间推移而解密的最新档案。二是更深入地挖掘史实，在中国融入国际体系过程中，我们党维护祖国主权领土完整、保障人民群众利益、发展近现代工业、实现军事现代化等方面形成系列专题，并通过与近代以来历届中国政府的比较来说明我们党领导核心地位确立的历史必然性。三是更全面地展示各国学者对我们党先进性的理论分析，从学理层面和国际视角展现我们的制度、道路、理论、文化所具有的强大生命力和国际影响力。

参考文献

［1］复旦大学国际问题研究院美国研究中心. 美国外交策略剖析［J］. 改革内参，2020（8）：3.

［2］陈兰芝. 上海抗战史课程思政教育的理论视界与实践效度探索［J］. 思想政治课研究，2019（6）：103—108.

［3］李林杰. 共产党革命精神融入高校思想政治理论课的实践路径研究［J］. 黑龙江教师发展学院学报，2020，39（9）：45—47.

［4］黄璜. 党史教育融合思政教育的方法新探［J］. 西部学刊，2020（8）：101—103.

［5］崔修竹.《世界文明史》课程教学中的爱国主义教育［J］. 教育现代化，2019，6（81）：215—216.

［6］张莉. 浅议课程思政在国际政治学教学中的运用［J］. 教育现代化，2019，6（A2）：202—203.

［7］薛汉莉. 浅谈档案在历史研究中的史料作用［J］. 科技信息，2012

（33）：731＋737.

[8] 时殷弘. 现当代国际关系史（从 16 世纪到 20 世纪末）[M]. 北京：中国人民大学出版社，2006.

[9] The Chargé in China（Peck）to the Secretary of State，893. 00/14336：Telegram，Chungking，February 23，1939—3 p. m.，FOREIGN RELATIONS OF THE UNITED STATES DIPLOMATIC PAPERS，1939，THE FAR EAST，VOLUME III.

[10] FOREIGN RELATIONS OF THE UNITED STATES. The Ambassador in China（Stuart）to the Secretary of State[A]. THE FAR EAST：CHINA，VOLUME VII. No. 1073，Nanking，October 29，1947，893. 00/10－2947.

[11] The National Archives. Singapore Political Report No. 9 For August，1949[A]. Cab 21/3273.

[12] 毛泽东. 毛泽东选集（第二卷）[M]. 北京：人民出版社，1991.

[13] 沈志华. 俄罗斯解密档案选编：中苏关系 [M]. 上海：东方出版中心，2015.

[14] [美] 西达·斯考切波. 国家与社会革命：对法国、俄国和中国的比较分析 [M]. 何俊志，王学东，译. 上海：上海人民出版社，2015.

[15] [美] 乔治·萨拜因. 政治学说史：城邦与世界社会 [M]. 邓正来，译. 上海：上海人民出版社，2008.

[16] [美] 塞缪尔·P. 亨廷顿. 变化社会中的政治秩序 [M]. 王冠华，刘为，等译. 上海：上海人民出版社，2008.

《国际政治专业英语》
教学中的思政建设与实践

洪　舒

（四川大学国际关系学院）

【摘要】《国际政治专业英语》是四川大学国际关系学院大一新生第一学期的专业必修课，因其政治学科和英语学科的双重背景，在课程教学的全过程中融入思政内容是十分必要与重要的。本文探讨了如何运用多种教学手段，在该课程的教学设计中将专业知识与思想政治相结合，将"引进来"与"走出去"相融合，引导学生树立四个自信、深刻理解中国政治制度的优越性，培养学生批判性思维与良好的英语沟通与跨文化交流的能力，提高学生对世界政治现象的解读能力，使国际政治专业的学生具备"传播中华文化、讲好中国故事"的能力，并提出了进一步贯彻执行课程思政精神的努力方向。

【关键词】 国际政治；专业英语；课程思政

习近平总书记在 2016 年 12 月的全国高校思想政治工作会议上强调，"要坚持把立德树人作为中心环节，把思想政治工作贯穿教育教学全过程，实现全程育人、全方位育人，努力开创我国高等教育事业发展新局面"①。高校课程思政是新时代学校课程建设的创新理念，也是贯彻落实习近平新时代中国特色社会主义思想的重要举措。尤其

---

① 新华社. 习近平：把思想政治工作贯穿教育教学全过程[EB/OL].（2016－12－08）[2020－12－13]. http://www.xinhuanet.com//politics/2016－12/08/c＿1120082577.htm。

在国内外环境日趋复杂，世界处于百年未有之大变局，我国处于重要战略机遇期的情况下，对于政治学科的教学而言，课程思政建设尤为重要。如何让国际政治专业的学生深刻理解世界格局的千变万化，从而能够作为中国对外政策的解读者？如何让其科学对比中外政治思想及话语体系，从而自信地成为中国制度的颂扬者？以及如何让其拥有良好的英语表达能力，从而能够作为中华文化的传播者？这些都是《国际政治专业英语》教师在课程思政设计时的出发点和落脚点，也是在教学全过程进行思政教育的有力抓手和有效途径。

一、《国际政治专业英语》课程思政建设的必要性

国际关系学院作为四川大学最年轻的学院，其人才培养的目标是致力于培养具有一定研究分析能力和娴熟外语交流能力，能在政府涉外部门、教育科研机构、跨国公司、国际组织、传媒及其他部门从事公共外交与人文交流、政策分析与国际传播、教学与研究等方面工作的国际化、复合型专业人才。为此，学院积极建立全英文课程，推进与国外著名大学联合培养机制。学院在 2017 年招收了第一届本科生，并在培养方案中将《专业英语》课程放在了第三学年开展。但由于学院 50％以上的课程由外教使用全英文授课，第一届学生在大一课程结束后普遍反映，专业英语知识的匮乏是他们理解英文原文课文内容巨大的阻碍，深感提升自身的英语水平的紧迫性。于是，学院修改了国际政治专业的培养方案，将《专业英语》这门课程从第三学年开设调整至第一学年第一学期开设，以便学生在进入大学校园之后的第一学期就能迅速掌握国际关系专业领域里的英文表达，从而为他们以后的专业课程学习扫清语言障碍。

在《国际政治专业英语》的教学全过程中融入思政内容，其必要性是显而易见的。首先，这是由国际政治专业的学科背景决定的。不可否认，在当今世界的国际体系建构中，西方政治思想是不可或缺的理论基石。原汁原味地学习国际关系和国际政治的相关理论，是政治学专业学生必须完成的功课。但同时，如何批判性地看待西方政治思想的利弊得失，以及如何科学认知中国政治思想在国际体系构建中扮演的重要作用，都是需要授课教师引导学生进行思考和辨析的。其次，这是由语言的文化载体作用决定的。由于语言

具有工具性及应用性双重性质，英语语料承载着的不仅是语言的输出，还有英美国家人民的文化观与世界观的自然流露与表达。因此，任何语言的学习都应是对来源国历史和文化的学习，语言课程的教学目标应是在培养学生跨文化交际能力的同时，帮助他们形成正确的世界观与人文观[1]。

可以说，《国际政治专业英语》的课程设计的出发点，就是将思政教育"润物细无声"地融入课程设计、让政治教育与专业教学深度融合。《国际政治专业英语》既具有政治学科属性，也具有语言学科属性，所以，本课程的设计既要让学生清楚了解国际关系史的发展历程，又要让学生知晓国际关系理论的概况，更要让学生明白在不同历史和文化背景下产生的中外政治制度的异同。授课教师在进行课程设计的时候，应对于本课程的思政教育作用一直铭记于心，即要做到不将本课程过度思政化，不能在专业课程或课堂结束后进行思政元素的强行引申和刻意靠拢，而是要在课程中融入思想政治教育的理念、目标、方式、内涵和技巧，实现思政元素与专业知识的相辅相成、自然融合，真正做到"润物细无声"。

二、《国际政治专业英语》课程思政建设的具体举措

课程思政不是简单将思政内容与专业知识生拉硬扯，也不是在专业学习之外另辟一条通往思政建设的道路。课程思政需要全盘策划、精心设计、环环相扣，唯有运用多种教学手段相结合的方式，才能够获取最好的思政效果。

（一）"一主导两结合"，多种教学手段相结合

本课程以"一主导两结合"为设计思路。"一主导"，就是以课堂教学为主导，坚持教学方法创新，形成丰富多彩的教学形式，包括邀请外籍客座教授就国际形势、中国与世界的关系等话题给学生做专题演讲等。"两结合"：一是结合教材，课程教材选用由邱培兵、黄日涵主编的《国际政治专业英语》，课堂教学选取教材中呈现的经典著作加以解析，以帮助学生迅速获取阅读政治学英文原文的能力；二是结合实践，课程紧跟当前国内外重点新闻，在收听国内外最新要闻的同时，对学生的英汉互译能力进行有效训练。

具体来看，本课程运用多种教学手段，力求使学生的专业英语得到"听、说、读、写、译"五位一体全面提升。在"听"方面，教师每堂课都会花40分钟的时间，带同学们一起进行当周重要英语新闻的听力练习，并采取原文填空或分小组讨论的形式，让学生对听到的新闻进行文字还原。在"说"方面，每周会请两位同学进行每人10~15分钟的英语演讲课堂展示，展示内容可以是当周的重要新闻，也可以是在国际关系领域内任何他们感兴趣的话题。课堂展示一方面锻炼了学生的口语表达能力，另一方面作为期末考试过程考核的内容之一。在"读"方面，任课教师会选取国际政治领域的经典文献带领学生进行阅读理解，帮助学生梳理文章结构，掌握英文作者的写作思路。在"写"的方面，每周会对前一周课文和新闻材料中出现的重点单词进行听写，帮助学生对专业领域内的重点单词和表达方式进行记忆，并会以写摘要的形式，对所学文章进行归纳概括，锻炼学生的写作能力。在"译"方面，在每周进行的听写环节中，任课老师会精选2~3个重点句式或长难句请学生做翻译练习，并且策划小型的翻译比赛，组织学生进行文献翻译，并对于优秀译作进行表彰。这样五位一体的教学方式，能够促使学生的英语能力在短时间内获得全方位的提升。更重要的是，通过对外文文献的阅读和对英语新闻的收听，学生对于国情和世情有了同步的接收和吸纳，在实践中快速提升语言能力，不断完善国际关系领域的知识储备。

（二）注重对比研究，增强爱国意识

授课教师设计《国际政治专业英语》课程的第一课，即为中西方语言的差异，以及造成这种差异的文化原因。虽然语言差异形成的历史和文化原因是长期而复杂的，授课教师还是生动地以中西方传统食物为例，讲述中西方文化和民族性格的差异：中国人含蓄、内敛，正如中国的传统食物饺子、包子、汤圆和馅饼等，好东西都包在里面；而西方人直接、喜欢开门见山，正如西方的比萨、蛋糕和水果派等，好东西总是放在面上、一眼就看到。这样形象又"接地气"的描述能让学生迅速明白中西方文化的差异体现在方方面面，是由于迥然不同的历史背景造成的。我们的民族认同感和自豪感源自这样一种信念，那便是中华文化在几千年时光的微雕细琢下，仍然熠熠生辉、光彩夺目，这是我们民族自豪感的丰富来源。

同时，在每周都进行的时事新闻听力练习中，授课教师精选当周各大英美主流媒体如美国之声（VOA）、英国广播公司（BBC）、美国有线电视新闻网（CNN）、华盛顿邮报（*Washington Post*）以及《泰晤士报》（*The Times*）等媒体的新闻报道，对比国内主要媒体（如央视国际频道、外交部英文网站、"学习强国"APP 等）对时事新闻的英文播报与解读，让学生熟知国内外媒体关注的侧重点之不同，与此同时，帮助同学充分掌握和学习新闻传播的表达方式与话语体系。学生在对比研究中会发现，对于同一个热点，由于不同国家和不同媒体的关注点不同，其报道的视角侧重和语言选择就会有所不同，而这些不同，正是不同价值观和世界观的充分体现。本课程特别注重国际比较和中外互鉴，在比较中植入思政教育元素，通过中西方人文观、价值观的比较，增强学生的爱国意识和民族意识，实现本课程的知识传授与思想政治价值引领相统一，教育和引导学生树立科学正确的世界观、人生观和价值观，形成正确的人文观，积极践行社会主义核心价值观。这些都是在课程思政的语境下，《国际政治专业英语》这门课程力求实现的教学功能。

（三）弘扬中华文化，培养四个自信

在全球化不断深化、国际环境愈加复杂、"百年未有之大变局"的大背景下，意识形态的交锋不断加强。加之西方话语权在国际关系领域的相关理论构建中的主导地位，使得不少相关领域的英语语料往往夹杂着"西方中心主义"的意识形态，导致教学过程中，文化意识形态安全问题日益凸显。这就要求授课教师在设计教学大纲时，要充分处理好文化之间的平衡问题。也正是因为这些原因，在《国际政治专业英语》的教学中贯穿课程思政内容显得尤为重要和必要，授课教师始终坚持以社会主义核心价值观的价值引领课程设计，以期解决好培养什么人、怎样培养人、为谁培养人的根本问题[2]。

本课程的受众是大一新生，且是在第一学期进行授课，对学生而言是最先接触到的第一批大学课程之一。大学阶段是学生社会主义核心价值观塑造的关键阶段，国际政治专业的学生在学习过程中由于接触到较多西方视角的文献资料，容易受到西方文化意识形态的影响，甚至存在个别学生对西方政治文化存在盲从或盲目抵触两种极端的行为，容易出现社会主义核心价值观的缺失和思想政治立场的摇摆。在进行跨文化教育过程中，授课教师始终坚持以社会主义核心价值观为引领、坚持理论与实践相结合，帮助学生树立正确的人生观、价值

观。例如，让学生针对"社会主义核心价值观""两个一百年奋斗目标""新时代中国特色社会主义思想""命运同共体""四个全面""四个现代化"等中国特色的话语进行翻译，并与官方标准进行核对，这样不仅可以训练学生的英语能力，而且可以促进学生对这些治国方针政策的深入理解，增强学生的"四个自信"，为"讲好中国故事"做充分准备。

三、《国际政治专业英语》课程思政的下一步改进措施

本课程以课程思政为导向进行教学的顶层架构设计，遵循新时期学生认知规律和学习规律，生成课程思政的独特路径，取得了一定的成效，但随着国际国内环境的日趋复杂、我国面临的新挑战愈加频繁，《国际政治专业英语》的课程思政工作还需不断改善加强，从战略高度全面推进本课程思政体系建设。

（一）继续挖掘课程思政的新素材

本课程的思政内容不是新开辟一门课程或新设置一门单元，也不是简单的思想政治说教。授课教师应充分结合专业课知识点与世事变化，深入挖掘能够与思想政治教育结合的知识点，在课程设计中有效完成思政元素与专业知识的有机融合。现如今，国际形势不断变化、相互交融，国际关系理论不断更新、层出不穷，各国较量不断加剧、瞬息万变，这些都需要授课教师不断更新自身的知识储备，以发展的眼光在课程设计中摒弃墨守成规的教学理论，一以贯之做到对思政素材的持续挖掘和创新。

（二）不断跟进思政教学的新方法

本课程的思政教学，不能是生拉硬拽为思政而思政，而是需要尊重学生的认知发展和实际生活，以学生喜闻乐见的方式设计思政教学内容。同时，需要充分了解学生个体之间切实存在英语能力上的差异，并对此进行有针对性的课程设计。例如，有些学生的英语听力基础较差，在收听英语新闻时显得尤其吃力，这就需要授课教师对这部分学生进行特别训练，如在听力播放之前，先对听力材料中的重点和疑难单词进行讲解之后，再进行听力训练。总之，《国际政治专业英

语》课程思政需要坚持教师的主导性与学生的主体性统一，授课教师应在教学方法上下硬功夫，不断寻求在新形势、新环境下的教学方法往多元化与多维度进行纵深发展。

（三）持续强化学生批判思维能力的培养

批判性思维能力的培养是当代大学教育的重要环节。《国际政治专业英语》的课堂内外都是锻炼和培养学生批判性思维能力的重要舞台，授课教师应在专业英语的阅读和写作等"输出性"教学环节融入批判性思维能力培养元素和批判性思维方法，让学生在研读和理解经典文献的同时，其批判性思维能力能够得到有效锻炼。此外，授课教师还应结合教学和学生的实际情况，科学评估、积极探索符合学生认知能力和批判性思维能力发展规律的培养路径，帮助学生形成科学的国际政治专业英语知识建构体系和自学能力。

四、结语

2021年是《国际政治专业英语》授课的第三个年头，笔者目前已经顺利完成三届学生的课程教学。总结前两年的教学经验，不难看出，将课程思政与专业知识进行有机交融，对学生深刻理解中国特色大国外交、完整认识国际政治原理、合理构建国际关系框架体系、理性看待当今国际社会的深刻变局是有积极性推动作用的。但同时也应看到，我国发展处于重要战略机遇期，处在国际力量对比深刻调整、国际环境日趋复杂、不稳定性及不确定性明显增加的时代背景之下，引导学生树立科学的世界观、政治观，提高对世界政治现象的解读能力，是时代的召唤和要求[3]。坚定不移地将课程思政融入课堂教学，围绕培养学生的社会主义文化意识形态进行课程设计，通过对中西方政治思想的对比让学生了解背后的文化内涵，培养学生的批判性思维能力，帮助学生理解中国制度的优越性，引导学生树立四个自信，同时指导学生科学选择多元化的课外资源来增强对国际政治的理解，形成课内课外协同互补的意识形态培养机制，是今后《国际政治专业英语》课堂教学努力的目标与方向。

参考文献

［1］张慧丹. 英语课程思政的特点、问题和对策［J］. 教育评论，2020（8）：141—145.

［2］中国日报网. 习近平：用新时代中国特色社会主义思想铸魂育人　贯彻党的教育方针落实立德树人根本任务［EB/OL］.（2019－03－19）［2020－12－14］. https：//baijiahao. baidu. com/s?id＝1628391593842209036&wfr＝spider&for＝pc.

［3］中华人民共和国教育部. 教育部关于印发《高等学校课程思政建设指导纲要》的通知：教高〔2020〕3号［A/OL］.（2020－05－28）［2020－12－14］. http：//www. gov. cn/zhengce/zhengceku/2020－06/06/content _ 5517606. htm.

"课程思政"教学改革与实践

——以《皮革制品及品牌赏析》课程为例

杨璐铭[1,2] 冉诗雅[1] 祝 蔚[3]

姚云鹤[2] 曾 琦[2] 王 巍[3]

（1. 四川大学皮革化学与工程教育部重点实验室；2. 四川大学制革清洁技术国家工程研究中心；3. 四川大学轻工科学与工程学院）

【摘要】"课程思政"建设为高校思政工作指明了实践方向和行动准则，为达成"立德树人"的根本教育目标发挥了积极作用。本文结合教学实践，分析了"课程思政"的内涵优势及育人功能，以《皮革制品及品牌赏析》课程为例，从"提炼思政元素""明确思政理念""坚定思政导向"三方面出发，探索了本科教学实践中"课程思政"实施的有效途径，以期为提高思政视域下高校同类通识教育课程教学质量、提升学生综合素质提供参考。

【关键词】课程思政；立德树人；皮革；品牌

一、引言

2019 年 3 月，习近平总书记在思想政治理论课教师座谈会上强调了立德树人的重要性，并提出高校要引导广大学生树牢"四个意识"、坚定"四个自信"、做到"两个维护"的观点。2020 年 5 月，由教育部印发的《高等学校课程思政建设指导纲要》中指出"价值塑造是育人工作的第一要务"[1]。课程思政建设正是在全国高校育人体系的发展进程中，得到一步步的探索、推进和落实[2]的。课程思政在各大高校的普及和覆盖，为高校思政工作指明了实践方向和行动准则，为达成"立德树人"的根本教育目的发挥了积极作用。

一直以来，高校通识教育公选课程由于授课对象专业各异且数量较多，难以拥有小班教学的优势，普遍存在学时受限、教学方法单一等现象，课程教学偏向"以教师为中心"的传统授课模式，不容易给学生带来深刻的学习体验，不利于高阶思维的培养，同时，较难在课程中引导学生树立正确的理想信念[3]。而大学时期是青少年的"拔节孕穗期"，也是其价值观塑造的关键时期[4]，时代精神和主流文化是大学生茁壮成长的营养沃土。课程思政的核心，正是在通识教育公选课程的教学中融入情感、价值观和文化认同感，这不仅能满足学生成长期的情感发展需求，更能使思政教育内化于心、外化于行、固化于制，为培养中国当代和未来社会所需要的接班人打下夯实基础。结合教学实践，本文以《皮革制品及品牌赏析》课程为例，分析开展"课程思政"的必要性，从"提炼思政元素""明确思政理念""坚定思政导向"三个方面出发，探索通识教育课程教学实践中"课程思政"开展的有效途径，旨在提高课程思教学质量，为高校同类课程思想政治教育的改革提供借鉴。

二、《皮革制品及品牌赏析》课程进行"课程思政"的必要性

（一）"课程思政"的内涵

从认知社会学的角度来看，教育系统对学生意识形态的影响既体现在显性教育上，也体现在隐性教育中。显性教育即教学过程中所传达的文化信息，隐形教育即学生在学习过程中所建立的思想体系，教育的最终目标不是导师思想的延伸，而是学生的专业成就和独立自我的充分成熟[5]。因此，不同类别、不同性质的学科课程，应该发挥其特有的思政职能，让显、隐性教育相辅相成、同向同行。课程思政以课程为载体，根据学生身心发展、课程知识体系结构以及教学规律，将思想政治教育有机植入教学计划中，是推动思政教育工作合理有效进行的主要途径[6]。

"课程思政"的对象是"人"，是在课程学习过程中培养学生的思政素养，在其头脑中树立价值坐标；"课程思政"的重点是"思"，思

想是课程的灵魂，立德树人的基础是以新时代中国特色社会主义思想教书育人；"课程思政"的根基是"政"，让学生善于从政治上看问题，在政治问题面前要是非分明、头脑清醒；"课程思政"的载体是"课"，要在课堂知识传授环节有机融入思政思想，充分发挥课程思政的育人功能，能够达到"润物细无声"的教学效果[7]。"课程思政"的开展，不仅是由教师承担的职责决定的，也是由新时代下思政教育的改革发展所决定的[8]。在当前形势下，"课程思政"建设更是高校育人体系开展思政教育工作的关键。

（二）《皮革制品及品牌赏析》的课程目标及育人功能

《皮革制品及品牌赏析》是面向四川大学本科学生开设的通识教育公选课。本课程围绕四川大学培养一流人才的定位，通过工程技术的原理与现代工艺的发展以及现代先进设计的结合，将"课程思政"融入教学全过程，将经典与现代紧密结合，将中西方设计理念和设计作品对比重构，探讨工程技术进步对社会发展的影响，旨在帮助学生树立基本的工程伦理意识、中华美育、核心价值观及可持续绿色发展理念。通过该课程的学习，学生可以了解到鞋类及箱包等皮革制品的起源、历史、工艺发展变革、未来的发展趋势，以及国内外著名设计作品和设计背后的人文理念。

在介绍专业知识的同时，本课程通过跨学科交叉渗透，将新工科、新文科的多学科思维相融合，同时，及时将教师的最新科研成果以及国内外最新的研究报道融入教学课堂，激发学生科技报国、实业强国的使命感，确立与国家民族共命运的立场和态度。对教学课件及时更新，使学生可以及时了解、掌握最新成果，培养学生的创新能力以及可持续学习的能力，使其具备基本的艺术审美观、中华传统文化元素品鉴能力和工匠精神。

三、《皮革制品及品牌赏析》课程开展"课程思政"的探索与实践

（一）提炼思政元素，融入教学过程

思政元素是"课程思政"建设的关键环节，在高校深化思政改革的过程中，深层次挖掘课程的思政元素，不仅能让学生产生情感共鸣，

还能引导其在今后的社会生活中存信仰、敢作为[9]。思政元素源于生活，通过发掘身边的人和事、社会生活时事热点、与教学内容相关联的设计与科研故事，为思政教育资源库提供现实素材。

《皮革制品及品牌赏析》课程可提炼的德育元素包括社会主义核心价值观、历史使命感、社会责任感、艺术审美观、中华美育、工匠精神等，思政元素教学内容设计如表1所示。本课程思政元素资源库中的内容，不仅包括知识的来源和发展、现代科技的实践与应用，也涵盖了艺术理念、价值逻辑和思维情感，为搭建"课程思政"的精神桥梁打下基础。

表1　思政元素教学内容设计

思政"触点"	预期教学成效
1. 皮革制品行业发展与民生之间的密切联系	1. 引导学生认识人文与人类发展历程之间的关系 2. 培养人文思维，强化历史使命感和社会责任感 3. 习得从事物本质分析问题的科学方法
1. 科学伦理与学术道德 2. 科学家的故事	1. 引导学生认识科学成就，培养爱国主义情怀，树立正确的科学观和人生观 2. 感悟科技人文情怀，启发科学兴趣，培养协作精神
1. 鞋靴设计要点与世界发展方向之间的关联	1. 学会基于"理论—实践—理论"模式，深刻认识事物发展的基本规律 2. 能够透过现象看本质，具备解决问题的能力，习得、归纳、联系的科学方法
1. 中华传统文化元素的历史发展，强化民族自信与文化认同感 2. 设计制造与工匠精神	1. 弘扬中华美育、社会主义核心价值观的践行 2. 培养学生的艺术审美观，对传统行业继承的使命感，以及对专业技术刻苦钻研的工匠精神
1. 新时代皮革制品设计理念的改变 2. 皮革制品制作技术的进展与未来发展趋势	1. 强调文化自信、民族自信，弘扬中华美育 2. 激发学生为国家学习、为民族学习的热情和动力 3. 敢于求新、求变，具备创新精神
1. 皮革制品设计与未来发展方向	1. 培养学生民族自信、文化自信和技术自信 2. 能够用知识服务群众，践行使命担当 3. 培养创新精神，树立正确的人生态度价值观

注：①思政"触点"：课堂教学中专业知识内容可以与思政内容与有机融合的部分；②预期教学成效：描述与课程育人目标对应的具体成效，尽可能可观察、可评估，让学生有获得感。

（二）明确思政理念，优化教学设计

"已欲立而立人，已欲达而达人"，要使课程思政在高校课程中得到有效开展，首先要利用好各种教学手段将思政教育与理论知识融为一体，让"核心价值观"教育与日常教学过程无缝对接，使学生能自然接受，认为这就是课程的一部分[10]。"思政"与"教学"的结合要产生化学反应，不要物理焊接，更不要硬性堆砌。

课程思政的开展，首先，需要明确思政理念，找准思政教育与教学内容紧密连接之处，以布鲁姆教育目标分类原则作为理论依据[11]，以林崇德教授的教学模型作为理论基础[12]，通过对思政元素的深入挖掘，分析学生认知能力、学习动机与"思政"视域下教学设计的契合度。其次，需要在"思政"视域下优化教学设计方案（如图1所示）。在课程思政平台下，教师通过对教学内容深入分析及内化认识，帮助学生在课堂教学中亲身参与、体验、感悟，引导其树立正确的价值观，帮助其完成思维模式的转化，使学生提升学习内驱力。以学生为中心，充分发挥教师的引导作用从而达到德育期望，如此才能使"课程"与"思政"相辅相成，同向发展。

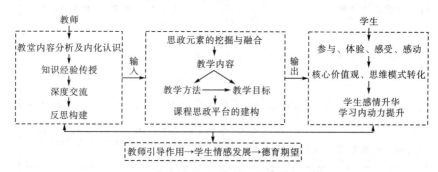

图1　"课程思政"视域下的教学设计

（三）坚定思政导向，创新教学方法

思想政治教育不是呆板的理论观念，而是具有实践意义的指导纲要，是培养社会主义接班人的夯实基础。非思政课程的教师将思政教育作为人才培养的风向标，学会因地制宜、因材施教，才算是做好学生引路人、精耕思政"责任田"[13]。

提高"课程思政"教学质量的关键在于如何为学生提供一个良好

的教学环境，创新优化原有的教学模式[14]。在教学方法上，本课程采用"线上＋线下"混合式教学模式进行教学改革实践，强调网络信息平台在教学过程中的应用，充分发挥互联网效应。通过网络平台创建"思政教育"模块，将提炼出的"思政"元素优化集合，建立思政教学资源库，并定期将与教学相关的最新科研进展、中华文化传统元素、设计品牌文化背景等影像资料融入网络教学中，让学生在课前预习和课后复习阶段能打破传统知识体系的视阈瓶颈，在接收信息、学习知识的同时能感悟文化凝练的价值底蕴，培养自身的艺术审美观、人文情怀和创新意识。

为了提升"课程思政"在线下教学中的实施效果，本课程也为学生营造有温度、有情感的教学环境，打造平易近人、积极向上的学习氛围。在课堂授课过程中，鼓励学生积极参与课堂讨论以及课堂展示，并在课时允许的情况下，分小组让学生进行交流，给学生互评和自评的机会，培养其沟通能力与协作精神。同时，鼓励学生根据自己对皮革制品以及品牌的了解，以及最新皮革制造工艺技术路线，设计自己的产品或者品牌作为课程平时作业，以此帮助学生习得从事物本质分析问题的科学方法，培养其拓展思路、勇于创新的综合素质，提升课堂教学效果。

四、课程思政视域下的教学反思

教学理念的设定、教学程序的开发、教学方式的选择，都是在价值判断的影响下进行的，即教学过程是将某种特定的意识形态转化为知识或宝贵的经验，然后对学生产生影响[5]。

在教学理念上，如果简单地认为"课程思政"只是维护国家政治安全而采取的教学手段，简单地将思政教育内容硬性加入教学计划中，不仅会打乱教学节奏、增加学业负担，还会违背"环境育人，润物无声"的思政原则[15]。因此，为了培养学生良好的政治素养，使其建立正确的价值观体系，良好的教学环境和开放化的教学理念必不可少。在教学过程中，应提高教师的思政素养，鼓励学生探索问题并提供创新的解决方案，而不是将教师的观点强加给学生。在教学方式上，可以拓宽课程思想政治教育的渠道，在社会环境中开展相关的走访调研、学术讲座、见习实践等活动作为"第二课堂"[16]，能丰富教学途径、优化教学方法，是开展"课程思政"的有效手段。通过这种方式，让思政教育在教学过程中得到良好的呈现和传递。

五、结语

课程思政建设是新时代教育体系铸魂育人的主渠道，也是建设新时代中国特色社会主义强国的有效途径。通过在《皮革制品及品牌赏析》课程中的建构"课程思政"平台，深入分析提炼课程所含德育元素，探索"课程思政"在本科教学实践中实施的有效途径，将思政理念落实于教学环节，有效地激发学生产生学习内动力，促进了学生对课程知识的理解、掌握、拓展与深化。高校的通识教育课程与思政课一样，均是高校铸魂育人的主战线，只有打破传统教学思维模式的禁锢，将有情怀、有温度、有能量的思政核心融入教学过程，才能真正做到德育并重、传承人文、立己立人。

参考文献

［1］樊丽明. 财政学类专业课程思政建设的四个重点问题［J］. 中国高教研究，2020（9）：4—8.

［2］沈壮海. 在思想政治工作体系中理解和推进课程思政［J］. 教育研究，2020，41（9）：19—23.

［3］冯颖，潘小东，田俐萍. 课程思政融入数学素养教育的路径［J］. 教育探索，2019（5）：74—77.

［4］张小斌，吴小平. "课程思政"视域下高职"双创"学科建设的思考——以江西旅游商贸职业学院为例［J］. 职教论坛，2019（11）：124—128.

［5］HSIAO H，CHENG Y. The impact of ideology on the interaction between tutors and students in the education of industrial design：A case study in Taiwan［J］. International Journal of Educational Development，2006，26(1)：6—23.

［6］陆道坤. 课程思政推行中若干核心问题及解决思路——基于专业课程思政的探讨［J］. 思想理论教育，2018（3）：64—69.

［7］人民日报. 用习近平新时代中国特色社会主义思想铸魂育人［EB/OL］.（2019—04—23）［2021—02—13］. http://www.moe.gov.cn/jyb_xwfb/moe_176/201904/t20190423_379169.html.

［8］刘建军. 课程思政：内涵、特点与路径［J］. 教育研究，2020，41（9）：28—33.

［9］杨璐铭，冉诗雅，徐雅琳，等. "新工科"背景下皮革化学与工程学科

研究生"课程思政"初探［J］. 皮革科学与工程，2020，30（4）：88—91.

［10］徐飞跃. 高校课程思政"六进"行动策略研究［J］. 中国成人教育，2019（8）：58—61.

［11］吴淑芳. 布鲁姆教育目标分类学视角下工科学生能力研究［D］. 上海：华东理工大学，2018.

［12］宋原."课程思政"视域下教师教育"金课"建设探索［J］. 中国成人教育，2020（11）：60—63.

［13］刘晓虎，冯国涛，苏德强，等. 社会主义核心价值观培育全融入的探索实践——以四川大学轻化工程专业为例［J］. 皮革科学与工程，2016，26（3）：70—73.

［14］吴月齐. 试论高校推进"课程思政"的三个着力点［J］. 学校党建与思想教育，2018（1）：67—69.

［15］高宁，王喜忠. 全面把握《高等学校课程思政建设指导纲要》的理论性、整体性和系统性［J］. 中国大学教学，2020（9）：17—22.

［16］夏嵩，王艺霖，肖平，等. 土木工程专业教育中工程伦理因素的融入——"课程思政"的新形式［J］. 高等工程教育研究，2020（1）：172—176.

信息安全课程思政教育教学改革探究与实践

黄雪梅　曾晓东

（四川大学电气工程学院）

【摘要】本文作者结合课程特点、思维方法和价值理念，以立德树人为根本任务，以价值塑造、知识传授、能力培养、智慧启迪为教育理念，进行了信息安全课程思政教育教学改革，在专业课程蕴含的思政元素挖掘和思政元素与专业课程理论知识有机融合、教学模式创新、课程思政途径和方法拓展、课程考核方式改革等方面进行了探究与实践，取得了专业课程育人初步成效。本文总结体会和思考，提出了不断持续改进的思路，在发挥好教师的示范和引导作用，组织和引导学生的积极参与体验，思政元素与专业课程理论知识自然融合方面提出了建议。

【关键词】信息安全；课程思政；教学改革；案例分析

在 2016 年 12 月召开的全国高校思想政治工作会议上，习近平总书记指出，高校立身之本在于立德树人。要坚持把立德树人作为中心环节，把思想政治工作贯穿教育教学全过程，实现全程育人、全方位育人。要用好课堂教学这个主渠道，其他各门课都要守好一段渠、种好责任田，使各类课程与思想政治理论课同向同行，形成协同效应[1]。中共中央办公厅、国务院办公厅《关于深化新时代学校思想政治理论课改革创新的若干意见》中明确指出，教育是国之大计、党之大计，承担着立德树人的根本任务。思政课是落实立德树人根本任务的关键课程，发挥着不可替代的作用[2]。教育部《高等学校课程思政建设指导纲要》指出，在高校价值塑造、知识传授、能力培养"三位一体"的人才培养目标中，价值塑造是第一要务。要寓价值观引导于知识传授和能力培养之中，帮助学生塑造正确的世界观、人生观、价值观[3]。四川大学出台了《四川大学关于"全课程核心价值观建设"的实施意见》，把立德树人放在学校立身之本的重要位置，坚持用社会主义核心价值观贯穿人才培养全课程、全过程。

党的十八大以来，以习近平同志为核心的党中央高度重视思政课建设，作出一系列重大决策部署，各地区各部门和各级各类学校采取有力措施认真贯彻落实，思政课建设取得显著成效。作为高校专业课教师，坚持社会主义办学方向，落实立德树人根本任务，正确认识时代责任和历史使命，发挥课程思政"主力军"作用，我们对信息安全课程进行了课程思政教育教学改革探索，经过一年多的实践，取得了一定的专业课程育人效果。

一、信息安全课程性质

信息安全是一个不容忽视的国家安全战略，网络安全关系到国家安全。建设网络强国，要有高素质的网络安全和信息化人才队伍。《信息安全》课程是一门理论性强，同时与实际紧密联系的重要的专业选修课，目的是为适应信息化社会对信息安全技术人才需求培养学生，使其掌握信息安全的基础知识和基本理论，提高安全意识；了解并遵守法律法规，加强自身修养；掌握信息安全的相关技术，增强防护能力，消除安全隐患；培养学生具有安全技术的分析应用能力和一定的自学能力，具备信息安全专业基本素质，为今后能快速准确地分析和解决实际应用中所遇到的安全问题打下基础。

二、课程思政教育教学改革和实践

信息安全课程思政教育教学改革坚持以"立德树人"为根本任务，将"价值塑造、知识传授、能力培养、智慧启迪"教育理念贯穿于课堂教学、课外拓展、技能训练、作业论文等教学全过程。有针对性地设计了课程目标内容、修订了教学大纲、更新了教材[4]、编写了新教案课件、创设了案例情境。特别在课程目标与内容、教学方式、课堂教学和管理、课程考核方式等方面进行了改革创新。

（一）挖掘思政教育元素，设计课程思政教育目标与内容

专业课程思政"概念"的内涵与外延十分丰富，如党和国家意志、社会主义核心价值观、中华优秀传统文化、民族精神等家国情怀；理想信念、道德修养、人文素养、法治意识、学术诚信等个人品格；求真务实、勤奋钻研、创新意识、国际视野等科学素养。

我们经过详细梳理信息安全课程教学内容，结合课程特点、思维方法和价值理念，深入挖掘信息安全课程中蕴含的思政教育元素，设计如下信息安全课程思政教育目标和内容。

1. 国家意志和国际视野

通过案例分析和时事讨论、知识讲授和课外拓展，让学生了解当前国际国内的信息安全事件以及前沿的安全研究动态和成果，培养学生的国际视野，通过引入党中央关于信息化和网络安全重大问题的重大决策和重大举措，培养学生的国家意识，牢固树立国家安全意识，激发学生的大国自信。

2. 道德意识和责任担当

从课堂教学管理中主导教学过程的价值取向，在健康向上的课堂氛围中耳濡目染融入对学生道德意识和责任感的培养。通过课堂内外教学活动，营造科技发展紧迫感和责任感，利用案例的警示，培养学生的道德意识，尤其是网络空间道德规范意识。

3. 科学素养

从案例分析和知识讲授中启发学生感悟不畏艰难、勇攀高峰、敢于创新的科学精神，通过课堂练习、课程设计和实操训练，提高学生理论联系实践和分析解决问题的能力，培养学生科学严谨的工作态度和精益求精的工匠精神、认真负责的敬业精神。

4. 专业素质及学业自信力

通过知识学习和实践训练，提高学生安全意识，培养学生用知识和技术分析并解决实际网络安全问题的能力，让学生体验学业成就感，激发学生学习热情，提高学生专业素质和学业自信力。

5. 法治意识

通过网络安全相关法律法规的学习，使学生牢固树立法治观念，提高学生对法治理念、法律概念的认知和运用法治思维和法治方式维护自身权利的意识和能力。

6. 综合素养

通过翻转课堂的主题讨论和读书、设计、实操等论文报告的撰写训练，提高学生的语言表达、文字写作和沟通组织能力，培养学生团队意识、协作精神等综合素养。

信息安全课程教学内容对达成课程思政教育目标的支撑关系如表1所示。

表1　信息安全课程教学内容对课程思政教育目标支撑关系

课程教学内容	课程思政教育目标					
	国家意志和国际视野	道德意识和责任担当	科学观	专业素养及学业自信力	法治意识	综合素养
信息安全概述	√	√	√	√	√	√
设备与环境安全	√			√		
数据安全	√			√	√	
身份与访问安全		√	√	√	√	√
系统软件安全	√	√	√	√		
网络系统安全	√		√	√		

（二）有机融合思政教育元素，实践课程思政教育改革

为实现信息安全课程思政教育目标，我们进行了以学生为中心的教学方式和课程考核方式改革，采用案例分析、知识传授、技能训练、课外拓展、课堂翻转、论文报告等多元化的教学方法与途径。通过启发式、探究式、讨论式等方式营造课程思政的环境与氛围，激发学生的学习兴趣，引导学生深入思考和探究，有效促进学生对课程知识的理解、掌握、拓展与深化的同时实现思想启迪和价值引领。

1. 用好课程思政主渠道

在保证专业教学水准不下降的前提下，通过创新教学方式，将信息安全课程中蕴含的思政教育要素"基因式"融入课堂教学中，将教书育人落实在课堂教学上。

（1）课堂教学管理。

通过制定和实施课堂管理规章制度，教师主导教学过程的价值取

向，为学生营造健康向上的课堂氛围，同时通过教师言传身教，润物无声地融入对学生责任感和道德意识的培养。

（2）创新课堂教学模式。

采用基于问题导向的案例教学法，并延伸到课外拓展中。教师先提出问题，然后以信息安全案例为主线，将学生引入安全事件的情景之中分析问题、讲授相关知识、渐进解决问题。过程穿插与学生进行互动讨论，激发学生学习热情，让学生获得学习的成就感。在案例选材上，除了注重经典素材、最新技术，特别注重蕴含的思政教育元素和时事。

例如，在讲授"信息安全概述"章节时，教师提出问题："在网络空间的环境下，信息面临哪些安全问题"，并以"美国棱镜计划被曝光"为案例，引出知识点——网络空间针对国家层面的国家行为的网络霸权威胁。通过分析美国网络霸权的战略和技术体现，引导学生思考我国未来的网络空间安全问题以及对策，培养学生认知、分析安全问题的国际视野。教师还可以引入时事让学生进行讨论：通过让学生讨论"理直气壮维护我国网络空间主权"话题，激发学生的大国自信和爱国热情；通过让学生讨论"没有网络安全就没有国家安全"话题，提高学生国家安全意识和认知能力；通过学习研讨《中华人民共和国网络安全法》，培养学生法治观念；围绕"中国建设网络强国，核心技术自主创新"开展讨论，让学生清醒认识到专业学习的紧迫感和责任感，树立科技强国的理想和信念。

又如，在讲授"数据安全"章节时，教师提出问题："在当今信息时代，数据在存储、传输和处理过程中面临哪些安全问题？"，以社交媒体失泄密典型案例为切入点，分析数据泄露对公民个人、组织乃至国家的危害。引导学生反思保护数据安全的重要性，引出知识点——数据安全需求，激发学生的学习兴趣和学习动力，同时，让学生认识到加强公民个人道德修养的重要性。通过对密码技术的分析，培养学生脚踏实地的科学精神，注重基础学科的研究和学习的钻研精神。

（3）翻转课堂，组织引导学生积极参与。

为探索学生积极参与课程思政这一重要环节，采用以学生为中心，教师服务于学生的竞争式翻转教学。教师提前发布讨论主题，学生自由分组、自主分工，课余时间调查收集资料、制作PPT，课堂时间人人参与，通过每个组轮流派代表上台主讲，其他同学提问、反驳、质疑、补充，教师点评，使学生身临"场景"、进入"角色"，积极进行自我展现，提高学生的自主分享意识，提升学生的自学能力、表达沟通能力、团队协作精神等综合素养。例如，以"网络安全为人民，网络安全靠人民"为题，讨论"一名当代大学生如何为维护网络安全乃至国家安全负起责任"。通过讨论，进一步让学生树立了国家安全意识和责任担当，培养学生努力学习、刻苦钻研专业知识，提高学生网络安全意识和风险防范能力的紧迫感和自觉性。引导学生遵守公民道德规范，树立遵纪守法的法治意识。又如，推荐学生访问相关网站，讨论当前国际国内最新的安全事件、信息安全研究动态和研究成果。通过讨论课，使学生增长了见识，拓宽了视野。同时，通过展示自主研发的成果和产品极大地鼓舞了学生的民族自豪感和科技强国的信心。

2. 拓展课程思政途径

为拓展课程思政方法和途径，开展了随堂练习、方案设计、实操训练、案例拓展、读书报告等多种形式的课外拓展与技能训练。例如，随堂练习："设计线上考试试题下发和提交的安全方案"，培养学生学思结合、知行统一的思想；又如，方案设计："设计一个小型网站备份与恢复方案"，注重科学思维训练和科学伦理教育，培养学生科学严谨的工作态度和精益求精的工匠精神、认真负责的敬业精神，增强学生勇于探索的创新精神、善于解决问题的实践能力。再如，"浏览器隐私保护设置和社交网站隐私保护设置""Windows 系统常用文档安全保护"等实操训练，提高学生动手能力和技能，使学生获得成就感，从而树立学业自信心。还如，"棱镜门"案例拓展——"如何粉碎棱镜、躲避监控"，让学生增长学识、减少安全危机带来的不安，培养学生科学认识问题、理性分析问题、有效解决问题的科学观。

3. 课程考核

信息安全课程思政以学生的学习成效为目标，深入开展学业评价方式改革，采用考查方式，重在全过程考核，包括作业、考勤、课堂测试、实验操作、课堂讨论以及课程论文多项过程考核成绩构成。每一项成绩都有对课程思政目标的支撑。考核评价方案在第一堂课就向学生公布，老师在整个教学过程中公平、公正地严格执行，为学生树立正确的价值取向。学生有自由选择遵守的权利，但必须承担相应的后果，培养学生诚信和负责的道德意识。

（三）教学效果

课程思政更注重潜移默化，注重学生精神层面的熏陶和行为习惯等方面的养成，我们主要对学生在信息安全知识学习中所表现出来的情感、态度、价值观的变化，对信息安全专业技术价值的认知、对与信息安全相关社会现象的分析能力等进行效果评价。

（1）本期课程涉及全校多个专业的学生，作为选修课，课程出勤率达90％以上；课后作业、报告、实操训练、讨论课、PPT制作等完成的主动性和质量有很大提高。

（2）课堂氛围良好，尤其是翻转课堂，学生兴趣高涨，课堂气氛活跃，师生共同沉浸其中，感受到了教与学的乐趣。在团队意识、责任担当、学习动机等方面取得良好的效果。

（3）课程报告反映了学生对课程创设的"问题导向＋案例分析"的思政教育情境感兴趣，喜欢这种启迪式教学方式。课程思政要点紧密联系讨论课主题，生动有趣，学生能主动思考、积极讨论。同时，报告还反映了学生对信息安全的认知水平、安全意识、分析问题的能力有所提高。

三、结束语

信息安全课程思政教育教学改革经过一年多的探究与实践，初见育人效果，并不断地持续改进，进行总结体会和思考。教师的示范和引导作用是课程思政的关键环节，专业课教师要努力提升自己的思想政治素养、道德修养，通过自己的言传身教，让学生耳濡目染。与此同时，学生的积极参与是课程思政的重要环节，专业课教师应该从教学方法、案例选材、情境创设、学生主动性的调动等方面进行持续改进。思政元素与专业课程理论知识融合是核心环节，应该鼓励支持思政课教师与专业课教师合作教学教研，提升专业教师课程思政教育教学能力。

高校立身之本在于立德树人，通过在信息安全课程进行课程思政教育教学改革探究和实践，取得了初步的专业课程育人成效，但这仅仅是起步，还必须坚持把立德树人放在信息安全课程教学的重要位置，提升对于课程思政的内涵的认知理解，不断地持续改进课程设计和教学，"守好一段渠、种好责任田"，提高人才培养质量，促进学生全面发展。

参考文献

［1］新华社. 全国高校思想政治工作会议 12 月 7 日至 8 日在北京召开［EB/
OL］.（2016－12－08）［2020－11－15］. http：//www. gov. cn/xinwen/2016－12/
08/content ＿5145253. htm ＃allContent.

［2］新华社. 中共中央办公厅、国务院办公厅印发《关于深化新时代学校思
想政治理论课改革创新的若干意见》［EB/OL］.（2019－08－14）［2020－11－
15］. http：//www. gov. cn/zhengce/2019－08/14/content ＿5421252. htm.

［3］中华人民共和国教育部. 教育部关于印发《高等学校课程思政建设指导
纲要》的通知：教高〔2020〕3 号［A/OL］.（2020－05－28）［2020－11－15］.
http：//www. gov. cn/zhengce/zhengceku/2020－06/06/content ＿5517606. htm.

［4］陈波，于泠. 信息安全案例教程：技术与应用［M］. 2 版. 北京：机械
工业出版社，2020.

《中国历史及文化》课程思政在少数民族预科班教学中的实践与探索

李建艳

（四川大学历史文化学院）

【摘要】民族预科教育是我国针对民族地区发展和少数民族人才培养的需要而创办的一种新型教育模式，是为民族地区培养高素质人才的主要途径之一，对民族地区的建设和社会发展至关重要，应重视少数民族预科生思政课教学内容的建构。因历史学科特点，本课程有着培育家国情怀的天然优势，通过在《中国历史及文化》课程中采用翻转课堂、实地教学参观体验、课间讨论分享、期末考试个人自主命题等多维度授课方式，将思政教学这把"盐"较好地融入专业课教学这锅"汤"中，从而达到了"落实落地"的效果，通过探索科学合理的教学模式，总结本课程融入思政建设过程中的经验和教训，为进一步全面推进课程思政教学提供参考。

【关键词】少数民族预科；课程思政；实践与探索

习近平总书记指出："要用好课堂教学这个主渠道，思想政治理论课要坚持在改进中加强，提升思想政治教育亲和力和针对性，满足学生成长发展需求和期待，其他各门课都要守好一段渠、种好责任田，使各类课程与思想政治理论课同向同行，形成协同效应。"① 将立德树人贯彻到高校课程教学全过程、全方位、全员之中，构筑育人

---

① 新华社. 习近平：把思想政治工作贯穿教育教学全过程[EB/OL]. (2016−12−08)[2020−12−13]. http://www.xinhuanet.com//politics/2016−12/08/c_1120082577.htm。

大格局，有助于帮助学生解答思想困惑、价值困惑、情感困惑，激发其为国家学习、为民族学习的热情和动力，帮助其在创造社会价值过程中明确自身价值和社会定位。

少数民族预科教育是国家为加快培养少数民族人才而采取的一种特殊办学形式，是我国高等教育的重要组成部分，《国家中长期教育改革和发展规划纲要（2010—2020年)》明确提出，要进一步办好高校民族预科班。尤其在少数民族预科教育阶段，做好少数民族预科生的思政教育，对民族地区的发展具有深远的影响[1]。

《中国历史及文化》是四川大学针对少数民族预科班开设的必修课程，主要讲述历代的政治、经济制度及主要的文化成就、重大的历史事件和著名历史人物及其活动，以及社会生活状况、风俗文化等。因此，本课程是学生学习中国古代灿烂文明、培养爱国主义情怀的最好素材。本课程可加强对学生的民族自豪感和民族自尊心的教育，使学生认识到中国历史文化的顽强坚韧、乐观包容、自尊自信等优良基因，让学生感受到中国历史文化的思想魅力和精神魅力，增强对中华文化的自信心和认同度，并从中吸取智慧和力量，提高修养，陶冶情操。本门课程教师通过翻转课堂、实地教学参观体验、课间讨论分享、期末考试个人自主命题等多维度方式，实现了社会主义核心价值观进课堂、进课件、进教案，达到入脑入心的效果。在课堂教学中融入课程思政，不仅让学生掌握了技能，还提升了学生的综合素质，取得了育人优先抓思想，教学提升促质量的课程思政实效。

一、线上"润物细无声"融入思政

历史课程本身蕴含着丰富的思政教育资源，挖掘和利用这些资源，可以充分发挥高校课堂教学的育人功能，引导大学生尤其是少数民族预科班同学增强中国特色社会主义的"四个自信"，厚植大学生的爱国主义情怀。课程在讲授时段上包括中国古代史、中国近现代史范畴，以时间为轴线穿插讲述历史与文化，并引入北京高校优质课程研究会融优学堂的《中国古代史》与《中国近代史》为线上翻转课堂的资源。例如，在学习"中华文明起源"一章时，教师首先进行课堂检测，让学生回答当前学界关于中华文明起源的几种观点，重温学生课前自主学习已经掌握的学习内容并引出本课的讨论主题，而后请一位学生详细讲解周口店"北京人"遗址的发现及其意义，老师做补充修正。随后，老师播放"北京人头骨的前世今生"视频，视频中讲述了中国地质学家李捷于 1927 年参加的一次发掘工作过程及 1929 年中国考古学者裴文中发掘出土的"北京人"第一个头盖骨，最终轰动了全世界的故事。而后，教师通过手机弹幕让学生分组讨论后回答"北京人头盖骨出土为什么会震惊全世界"这一问题。学生通过从现场手机端查阅资料，前期慕课视频学习，课中微视频播放和比较分析的讨论中，深刻认识到"北京人"是属于从古猿进化到智人的中间环节的原始人类。这一发现在生物学、历史学和人类发展史研究上有着极其重要的价值，为人类起源提供了大量的、富有说服力的证据，驳斥了中国古人类是西方迁移而来的谬论，激发了学生强烈的爱国主义情感和民族自豪感。通过观看媒体发布的关于 2015 年《周口店发现"北京人"用火新证》视频、某些西方学者的言论和当前我国在考古发掘方面的突出成绩，使学生了解到周口店遗址是世界同期古人类遗址中材料最丰富、最系统、最有价值的一个，并于 1987 年被列于《世界文化遗产名录》。同时，新中国成立后，我国考古学者对周口店遗址的有力保护和从周口店遗址第 1 地点（猿人洞）的抢救性清理发掘成果，证明了"北京人"会控制用火，而非自然火，把人类用火的历史提前了几十万年。通过翻转课堂的授课方式，使学生认识到了中华民族的伟大，社会主义制度的优越性，牢固树立了"四个自信"。同时，教师通过强调科学家发掘过程的艰辛，引导学生树立正确的世界观、人生观和价值观，强化了使命担当，取得了良好的课程思政教学效果。

二、面授中"有滋有味"融汇思政

结合历史学科本身具有培育家国情怀的天然优势的特点，教师在授课中，通过故事讲述和经典引用相结合的方式，"有滋有味"地讲好中国历史与文化。

一是讲好中国故事。历史是一面镜子，鉴古知今，学史明智，而历史名人又是一个个时代的缩影。五千年的中华文明史，历史文化名人数不胜数，他们的思想对中华文明的蓬勃发展产生了巨大的影响。课堂上，教师通过一个个生动的故事向学生讲述中国文化宗师——孔子、中国史学之父——司马迁、忠诚与智慧的化身——诸葛亮、中外文化交流的杰出使者——玄奘，宋代理学集大成者——朱熹，等等，并将历史名人同当时的历史背景相结合，这对学生建立一个纵贯古今的中华文化知识体系、感受中华文化的思想魅力和精神魅力很有帮助。

二是指导学生阅读经典。经典是文化的载体，我们要从经典文本的字里行间去感悟和品味文化。离开了经典的学习谈历史就是空谈。教师在向学生进行具体讲述时，可结合一些生动的故事，特别重视挖掘其中的精神内涵，增加学生的历史知识，为学生的成长提供一座座精神的丰碑，引导他们乐观进取、奋发向上。

通过以上授课方式让学生重视历史、研究历史和借鉴历史。当代中国是历史中国的延续和发展，新时代坚持和发展中国特色社会主义，更加需要系统研究中国历史和文化，更加需要深刻把握人类发展历史规律，让学生在对历史的深入思考中汲取智慧、走向未来[2]。

三、体验中"用心用情"代入思政

本课程注重采用多维度教学方法融入课程思政。第一，注重理论和实践的紧密结合，带领学生走入历史事件发生地，感悟时代的变化，牢记历史使命。例如，带领学生前往三星堆博物馆进行教学实习参观，使学生领略到三星堆是中华文明的又一座灯塔，是世界级的资源，是中华文明五千年的强大佐证，是与良渚文化一样的中华文明起源的辉煌展示，从而增强了同学们的文化自信。第二，采用"请进来、走出去"的教学方式。例如，在开课学期，根据教学内容邀请四川大学保送至复旦大学历史地理研究所的历史专业博士研究生进行线上学习方法指导，拓宽学生视野。针对有同学提出"历史是否有用"这一问题展开小组辩论，学生通过查找大量资料后进行充分讨论。同时，教师带领学生前往成都市博物馆感受中华民族创造的历史文化的博大精深。在此过程中，让学生认识到历史是凝聚一个民族的认同感、缔造一个民族文化最强有力的武器。第三，在课程中期，老师让每位同学制作有关家乡的历史文化内容的PPT课件，并让学生在课堂上进行讲解，调动了学生参与的积极性，同时，让学生在搜集资料的过程中，感受中华民族的历史文化遗产就在我们身边。第四，建立

《中国历史及文化》课程 QQ 群，老师与学生可在课后及时互动，为学生答疑解惑，老师还可以将相关研究资料传到课程 QQ 群里，实现资源共享。在条件成熟的时候，还可以将学生制作的 PPT 中研究并展示各自家乡历史文化的优秀文论结集出版，让本科生有一种成就感并树立深入探究中华历史文化的自信心，这也是促进和提高本科教学质量的重要手段。

四、结束语

《中国历史及文化》课程采用启发式、研讨式教学，注重课堂知识讲授与课堂研讨、课堂讲授与实地参观考察相结合，充分创造条件，利用校内外资源、线上、线下资源，将教学与实践有机结合，使教学形式更加丰富多样，以提升本课程的教学质量，提高本课程的教学效果。具体方式为采用线上（SPOC）线下混合式教学，针对本科包含的历史与文化两部分，历史部分突出"以史为鉴"，引领学生树立正确的历史观。文化方面突出学习中国传统文化，一方面，可以引导学生增加对中国历史和文化的了解，拓宽学生的知识面，另一方面，可以培养学生的民族自豪感。线下教学方式灵活多样，如教授学生查阅资料的途径；带领学生前往历史文化重地参观学习，增强同学们的文化自信。此外，在课堂中引入学术热点问题引导学生展开讨论，通过每位同学的课堂 PPT 展示锻炼了同学们的逻辑思维能力、动手能力及自学能力。最终，通过讲、查、做、演多元化的教学方法，训练学生的批判性思维。

通过以上多维度全程融入课程思政的教学方法，《中国历史及文化》的教学取得了明显进步。一是学生学习中国历史及文化的热情大幅提升。学生到课率特别高，与老师、助教的交流互动不断增多。二是学生的能力得到了多方面提升。本课程多方位的教授方式与阶段性考核性相互匹配，通过多元、灵活、新颖的阶段性考核，不仅激发了学生在课堂活动中的参与积极性，也切实提高了他们的组织能力、协作能力和表达能力等。三是学生反馈较好，本课程被学校评为 2019 年度课程思政榜样课。

参考文献

［1］张严超. 简论少数民族预科生思政课教学内容的建构［J］. 教育教学论坛，2014（45）：31—33＋7.

［2］习近平. 习近平致信祝贺中国社会科学院中国历史研究院成立［J］. 中华人民共和国国务院公报，2019（2）：11.

税收课程创新教学与实践探究

王　强

（四川大学经济学院）

【摘要】税收课程是高校财经类专业的主干课程，在财经专业知识体系中占据重要地位。然而，税收课程名目较多、内容繁杂，税务知识与财会、法律知识关联性强，加上税收规定不断更新等特点，使得教学难度较大，学生出现畏学、知识技能掌握不准确、成绩考核较低等问题，教学效果不理想。鉴于此，本文以教育部《关于深化本科教育教学改革　全面提高人才培养质量的意见》为指导，通过改革教学方式，开展学生学术社团建设和竞赛实践等活动，探索能有效激发学生学习热情、提升专业技能和教学效果的新途径。

【关键词】税收课程；教学与实践；创新；学术社团；税务竞赛

随着经济发展、科技进步、经济全球化和"一带一路"倡议的推进，新经济业态不断涌现，企业跨国组织形式的普遍构建，企业、个人收入逐步增加，收入来源多元化和国际化，给我国以商品税收为主的税制带来巨大挑战。因此，努力培养税收理论创新、税制设计、税收征管、国际税收、涉税服务等方面的专门人才是高等院校财税专业肩负的急迫使命与责任。

一、税收课程教学现状与存在的问题

（一）税收课程教学现状

四川大学财政学本科专业税收课程由《中国税制》《税收管理》

《国际税收》《税收筹划》《税务代理》《税收征管模拟》六门课组成，其中，《中国税制》是基础和核心。课程体系完整，理论课与实践运用课搭配合理。税收课程均选取高水平教材，如《中国税制》选取全国税务师职业资格考试教材编写组编的《税法Ⅰ》和《税法Ⅱ》作为正式教材，以刘颖编著和东奥会计在线组编的轻松过关1《税法（Ⅰ）》《税法（Ⅱ）》作为辅导书和练习题集。教学主要采用课堂讲授与学生课后练习结合的传统方式。在教学安排上，因《中国税制》仅48学时，难以完成现行税种的教学，故将税种的学习贯穿于《税收管理》《税收筹划》和《税务代理》三门课程之中，并与三门课程内容有机融合，较好地完成了教学大纲的要求和目标。

近十年来，川大财政学本科专业为税务机关、科研院所输送了上百名从事税收征管、税收理论和税制税政研究的优秀人才。

（二）税收课程教学存在的问题

虽然税收课程教学在人才培养上取得了一定的成绩，但是课程教学也存在着一些突出问题，主要表现在以下三个方面：

一是在教学进度推进过程中，部分学生会出现畏学状况。学生在课程开始阶段大都保持较高的学习热情和信心，并且学习主动。但随着教学内容和难度的增加，知识的累积，往往在讲授完增值税、消费税后，三成左右学生的学习热情与主动性就开始下降，渐渐跟不上教学进度，出现畏学状况，如害怕老师提问和检查学习情况；害怕课堂测验；下课后尽快离开教室，不主动找教师答疑等。

二是学生在知识串联与综合运用方面表现不佳，成绩考核较低，评教排名垫底。除前述学生外，大多数学生学习态度认真、努力。然而在教学过程中，学生往往对单个税种知识掌握得较好，一旦涉及多税种及相关知识综合运用，如企业的所得税汇算清缴、税务检查、税收筹划等，学生就出现知识、逻辑混乱，错漏百出，《中国税制》《税收管理》和《税收筹划》期末考试卷面成绩不及格率时常超过50%。学生总成绩整体偏低，自然对教学评价也低。

三是教学方式单一，没有适应新形势的变化和要求，难于提升教学效果。传统教学方式有其内在合理性，但时移世易，其缺点也愈发显现，如教师完全主导教学，学生只能被动学习，学习积极性不高；教学偏重于知识掌握而缺乏有效的实践运用，学生综合运用和实践能力缺少锻炼；师生间缺乏沟通，教与学认识上出现偏差，教师教学很努力，对学生要求也严格，但课程考核结果常常差强人意。

（三）问题成因剖析

对上述问题进行分析发现，问题形成的原因表现在客观与主观两个层面，而且两个层面都包含教师和学生因素，另外还有就业导向下的教学考核机制因素。

从客观层面来看，课程内容涵盖现行 18 个税种，每个税种除由法律法规确定的纳税人、课税对象、优惠减免等六要素内容外，还包括财税部门不时发布的众多的对各税种进行修改、调整和完善的规章和规范性文件，再加上程序法规、筹划代理理论与方法等，知识内容繁多；同时，企业税收实务往往涉及税种多，收入来源广，组织架构复杂，涉税知识不仅自身关联度高，而且还与财会、民法、经济法等知识关联；这些因素给教与学均带来较大难度。

从主观层面来看，包括学生、教评机制和教师三个方面的因素：一是学生主观能动性不足。高校普遍存在"严进宽出"的弊病，其后果导致相当部分学生的学习积极性不高；互联网入校和移动通信普及，个别大学生成为游戏产业的主力军和贡献者，对个别学生而言，游戏成为主要"专业"，专业反倒成为"游戏"。二是以毕业导向形成的教学评价机制存在缺陷。高校均希望学生毕业时专业总体成绩好、学分绩点高，利于就业。这种导向本无可厚非，但是以此制定教学评价机制却值得商榷，因为学生更喜欢和愿意选择学习容易、要求低、付出少、能获高分的课程和教师。对于学习难度较大、要求严、付出较多且不易获取高分（甚至及格都较难）的课程和教师，必定敬而远之。这给后者课程和教师带来巨大的压力和困扰。三是教师教学能动性发挥不足。由于税收课程的特点，教师将主要精力放在了讲授和成绩考核任务上，对学生学习仅作严格要求，而对学生的学习需求与困难不够了解，采取激发学生学习热情、提高教学效果的方法欠缺。

二、改进税收课程教学的思路

根据教育部《关于加快建设高水平本科教育 全面提高人才培养能力的意见》（教高〔2018〕2 号）文件精神，以激励学生刻苦读书学习，引导教师潜心教书育人，努力培养德智体美劳全面发展的社会主义建设者和接班人为指导思想，积极转变观念，顺应时代发展，创新税收课程教学与实践模式，努力为社会主义税收事业培养合格的人才。改进思路：接受和学习新的教学理念和方法，变革教学方式，在知识讲授中引入学生参加，由"独唱"变为"独唱、轮唱和合唱"，实现和声共鸣；加强与学生沟通，了解学生学习的需求、困难以及对教学的意见和建议，改进教学方式和效果，不断提高课堂教学质量；开展社团、专业竞赛实践活动，激发学生学习热情，鼓励学生通过参加社会实践、科学研究、创新创业、竞赛活动等获取学分，提高税务技能综合运用与实践能力。

三、创新课程教学与实践

（一）课堂提问

上课全勤（除病假、事假外）是对大学生最基本的要求，但考勤会浪费宝贵的上课时间。采用课堂点名提问，要求学生回答与授课内容相关问题的方式，其优点显著：一是可以实现考勤；二是可以检验学生对相关知识的学习和掌握情况（回答完成，作为规定的平时成绩）；三是为学生提供逻辑思维和语言表达锻炼的机会；四是鼓励学生积极回答问题（如已回答3个规定问题的同学继续答对问题的给予奖励加分，以弥补期中、期末考试的失分）；五是可以集中学生上课的注意力，因为不知何时会点到自己，即使回答过问题，但没有完成，也可能被再次点到；六是学生回答出错或不能回答，教师可通过语言对其进行鼓励，并借此机会活跃课堂气氛。

课堂提问的问题往往包含三个及以上的小问题，只要学生答对两个以上就算完成并获得平时成绩。课堂回答问题是最直接、最真实地反映学生预习、复习和练习情况及知识掌握程度。

（二）翻转课堂

对于《税收管理》《税收筹划》《税务代理》和《国际税收》应用类课程，引导、鼓励学生组成学习小组（或团队），将一部分教学内容（如 OECD 范本、中新税收协定、跨国企业税收征管案例和税筹案例等）交给各小组，让他们进行整理、分析、讨论，并让各小组轮流给大家进行展示和讲解，教师作点评。这种方式不仅可检验同学们前期基础知识学习情况，培养团队精神，锻炼学生的税务知识综合应用能力、写作和讲解能力，而且能很好地激发同学们的专业学习热情。翻转课堂让学生由过去的被动学习转变成了主动学习。

（三）开展社团活动，积极参加专业竞赛

2014年，在税收课程老师的倡导下，财政学本科学生建立"四川大学经济学院学生国际税收研究学会"社团，税收课程老师担任指导教师。社团成立的目的在于鼓励和帮助财政学学生进行税收方面的专业研究、交流学习和实践。社团成立以来，已邀请多名税务官员和专家来作国际税收实践、企业所得税改革等讲座和培训。精彩的讲座及经典案例分析，有助于同学们拓宽专业视野，学到实操技能，增强专业自信。

从2015年起，社团及指导教师连续五年组织、指导和培训社团成员代表四川大学参加中国德勤税务精英挑战赛。2018—2020年，连续三年组织、指导和培训社团成员组成四川大学代表队参加四川省大学生财税实务技能大赛。参加竞赛活动不仅能激发学生学习的积极性，而且有助于学生在强化知识的基础上提高综合运用知识的能力，有助于提升教学效果。因此，鼓励所有选课学生都积极参加，并设置相应标准，对大家进行成绩激励，这又进一步激发了同学们的学习热情。通过竞赛，也可从另一面来反映川大财政学学生与其他知名大学或财经院校财税专业学生的专业水平与能力，以反馈教学效果。

四、初步成效

通过创新税收课程教学与实践，教学效果逐渐提升，尤其在学生社团活动、竞赛实践方面取得了优异成绩，展现出四川大学财政学专业本科学生与"985""双一流"相称的专业素养和水平。

2018年5月，经济学院经管与财税系2015级财政学专业8名本科生组成四川大学代表队参加第一届四川省大学生财税实务技能大赛，荣获一等奖和三等奖；2019年5月，财政学2016级8名本科生组成四川大学代表队参加第二届四川省大学生财税实务技能大赛，荣获一等奖和二等奖；2020年10月，财政学2017级4名本科生组成四川大学代表队参加第三届四川省大学生财税实务技能大赛，荣获二等奖；2019年10月，由经济学院经管与财税系2名税务硕士生和

2016 级财政学专业 2 名本科生组成四川大学代表队参加第十六届德勤税务精英挑战赛全国决赛①，荣获卓越奖和最佳进步奖。

参考文献

［1］中华人民共和国教育部. 教育部关于深化本科教育教学改革全面提高人才培养质量的意见：教高〔2019〕6 号［A/OL］.（2019－9－29）［2021－4－1］. http：//www. moe. gov. cn/srcsite/A08/s7056/201910/t20191011 _ 402759. html.

［2］中华人民共和国教育部. 教育部关于加快建设高水平本科教育　全面提高人才培养能力的意见：教高〔2018〕2 号［A/OL］.（2018－10－08）［2021－4－1］. http：//www. moe. gov. cn/srcsite/A08/s7056/201810/t20181017 _ 351887. html.

［3］中华人民共和国教育部. 教育部关于狠抓新时代全国高等学校本科教育工作会议精神落实的通知：教高函〔2018〕8 号［A/OL］.（2018－08－27）［2021－4－1］. http：//www. moe. gov. cn/srcsite/A08/s7056/201809/t20180903 _ 347079. html.

［4］常晓素. 本科税收学专业实践教学创新路径选择——以安徽财经大学为例［J］. 高校实验室工作研究，2016（3）：25－27.

---

① 由德勤中国举办，参赛学校包括北京大学、上海财经大学、台湾政治大学等 13 所大学。

"课程思政"在 IT 通识课中思考和实践

赵 辉 杨 频 黎红友

（四川大学网络空间安全学院）

【摘要】作为四川大学首批通识课程，IT 通识课在"课程思政"方面进行了一系列的研究和探讨：宏观上，结合了 IT 的专业特色；微观上，也充分考虑了所在学院网络空间安全领域的自身特点。本文对这些思索和探索进行了归纳和总结。

【关键词】课程思政；通识教育；网络空间安全

一、引言

当前，我们正处于新一轮的前沿科技革命，IT 技术（包括人工智能、大数据、5G、物联网、区块链等，尤其是网络空间安全）作为其中的代表，正在引领科技革命的发展，成为重塑世界格局的主导力量，从而推动中国乃至全世界正在经历前所未有的深刻变化。

一方面，从 IT 技术的角度，它不仅与我们每个人息息相关，也对国家的经济发展乃至国防安全起着重要作用，成为各国必争的焦点。对于网络空间安全，习近平总书记于 2014 年 2 月 27 日在中央网络安全和信息化领导小组第一次会议上发表讲话指出，没有网络安全，就没有国家安全①，网络安全靠人民，网络安全为人民。在新形

---

① 网络传播杂志. 习近平：没有网络安全就没有国家安全[EB/OL].（2018-12-27）[2020-10-11]. http://www.cac.gov.cn/2018-12/27/c_1123907720.htm.

势下，高校要围绕学生积极开展各类思想政治活动，采取正面引导的方式，培养学生形成正确的网络安全思维和意识。

另一方面，党的十八大报告将"立德树人"作为教育的根本方针，十九大报告中再次明确了"落实立德树人根本任务"这一目标。"立德树人"不是孤立的、机械的、静态的过程，而是有机地贯穿高校对大学生的思想道德教育、专业知识教育、社会实践教育各个环节。推行思政教学改革是实现"立德树人"这一根本任务的重要途径。

按照《四川大学新时代本科教育改革与发展指导意见》文件精神，四川大学聚焦和强化"厚通识、宽视野、多交叉"，以涵养人文情怀、拓展知识视野、强化使命担当、塑造健全人格，培养学生终身发展的学习能力为目标，计划在3~5年内打造100门左右高阶性、创新性和挑战度的通识教育核心课程。《碳基到硅基：信息技术和文明再造》（以下简称"IT通识课"）作为四川大学首批建设的31门核心课程之一，已经在2020年秋季学期面向全体本科新生开课。为深入落实立德树人的根本任务，在IT通识课中开展"思政"教育，引导学生重视网络安全，培养其忧患意识、家国情怀和良好的职业素养。

二、IT通识课中"课程思政"的设计

（一）课程的宏观设计，突出"中国元素"

IT通识课是2学分，32学时，安排了11个教学周，具体如表1所示。课程设计中，突出了"线"和"点"的结合。"线"是IT发展的总览和总览时间轴，"点"是IT发展的若干里程碑（见表1）。课程组来自四川大学不同学院和领域的老师，兼顾文理工医艺等，确保了专业交叉和通识融合。面向的学生包括三个班级，专业也涵盖了除IT专业以外的文理工医等专业的大一学生。

通过对目前已有的资料和素材的整理和分析，在课程的宏观设计上，充分挖掘和突出"中国元素"，向学生展示在IT技术的产生和发展过程中，我国（华人）著名科学家、技术人员和企业家等的突出成就和为国家做出的贡献，从而提高学生的民族自信心，增强学生的民族自豪感，让同学们认识到自己的使命，为民族复兴的伟大事业努力学习。

表 1　课程进度表"线"和"点"

课次	主题	自编教材的章节
1	课程概述	碳基到硅基：信息技术纵览和人类终极命运
2	IT 简史：总览和纵览	算盘和电脑：宇宙的熵增和人类计算工具的演化
3	里程碑 1：现代计算机	太极八卦和二进制电路：走下数学神坛的现代计算机奠基者
4	里程碑 2：个人计算机	车库创业和硅谷崛起：电子英雄构造数字乌托邦
5	里程碑 3：互联网	六度空间和互联网的本质：人类的硅基大脑和虚拟世界
6	里程碑 4：大数据下智能时代	深蓝到 AlpGo：大数据背景下的智能时代
7	里程碑 5：网络空间安全	免疫系统和网络空间安全：人类安全能力的提升
8—10	专题报告：IT 的跨学科	从纸带打孔到少儿 Scratch：编程思维和程序人生 鲁班和创客：人类再造能力的进化 娱乐和信息技术的融合：电子游戏与虚拟世界 艺术与科技的联袂：计算机生成艺术 基因编辑和智能演化：人类基因和自我编码升级 经验认知和数据智能：大数据与医学决策 从岩画到 VR："新"技术带来的视觉新世界 人格和情感计算：人类人格同一性与智能人格化 自我意识和影像表达：人类的 AI 影像历史
11	IT 未来：文明再造	信息和能量：人类文明升级的三次革命

　　具体课程宏观设计上的"中国元素"（见表 2）包括了以下几个典型案例：

　　（1）从信息简史的角度，中国的象形文字，由于采用了"会意"和"象形"造字方法，相比字母文字，减少了"信息的熵"。

　　（2）从古典计算机的角度，中国算筹和算盘（包括口诀，相当于软件），作为最早的图灵机，是机械计算机的最卓越的代表。

　　（3）从二进制的角度，德国数学家莱布尼兹所提出的二进制是受到了中国《易经》和八卦的启发。

　　（4）从现代计算机到个人计算机，再到当前 IT 的最新前沿，有诸多国人（包括华人）的贡献，例如，王安电脑公司之于个人计算机、许峰雄之于深蓝计算机、获得图灵奖的华人科学家姚期智，以及国内互联网巨头 BAT 对信息技术的贡献等。

表 2 课程宏观设计的"中国元素"

课次	主题	思政教育的"中国元素"
1	课程概述	信息：中国的象形文字
2	IT 简史：总览和纵览	中国非物质遗产：算筹和算盘
3	里程碑 1：现代计算机	《易经》和二进制
4	里程碑 2：个人计算机	华人创业英雄：王安
5	里程碑 3：互联网	中国的互联网公司：BAT 等
6	里程碑 4：大数据下智能时代	深蓝之父：华人许峰雄
7	里程碑 5：网络空间安全	中国网络空间安全法

（二）课程的微观案例，突出"川大元素"

课程组充分挖掘和突出"川大元素"，即四川大学在 IT 技术的产生和发展中的身影（具体内容见表 3），有助于提高学生对本校的认同感，利用这些"接地气"的案例，拉近了学校和学生的距离，身边的案例极大地提高了学生对课程的兴趣和参与度。

表 3 课程宏观设计的"川大元素"

课次	主题	思政教育的"川大元素"
1	IT 简史：总览和纵览	四川大学的甲骨文研究
2	里程碑 1：现代计算机	四川大学五十年代的计算机
3	里程碑 2：个人计算机	四川大学"信息中心"变迁
4	里程碑 3：互联网	四川大学"校园网"变迁
5	里程碑 4：大数据下的智能时代	四川大学"信息＋"成就
6	里程碑 5：网络空间安全	四川大学"网络空间安全"成就
7—9	专题报告：IT 的跨学科	四川大学"信息＋"和"医学＋"案例

三、IT 通识课中"课程思政"的实践

（一）通过"启发—探讨"式教学融入"个人参与感"

当前，我国正处在改革开放加速阶段和高技术转型变革阶段，处在"两个一百年"奋斗目标的历史交汇关头。在这紧要关头，高校教育需要强化大学生对国家和社会的认同感、责任感，更需要高校教师

潜移默化地引导当代大学生把个体的成长进步融入中华民族伟大复兴这一历史洪流中。在课程中引入"启发—探讨"式话题和作业，让学生通过思考和讨论，获得参与感（见表4）。

表4 课程实践："启发—探讨"式教学

课次	主题	"启发—探讨"话题
1	课程概述	你个人心目中的 IT 通识课 DIY
2	IT 简史：总览和纵览	IT 科普作品调研
3	里程碑1：现代计算机	你个人心目中的"计算机之父"
4	里程碑2：个人计算机	你个人经历的 PC 浪潮
5	里程碑3：互联网	你个人经历的 Internet 浪潮
6	里程碑4：大数据下的智能时代	你个人经历的智能浪潮
7	里程碑5：网络空间安全	你个人经历的网络安全事件
8—10	专题报告：IT 的跨学科	你身边的"信息＋"和"医学＋"案例
11	IT 未来：文明再造	IT 科幻作品调研

（二）通过"翻转课堂"式教学延展"时代参与感"

为了让 IT 通识课与思想政治教育更好地融合，课程组遵循了"春风化雨"的教学理念。开通网上课堂，把教育内容录制成短视频、微课、慕课等形式，用现代大学生喜闻乐见的形式传递给他们。在 IT 通识课上利用"雨课堂"平台和 QQ/微信群的形式实施了"翻转课堂"的教学方法。

具体来说，相关的方法包括：

（1）建立整个年级的 QQ 群和各个班级的微信群，既涵盖了三个班级的群公告、群投票和资料分享，也兼顾了不同班级的差异性。

（2）在雨课堂平台上安排了课前的"Pre 环节"（课前提前发布一些针对下一节课的短视频等素材）和课后的"Post"环节（布置课后作业，分享了大量的文献和资料），实现了翻转课堂。

（3）课后作业的布置，融合性地使用了 QQ 群（发布图文并茂的作业说明）和雨课堂平台（收集作业、线上老师—助教的流水线批阅）。

利用信息网络平台，课程组（也包括很多积极活跃的同学）一方面可以实时分享来自各种网络媒体和短视频平台最新的课程相关素材，让第一手鲜活的资料融入课堂，另一方面，增加了师—生—助教的互动，做到了"处处可学、时时可学，人人皆师"的"线上—线下"延展，极大地增强了课程的"时代参与感"。

（三）通过"案例讲解"宣传《中华人民共和国网络安全法》

2016 年 6 月国家发布了《中华人民共和国网络安全法》，对我国网络空间治理以及安全保护起到法律规范作用，也是国家安全领域核心组成部分，成为我国网信事业发展建设的指明灯。"没有网络安全就没有国家安全"。正因如此，需要进一步加强高校师生网络空间安全大局观，提升师生对于网络安全的认知和理解。通过国家相关政策法律加强对师生的教育，切切实实地了解网络安全重要性和预防网络诈骗，避免出现网络诈骗造成经济损失。让学生切实体会到网络安全的重要性以及《中华人民共和国网络安全法》的重要意义。

笔者在 2020 年 10 月中旬的授课过程中，正赶上网络"O 泡"病毒流行，不少同学中了招，有的甚至是发生在本课程的授课期间。利用这鲜活的一手案例，立即进行了网络安全的相关教育。由于应时应景，同学们都印象深刻，纷纷表示：这些案例不仅让自己增长了网络安全知识，提高了网络安全意识，而且认识到了正确合理地利用好网络空间，营造积极健康的网络环境的重要性，增强了责任感和使命感，在今后的实际的工作中，不断提高自身网络安全意识。

四、结语

课程思政教学改革是将专业知识教育和"立德树人"进行融合的一种新尝试。通过在 IT 通识课开展"课程思政"，重组课程资源，重建课程体系架构，整合课程平台；在设计上，突出"中国元素"和"川大元素"；在实践上，探索了"启发—探讨"和"翻转课堂"教学，有利于大学生树立起正确的世界观、人生观、价值观，培养出德才兼备、专业素质过硬的能担当民族复兴大任的复合型人才。

参考文献

［1］四川大学教务处. 迈步新征程　让通识变共识——2020 年秋季通识教育核心课程系列启动会顺利开展［EB/OL］.（2020－9－22）［2021－04－21］. https：//jwc. scu. edu. cn/info/1084/7304. htm.

［2］四川大学教务处.【新时代本科教育改革与发展大讨论】系列——四川大学通识教育课程建设与教学研讨会成功召开［EB/OL］.（2019－5－10）［2021－04－21］. https：//jwc. scu. edu. cn/info/1031/1874. htm.

［3］刘复兴，曹宇新. 坚持把服务中华民族伟大复兴作为教育的重要使命［J］. 中国高等教育，2019（7）：16－18.

［4］新华网. 中央网络安全和信息化领导小组第一次会议召开　习近平发表重要讲话［EB/OL］.（2014－02－27）［2020－11－16］. http：//www. cac. gov. cn/2014－02/27/c_1116669857. htm.

体系与保障

Tixi Yu Baozhang

高校多课程协同育人体系的构建及实现路径研究[①]

吴　悦　任冶霖

（四川大学商学院）

【摘要】 我国的高等教育肩负着培养德智体美劳全面发展的社会主义事业建设者和接班人的重要任务。思政教育不单纯是思政课老师的事。基于此，文章针对如何有效地将思想政治工作贯穿教育教学全过程这一问题进行了研究，提出育人体系构建与有效实践路径以及影响效果，并对未来高校思政教育的发展进行了展望。

【关键词】 高校；协同育人；思政工作

一、引言

2016 年 12 月 7 日至 8 日，全国高校思想政治工作会议在北京召开，习近平总书记出席会议并做重要讲话。会议指出，我国高等教育肩负着培养德智体美全面发展的社会主义事业建设者和接班人的重要任务，必须坚持正确的政治方向，高校立身之本在于"立德树人"。

所谓"树人"，其第一要务就是要"立德"，这就要求高校教师要不断提高专业素养、不断提升思想政治理论水平。其中，辅导员和专

---

① 基金项目：四川省社科规划年度项目（SC19C013）、四川大学中央高校基本科研业务费项目（2019 自研—商学 C06；SXYPY201926；SXYPY202050）。

业教师作为高校人才培养体系中的重要力量，各自承担着"守渠种田"、教书育人的工作职责，对全员、全过程、全方位"三全育人"工作格局的形成完善具有关键作用[1]。除发挥教师团队的职责作用外，增强协同育人作为高校推行"课程思政"教育改革的认同意识，积极探索"怎样培养人"的重要途径，是达成这一根本任务的关键环节。所谓"协同育人"，就是要在高校党委的领导下，集聚各类主体以立德树人为根本任务，在各类课程的教学中同向同行[2]。

高校青年学生群体正处于世界观、人生观、价值观形成的关键时期，易受社会多方舆论、复杂人际关系的干扰。但外部正面引导的效用需要日积月累方可得以显现，需要高校思想政治教育工作在学生日常学习工作中持续渗透。当前，高校各方包括辅导员、班导师、专业教师等，在协同育人的过程中，普遍存在协同育人意识匮乏、各自为政、资源分散、工作职责不明确、沟通缺位、师生互动不足等突出问题[3]。虽然已有高校初步建立起专兼职队伍相配合的工作机制，从体制、绩效等方面引导专业教师、思想政治理论课专业教师参与思想政治教育等通识教育，但实践证明，协同育人效果有限，部分思政课程未能发挥全部实效[4]。

因此，为提高高校思想政治教育工作协同育人的成效，探究高校思想政治教育协同育人的优化路径，本文以如何将思想政治工作贯穿教育教学全过程为切入点，从多属性课程同向同行、线上线下媒介互动、内外课堂显隐结合三类协同育人机制入手，探究高校多课程协同育人机制的构建与有效实践路径，以期为课程思政建设的发展完善、科学的协同工作机制的构建与最大协同效应的发挥提供指导与参考。

二、高校多课程协同育人的研究现状

教育部原部长陈宝生曾在新时代全国高等学校本科教育工作会议上指出，加强课程思政、专业思政十分重要，要把它提升到中国特色高等教育制度层面来认识[1]。当前，国内学者已针对高校多课程协同育人这一主题开展了相关探讨，并取得了一定的研究成果。

（一）多课程协同育人的内涵与特征

多课程协同育人是一种旨在提升思政课程课堂质量的一种教学方

式，它创立的目的在于完善和优化高校当前的思政课授课机制，增强高校思政课的灵活性与适用性，构建多样化的授课方式和学生培养方式，最终提高人才培养质量。

通过目前一些高校的建设情况来看，多课程协同育人至少应该具备三个基本特征：一是以提高人才培养质量为核心目的，以育人为根本任务；二是强调"协同"效应，要使多课程产生"1+1>2"的效果；三是协同单位之间不能只是浅显的结合，而要有更深层次的合作和交融。

（二）协同育人的必要性与重要性

新时代高等学校必须要回答好"培养什么人、怎样培养人、为谁培养人"这一根本问题，而协同育人作为回答"怎么培养人"的途径，其必要性和重要性已在学界形成一致共识[2]。

陈锡喜[5]指出，高校哲学社会科学课程与思政课程同向同行，从根本上说"是由中国特色社会主义大学的性质及其培养目标决定的"①。高校思想政治教育和新时代"培养什么人、怎样培养人"的原则问题密切相关，在培养中国特色社会主义建设者和接班人方面起着不可替代的重要作用。而为了将思想政治工作贯穿到教育教学的全过程，贯彻落实习近平总书记提出的各类课程与思想政治理论课同向同行，多课程协同育人体系的构建必不可少。韩宪洲指出，课程思政深刻把握了当代大学生的成长规律，是高校立德树人的必由之路，是推进中国特色社会主义一流大学建设的根本举措[6]。

因此，多课程协同育人体系的构建是贯彻落实国家高校思想政治工作精神的需要，是学习宣传贯彻党的十九大精神的需要，是打破高校思想政治教育工作"孤岛化"现象的需要。同时，协同育人摒弃了传统的教育理念，突破了传统的教育范式，搭建了全新的教育载体，明确了高校思政理论课和其他各类课程对大学生思政教育过程中应该承担的功能定位，对于破解思想政治理论课"孤岛化"窘境和思政教育与专业、通识教育"两张皮"现象，实现专业课、通识课与思想政治理论课协同育人效应具有重要意义。

---

① 陈锡喜. 高校哲学社会科学类课程与思想政治理论课"同向同行"的必要性和可行路径［J］. 马克思主义理论学科研究，2017，3（1）：154-163。

（三）协同育人理论框架的探索构建

高等教育发展水平是一个国家发展水平和发展潜力的重要标志，实现中华民族伟大复兴，教育的地位和作用不可忽视。要用好课堂教学这个主渠道，思想政治理论课要坚持在改进中加强，不断提升思想政治教育亲和力、针对性，满足学生成长发展需求和期待。不能把思想政治工作当作思想政治理论课的事，其他各门课都要守好一段渠、种好责任田，使各类课程与思想政治理论课协同育人，形成协同效应。李国娟指出，要确保思政课程教育教学改革取得预期成效，应当着力抓好"课程基础""思政重点""老师关键""院系重心"和"学生成效"这五个关键环节[7]。郑佳然则强调，搞好"课程思政"建设需要教师能够引导学生用马克思主义的立场观点方法解决问题，强化学生自身的理想信念教育、实践教育和课程育人实效，在专业课、通识课等课程中延展和补充思政课程，形成360度"熔炉式"思想政治教育课程模式[8]。而石书臣也认为，思想政治教育协同创新的关键在于加强各门课程与思政课在思想政治教育方面的合作，教师团队协同、课程机制协同、育人方式协同，建立思想政治理论课与各类课程协同育人机制[9]。

专业课、通识课与思想政治理论课等多课程协同育人，其实质是一种创新的教育理念，它既不是指具体的思政课程，也不是要新增几门思政课替代现有的思政课程，而是通过深入挖掘专业课和通识课的德育内涵和德育因素，促进显性教育和隐性教育相结合，构建思想政治理论课、通识课、专业课三位一体的高校思想政治教育课程体系和思政课教师、专业教师、通识课教师协同联动的育人体系，促进实现从"思政课程"主渠道育人向多课程协同育人的创造性转化。

（四）思政课程创新改革实践的尝试

近几年来，北京、上海、杭州等地的多所高等院校相继开展了思政课程的教学改革，纷纷推出了特色课程，并总结出一定的实践经验。上海大学首先跨出实施思政课教学改革的第一步，首创《大国方略》特色课程，突破了人们的固化思维，提出以思想政治教育为主线，思政课程教师与学科专业教师联合授课的"项链式"新模式，并且在实践上迈出了第一步。此外，东华大学也提出了"大师剧"的多课程同向同行协同育人模式，他们将舞台与讲台相融合，各专业师生参加排演《刘湛恩》《钱学森》《钱宝钧》等舞台剧，将大师们的爱国精神、科研精神、工匠精神通过这样的方式深入人心，进行渗透式教学。上海高校创新思政课教学改革，为推进从"思政课程"到专业课、通识课与思想政治理论课协同育人提供了出路，为全国范围内推进思想政治教育改革提供了范本，为新时期做好学生思想政治工作提供了新思路。

通过对高校多课程协同育人现有研究的回顾可发现，理论研究层面上，目前国内外对课程理论虽有涉及，但关于课程之间的协同效应形成机理研究凤毛麟角，真正意义上对专业课、通识课与思想政治理论课等多课程协同效应的研究尚未出现，更缺乏对完整的体系构建、方法流程的探讨，因此，难以指导教育工作实践。实践层面上，虽然国内已经出现了诸如上海大学、东华大学这样的"先行者"，为将思政课贯穿教育全过程的有效实践路径提供了良好的参照和思路，但运用专业课、通识课与思想政治理论课等多课程协同效应开展思政教育活动的高校仍为少数，多数高校仍然面对思想政治工作"孤军奋战"的棘手现状。

三、高校多课程协同育人体系模式的构建

在总结当前国内外研究现状的基础上可得出：多课程协同育人，其实质是一种创新的教育理念，它既不是指具体的思政课程，也不是要新增几门思政课替代现有的思政课程，而是通过深入挖掘专业课和通识课的德育内涵和德育因素，促进显性教育和隐性教育相结合，构建思想政治理论课、通识课、专业课三位一体的高校思想政治教育课程体系和思政课教师、专业教师、通识课教师协同联动的育人体系，促进实现从"思政课程"主渠道育人向多课程协同育人的创造性转化。基于这一解读，本文提出以下三类多课程协同育人模式。

（一）多属性课程同向同行协同育人

1. 思政课程与专业课程相融协同育人

目前，各大高等院校的思想政治课程系统大多采用"4+1"的模式，即"思想道德修养与法律基础""中国近代史纲要""马克思主义基本原理概论""毛泽东思想和中国特色社会主义理论体系概论"四门课程和一门贯穿每个学期的"形势与政策"课程。但是就

授课效果来看，目前的思政课程模式存在着一定的局限，一方面思政课教师受到单向度学术背景的影响或者由于对学生所学专业不够了解而无法做到因材施教，另一方面个别学生对于与自己专业关系度不大的课程的重视度不够。这就需要推进思政课程与专业课程相互融合、同向同行协同育人。让专业课程教师和思政课程教师共同教授思想政治理论，充分发挥各门学科的优势，做到取长补短，将思想理论知识融入学生的专业课中，激发学生的学习兴趣。以"马克思主义基本原理概论"这门课为例，在讲授理论知识"世界的物质性及其发展规律"时，可以和物理学相联系，让物理学专业老师来讲授宇宙的起源和物质的变化等知识点，让学生明白实际生活中理论的运用方式，从而形成唯物主义思想，深度实现课程教学目标。

2. 思政课程与实践课程相融协同育人

理论来源于实践，又反作用于实践。在理论和实践的辩证关系中，我们了解到，理论和实践必须相结合才能共同发展，这一结论也同样适用于思想政治理论学习。学习思政课程不应该仅仅停留在课堂上的理论学习环节，也应该加入实践环节，让学生学会将理论知识应用到实处，同时也能提高学生上课的积极性，活跃课堂气氛。但是，目前由于思政课程老师人数少、各班学生人数过多等问题，想要在思政课程中直接加入实践活动还存在一定的困难。因此，可以在学生进行专业实践的同时，运用"触景生情"的教学模式进行思想政治理论的传输与渗透，让学生通过情景体验，对理论知识悟深悟透。以商学类专业的学生为例，在学生进行企业运营模拟实验、证券投资模拟实验等实践课时，根据课程内容加入马克思主义基本原理概论中马克思主义政治经济学的相关知识点和理论，让学生在实践中学习体会与吸收理论知识，起到了更好的授课效果。

（二）线上线下媒介互动协同育人

习近平总书记在 2018 年的全国教育大会上指出，加强思想政治工作必须加速推进教育现代化。新时代背景下，网络是舆论的新阵地，媒体是信息传播的新渠道。当代大学生是在网络环境中成长起来的一代人，他们有着活跃、创新的思想，他们的生活、学习、行为习惯都受着网络的影响，他们在网络中接受别人的思想、表达自己的观点、受到所见所闻的感染。鉴于这些原因，高校在思想政治教育方面也应该紧跟时代的步伐，将线下的思想政治教育工作与线上的新媒体信息技术相结合，推进思政教育的创新和改革，增强思政课程的吸引力和关注度，例如，慕课的录制和宣传等。同时，在网络课程的录制过程中，高校应该针对不同专业的特点，倡导专业课程和思政教育协同育人。利用网络平台，增加受众学生，传播和影响更多的人。此外，还可以在线下授课时，多给学生观看各个领域的优秀党员、马克思主义践行者的视频，缓解学生上课时不停接受理论而产生的疲惫感。例如，"思想道德修养与法律基础"这门课，在讲授"弘扬中国精神"这一章的同时，教师可以让学生观看钱学森等优秀的爱国学者义无反顾投入新中国建设的相关视频，为学生树立榜样。

（三）内外课堂显隐结合协同育人

内外课堂显隐结合协同育人，即将教学计划内的校本课程显性教学同教学计划外的"第二课堂"的隐性教学相结合。"第二课堂"是依据学生个人兴趣爱好而组织和开展的一系列有益身心健康的课外活动。课外活动涉及范围广、包含种类多，受到广大学生的喜爱，在"第二课堂"的授课中穿插补充思想政治理论的相关知识，可以使价值观教育更具有隐含性、渗透性和随机性的特点，更容易为大学生所接受和吸收。改革创新的协同育人体系中，"第二课堂"可以作为平时课堂内容的"补充课程"，思政课教师可以和第二课堂教师一起指导学生的第二课堂活动。例如，东华大学"大师剧"的排演，将讲台与舞台相融合，寓教于乐，让学生在演绎和观看中学习"思想道德修养与法律基础"课程的相关知识。通过内外课堂显隐性结合协同育人，可以最大限度地达到培育德智体美劳学生的效果。

四、推动高校多课程协同育人体系的有效途径及影响效果

（一）以学院为中心的教学理念战略转变，从战略高度推进协同育人体系

学院是一个质量管理组织，它的组织结构、人才储备以及职能职责等种种因素都直接作用于人才的培养。切实推动高校多课程协同育人的思想政治工作贯穿教育教学全过程模式形成，要以学院为单位做

起，学院要推动改革创新，实施以学生为中心的，响应十九大对思政课程教育改革号召的战略转变，推动学院内部的、学院之间的优质资源转化整合。从学院出发，更能体现思政课程改革中的"转换意识、统一认识"，以思政课程为主导，推动各类课程同向同行、协同并进，让学生在思想政治理论的学习中深入浅出，融会贯通。通过学院有效的制度结构和专门的组织机构来达到在教育全过程中贯彻思想政治教育这一目标的实现。

（二）教师团队明确自身教学职责，一线推动协同育人体系的实施

教师作为面向学生授课的直接接触者，教师团队良好的多元能力水平是学生培养质量的保障。要实现在教育教学全过程中贯穿思想政治理论，首先需要管理者和组织者具有较为深厚的质量管理理论以及课程管理理论基础，这样才能推动协同育人体系的不断创新；其次，要紧跟时事，熟悉并学习其他高校在协同育人方面的理论和实践。最后，一线的授课教师要明确自身在协同育人体系构建中的三个职责：思想引领、分类指导、协同配合[10]，并且要做到以身作则，自身要有正确的政治态度和良好的思想道德，不止要在授课的过程中教育学生，也要在生活中感化学生。

（三）协同育人过程中配备辅助机制，全面保证协同育人体系落地

将思想政治工作贯穿到教育教学全过程是一项综合性、系统性、长时间的工作，涉及诸如组织职能管理界限的明确、教育教学资源的共享、实施过程的衔接与保障，以及最终结果的考核和评价。这需要高校搭配构建一些相应的辅助机制来确保协同育人体系的贯彻落实，在管理目标和价值取向上达成一致，尽量减少各个环节产生的冲突和分歧。

1. 搭建教师沟通平台，促进教师间的信息共享

教育部原部长陈宝生曾经说过，思政课不单纯是思政课老师的事。在大学生灵活的思维方式和丰富的信息获取手段面前，思政课程老师一人的力量确实显得很单薄，仅靠思政课老师"单兵作战"很难完成高校应该肩负的社会责任，因此，思政教育需要各科老师协同配合、通力合作。积极搭建教师的交流沟通平台，可以有效促进思政课

程教师与专业课程教师互相取长补短、互通有无、互相学习。同时，要定期召开相关的思想政治理论教育讨论会，思政课老师可以通过对专业课程的了解来了解学生的学习动态和兴趣所在，进行"因材施教"，丰富教学内涵；专业课老师可以通过与思政课老师的探讨来了解学生的思想水平和道德素质，在专业课授课中渗透一些思想政治理论，教育引导学生正确认识世界和中国发展大势。

2. 搭建激励体系，提高教师的积极性

为了保证多课程协同育人体系的全面落实，高校需要建立配套的管理办法和激励机制，建立有效的组织和领导管理机制，制定相应的管理准则和实施细则，落实对教师团队和学生团队的监督指导，以制度来推动多课程教师们的协同配合形成合力，使得协同育人体系得以有章可循、有则可依，最终落实落地。在激励机制方面，学院应该建立科学合理的考评体系，量化各层指标，将协同育人的效果与老师的绩效挂钩，施行一定的奖惩措施，对考评优秀的老师给予一定的奖励。

五、结语

思想政治教育不仅是思想政治工作者的本职，更是全体教师的共同任务[2]。协同育人体系的构建以及落实，既能融合专业课的思想，将理论反映到实处，提升高校思政课程教育教学的水平和质量，又能坚定落实专业课程的正确政治方向，保证专业课教育和通识课教育不走偏，实现全方位多角度的"双赢"。通过推动学院内部的、学院之间的优质资源转化整合，建设一支"学高为师，德高为范"的富有责任感、使命感的教师团队，并从体制、绩效等方面引导专业教师、思想政治理论课专业教师参与思想政治教育等通识教育，协同解决育人过程中的"德才兼备"问题，构建落实高校多课程协同育人机制，才有望真正做到将思想政治工作贯穿教育教学全过程，推动高校顺利完成为党培养人、培养党的人的任务，培养一批优秀的社会主义建设者和共产主义的接班人。

参考文献

［1］刘洋. 高校辅导员与专业教师协同育人机制构建［J］. 学校党建与思想

教育，2019（20）：63—65.

［2］杨建超. 协同育人理念下高校"课程思政"改革的理性审视［J］. 南通大学学报（社会科学版），2019，35（6）：121—128.

［3］颜雪艺. 高校辅导员与班导师协同育人探究［J］. 学校党建与思想教育，2019（20）：61—62.

［4］张琼. 高校思想政治教育协同育人机制探析［J］. 学校党建与思想教育，2019（18）：42—43.

［5］陈锡喜. 高校哲学社会科学类课程与思想政治理论课"同向同行"的必要性和可行路径［J］. 马克思主义理论学科研究，2017，3（1）：154—163.

［6］韩宪洲. 以"课程思政"推进中国特色社会主义一流大学建设［J］. 中国高等教育，2018（23）：4—6.

［7］李国娟. 课程思政建设必须牢牢把握五个关键环节［J］. 中国高等教育，2017（Z3）：28—29.

［8］郑佳然. 新时代高校"课程思政"与"思政课程"同向同行探析［J］. 思想教育研究，2019（3）：94—97.

［9］石书臣. 同向同行：高校思想政治教育协同创新的课程着力点［J］. 思想理论教育，2017（7）：15—20.

［10］宋静，何惠君. 辅导员与专业课教师合力育人机制的构建与实践途径［J］. 学校党建与思想教育，2015（10）：70—71.

大学新生教育"课程化"建设研究[①]

聂 靖

［四川大学计算机学院（软件学院）］

【摘要】新生教育作为大学生接受高等教育的第一课，在高等教育的格局中处于重要地位。目前，新生教育缺乏顶层设计，整体协同不足，科学性、规范性不足。本文应用"课程化"建设的思想，探索对新生教育实施"课程化"改造，提升新生教育的质量和水平。

【关键词】新生教育；课程化；建设

我国高等教育与初等教育在教育理念、内容、教育方式等方面存在明显差异，由这种差异性导致的新生适应问题在大学新生中普遍存在，针对大学新生的调查显示，35％的学生对课堂授课方式不适应，41％的学生对未来规划不明确，不良体验和较慢的适应过程在一定程度上影响了学生的个人发展，给高校新生教育提出了新的挑战和要求。大学新生教育作为高等教育的起点，是以高等教育的人才培养为目标、新生的思想特点和认知规律为依据，通过有针对性地开展教育引导活动，帮助新生转变适应和发展启蒙，为大学新生的成长发展奠定基础，在高等教育格局中处于基础性、先导性地位。研究新生教育对高校人才培养具有重要意义。

---

① 本文系四川大学新世纪高等教育教学改革工程（第八期）研究项目（编号：SCU8286）的研究成果之一。

一、大学新生教育"课程化"建设的思路

调查显示，67％的大学新生认为现有的新生教育内容丰富但自身对教育的目的理解不深，说明当前的新生教育实效性有待提升，加强对新生教育的组织再造十分迫切。新生教育"课程化"建设是指按照系统化、规范化思维和科学的方法，将现有较为松散的新生教育，按照课程建设的方法，设置科学的课程体系、有序进行课程编排，有效组织课程实施和及时开展教学评价，并持续优化的过程。课程建设是高等学校教学建设的核心，课程水平决定了人才培养的水平。习近平总书记指出，高校立身之本在于立德树人。只有培养出一流人才的高校，才能够成为世界一流大学。办好我国高校，办出世界一流大学，必须牢牢抓住全面提高人才培养能力这个核心点，并以此来带动高校其他工作。对新生教育的"课程化"建设有助于解决当前新生教育缺乏顶层设计和系统规划的问题，是提升新生教育质量、水平的有效途径，能为提高校人才培养质量做出有益贡献。

二、大学新生教育"课程化"建设的原则

高校新生教育以习近平新时代中国特色社会主义思想为指导，按照独立自主办中国特色社会主义大学的要求，在进行"课程化"建设中应遵循五个原则。

（一）把握教育方向、彰显价值引领

我国高等教育肩负着培养德智体美劳全面发展的社会主义事业建设者和接班人的重要使命。因此，新生教育要牢牢把握立德树人的根本任务，在教育的过程中注重价值引领，紧扣新生教育的目标，在德育为先的前提下，注重培养和提升学生的能力。

（二）注重协同育人、理论实践并重

2017年2月27日中共中央、国务院印发《关于加强和改进新形势下高校思想政治工作的意见》明确指出，坚持全员、全过程、全方位育人。把思想价值引领贯穿教育教学全过程和各环节，形成教书育人、科研育人、实践育人、管理育人、服务育人、文化育人、组织育

人的长效机制。因此，在新生教育"课程化"建设过程中要特别注重课堂教学、学生管理、思想教育、文化氛围、社会实践等教育途径的协同配合，实现理论教育和实践教育有机结合。

（三）注重系统构建、细化实施方案

新生教育不能简单地等同于入学教育，而是紧扣适应和发展两个教育目标的系统性教育体系，并设置与之配套的切实可行的教育模块、实施方案和持续改进的教育质量评估与监测体系，循序渐进、有的放矢地开展新生教育工作，不断提升新生教育的成效。

（四）把握教育共性、彰显学生个性

大学新生教育的对象是年龄层次较为集中的群体，这使他们具有较为相似的心理特点、生理特点、认知水平和发展需求。但每个学生又存在能力、经验、成长背景、专业选择等的差异。因此，对于大学新生开展教育既要把握共性又要增强针对性，将必修和选修相结合，统筹规划、合理安排、丰富教学内容，并调动优质的教育资源广泛参与，提升教育的包容性。

（五）创新教育理念、更新教育模式

由于时代特点、社会环境、教育主体、教育对象迅速变化，新生教育在教育理念和模式上要始终遵循思政工作的规律，遵循教书育人和学生成长的规律，要因时而进、因势而新，不断探索符合学生要求和时代要求的方法。例如，将翻转课堂、慕课、微课等模式、手段用于新生教育，增强课程的吸引力，提升课程的渗透力。

三、大学新生教育"课程化"建设

课程建设包括课程规划和课程实施两个方面。课程规划主要包括：第一，编制课程目标、制定课程标准；第二，紧扣目标进行课程开发、内容设置；第三，考虑专业特性和学生特点，按照能力培养循序渐进的原则和课程的先后关系进行课程排序。课程实施是在一定的教育目标及教学理论指导下，依据学生的身心发展特点，对教学目标、内容、结构、手段方法、教学评价等因素进行归纳而形成的相对

稳定的指导教学实践的教学行为系统，主要解决课程的实施方法、模式等问题。

（一）大学新生教育"课程化"建设——课程规划

课程规划要求立足我国高等教育的实际，学习借鉴国内外相关理论实践研究的成果，坚持"以学生为中心"的理念，编制新生教育的目标、建立课程标准，进行课程开发和课程排序。

1. 大学新生教育的目标及课程标准

大学新生教育的目标是通过行之有效的教育引导，促进学生的适应融入与发展启蒙，突出对学生价值观的塑造、学习态度的培养、学习能力的锻炼和道德品质的熏陶等。根据大学新生教育的功能可将目标分为适应性目标和发展性目标两个方面。适应性目标具体是帮助大学新生实现"五大适应"——观念适应、心理适应、学习适应、环境适应和生活适应，完成从高中到大学的过渡。发展性目标具体是帮助大学新生打下"五大发展"基础——专业学习基础、持续学习基础、职业发展基础、综合素质发展基础、创新发展基础。帮助学生科学制定自身的学习、成长目标，并通过正确的方法有步骤地实施，以完成学业、发展个性，促进素质的全面拓展。

新生教育的课程标准应由各新生教育实施单位按照坚持正确方向，明确目标要求，结合实际情况的原则进行制定。首先，应结合立德树人的根本要求，回答"培养什么人、怎样培养人、为谁培养人"这一根本性问题。其次，应按照高校人才培养"德智体美劳"五育并举的要求、细化具体标准。最后，应结合各实施单位的具体特色进行设置。

2. 新生教育的课程开发

围绕大学新生教育的目标，建立新生教育的模块和内容。适应性教育模块包括：大学使命教育、生命安全健康教育、信息化教育、心理健康教育、生活适应教育。发展性教育模块包括的内容为：专业认知教育、学习能力教育、职业生涯教育、综合素质教育、创新意识教育。在开展新生教育的过程中，以上两大模块、十个方面需要协同推进，根据学校、专业的实际情况和整体工作安排进行组合和调整，有所侧重。具体框架如图1所示。

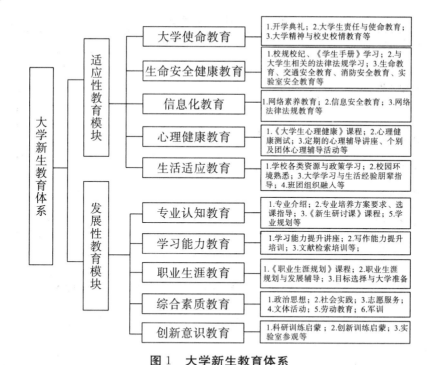

图1 大学新生教育体系

（二）大学新生教育"课程化"建设——课程实施

新生教育应当以学生为中心，在课程实施的过程中应当注意几个结合：引导教育与自我教育相结合、阶段教育与长期教育相结合、学校教育与社会教育相结合、整体教育与个别指导相结合、理论学习与实践教育相结合、合作探究型学习与教授型学习相结合、课堂教育与课外教育相结合、第一课堂和第二课堂相结合，线上教育和线下教育相结合。

1. 制定课程实施方案

按照课程建设的方法，根据新生教育的模块设计，每个模块都应设计可操作、可实施的课程大纲，明确课程的时间、先修课程、教材及学习资料、授课形势、教师或参与人员、主要内容等信息。以大学使命教育为例（见表1），大学使命教育大纲中对授课内容、授课时间、学时安排、授课方式、授课人员、教材资料、考核方式都做出了明确的规定，在设计的思路中体现了"三全育人"理念，各种教育形式、教育主体融入多个教育环节。

表1 大学使命教育大纲

教育类型	大学新生教育			
课程属性	选修课程：必修课程：先修课程	学时	先修课程	4
			必修课程	12
			选修课程	0
开课学期	■先修　■一秋　■一春　□二秋　□二春　□三秋　□三春　□四秋　□四春			
授课人员	辅导员、教师、朋辈学生等			
总体描述	通过讲座、授课、参观等形式围绕高等教育的使命、大学生责任、校史校情、文化传统、校歌学习等内容进行传播。			
先修课程	《新生研讨课》MOOC			
教材资料	《校史读本》、《大学应该这样读》、学校官方网站、微信公众号等			
考核方式	考察问卷、参会考勤			

主要内容开展方式	授课内容	授课时间	学时	授课方式	授课人员
	大学精神与校史校情教育	开学前	4	网络学习/自行学习	相关课程成员
	开学典礼（学校/学院）	一秋第一周	2	讲座/集中学习	学校/学院领导
	大学生责任与使命教育	一秋前三周	6	讲座/集中学习	分管学生工作副书记/专业教师/辅导员/朋辈学生
	校歌学习	班团活动	2	班团活动	辅导员/朋辈学生
	校史馆/校博物馆参观	一秋	2	参观交流	校史馆/博物馆工作人员

2. 建立调查与评价机制

调查与评价机制的建立对于建立课程实施基础和掌握实施效果有重要意义。首先，应建立调查工作机制。组织开展《大学生家庭经济情况调查》《新生入学前调查》，对新生的家庭情况、学习经历、性格特征、兴趣爱好、学习期待等进行了解，以便于制定相应的新生教育方案；在新生入学后的期中考试、期末考试、军训等关键时期开展调查，适时了解新生的实际需求。其次，应建立评价工作机制。高校可将新生教育的课程满意度评价和课程学习效果评价相结合，根据相关评价的结果对课程实施做出科学合理的调整和规划。同时，可通过学生自评、师生互评、同学互评的结果全方位了解学生适应与发展的程度和具体情况，筛查适应程度较差的个体，以便为新生提供针对性较强的个别重点帮助。

四、大学新生教育"课程化"建设的保障

大学新生教育"课程化"建设既要进行必要的教育规划和课程实施，还需要解决教学组织、师资队伍、制度保障等方面的问题，才能真正完成"课程化"构建。

（一）教学组织方面

大学新生教育涉及的内容较为广泛，教育的形式和手段也呈现多样化，"课程化"的过程较为复杂，这是新生教育开展的重点与难点。在教学组织方面，学校和学院应充分发挥在不同层面的组织优势，充分协调各种教育教学资源，按照新生教育的大纲统筹推进、有序开展，逐步构建主体多元、过程完整、环节衔接的新生教育体系并组织编撰与具体新生教育相匹配的教材和教辅材料。

（二）师资队伍方面

根据国外新生教育的经验显示，新生教育涉及多个模块和不同领域，应根据相应模块的专业性要求组建多元化师资队伍，包括学校教育管理的领导、专业教师、辅导员、心理健康教师、教育管理人员、优秀朋辈学生等，部分特殊教育内容应包括医务工作者、警务工作者、后勤管理人员等，但多元化师资带来的队伍稳定性问题，可能成为新生教育师资队伍建设的难点之一。开展新生教育的教师多数是具有丰富教学经验的优秀教师和经过培训的专业人员，组织单位应开展对教师的选拔和培训，这也是新生教育师资队伍建设的又一难点。

（三）制度保障方面

新生教育内容繁多，持续周期较长，在实际的教育过程中容易呈现主题不鲜明的问题，为了提升学生参与课程的积极性和重视程度，可以考虑将高校新生教育作为单独模块纳入培养方案或者教学计划，或作为专项计划单列，给新生提供明确的"新生教育学习清单"即教学计划，学生参与相关学习后可获得课程证书，这也是新生教育"课

程化"顺利开展的制度保障。

以"课程化"建设的理念对新生教育的目标、内容、实施、考核、评价等进行系统化设计，有利于高校把握关键时间节点开展育人工作，提升育人实效。在"课程化"建设理念的影响下，大学新生教育还应该更加开放、与时俱进，持续优化课程建设体系，并不断丰富内涵和呈现效果。

参考文献

[1] 人民网. 习近平：把思想政治工作贯穿教育教学全过程　开创我国高等教育事业发展新局面[EB/OL]. (2016－12－09)[2020－11－16]. http://cpc. people. com. cn/n1/2016/1209/c64094－28936173. html.

[2] 黄武南，杨明明. 大学新生教育发展方向及对策浅议——基于美国高校的经验分析和新生转型及教育计划模式构建 [J]. 思想教育研究，2016（3）：115－118.

[3] 陈华，冯缙，汪小容. 以目标为导向的大学新生适应教育体系构建 [J]. 教育教学论坛，2018（39）：109－110.

[4] 杨桂霞. "95 后"大学新生入学教育课程体系研究 [J]. 高教学刊，2018（8）：61－63.

[5] 杨嵩松. 走出三大误区，把握关键环节——大学新生教育有效性研究 [J]. 教育现代化，2019，6（89）：257－259＋262.

[6] 胡莉芳. 以课程建设推动本科人才培养——新生研讨课的角度 [J]. 复旦教育论坛，2012，10（5）：23－27＋50.

电气工程及其自动化一流专业
国际化办学模式与实践

邓清华　　肖先勇　　李长松　　王晓芳　　姜小雨

（四川大学电气工程学院）

【摘要】"一流专业"是"一流大学"的核心内容，是高等教育改革发展的重点。其中，国际化办学水平是重要标志之一。本文从国际化人才培养模式、国际化师资队伍建设、国际化科研合作等维度，探索综合性大学电气工程及其自动化专业国际化办学模式，提出一种立足学科前沿，面向国家和行业重大需求，"产学研协同"的国际化办学模式，"大川视界""国际周""海外基地""教师海外交流计划""中外联合研究中心"等举措的实践表明，提升国际化办学水平，不仅具有可行性，而且可有效促进我国高等教育迈向世界一流。

【关键词】一流专业；电气工程；专业建设；国际化办学

　　全球高等教育竞争态势日趋激烈，我国高等教育在经济全球化、综合国力竞争日益激烈的背景下，不断提高教育发展水平和教育质量，是应对自身改革发展和外部挑战的重要举措。因此，国家提出了"双一流"建设重大战略部署。学科是大学的根本，建设一流学科必须在参与国际合作与竞争中实现高等教育的全球化发展理念与全球竞争能力，如何发挥学科优势、整合各类资源、创新合作模式、提升国际化办学水平成为当前一流学科建设面临的重要课题。

一、国际化办学水平对一流专业建设的意义

办学理念是高校的灵魂，体现了高校的办学定位和发展之道，伴随着全球经济一体化进程的加快和深入，国际化已成为国内高等院校的发展理念，国际化办学意味着与国际接轨的高等教育，置身于全球视野的发展理念，高超的跨国界学术交流与互动能力，以及培养具有全球竞争力的国际化人才。2015 年 12 月，国务院印发《统筹推进世界一流大学和一流学科建设总体方案》①，明确将推进国际交流合作，加强与世界一流大学和学术机构的实质性合作，加强国际协同创新，切实提高我国高等教育的国际竞争力和话语权作为五项改革任务之一。2018 年，教育部、财政部、国家发展改革委制定了《关于高等学校加快"双一流"建设的指导意见》，在探索一流大学建设之路中明确指出要深化国际合作交流。在"双一流"建设背景下，高等教育的发展理念更加强调全球视野与全球竞争力，这对高校的国际化办学水平提出了新的挑战，也是能力提升的新机遇。对综合性大学的电气工程及其自动化专业来讲，提升国际化办学能力，与国际工程教育接轨，是一流专业建设的重要组成部分，也是培养适应经济全球化发展需求的国际化、复合型高层次工科人才的必然要求。

二、国际化办学水平提升中存在的问题

自《国家中长期教育改革和发展规划纲要（2010—2020 年）》颁布以来，国际化教育越来越多地受到高等院校的重视。"双一流"战略实施以来，电气工程及其自动化专业在一流学科建设中的国际化教育工作取得了巨大的发展，但总体来看，与世界一流学科还有较大差距，提升空间仍然巨大。

（一）国际化人才培养体系有待健全

人才培养是国际化办学水平与能力的直接体现，《国家中长期教

---

① 国务院. 国务院关于印发《统筹推进世界一流大学和一流学科建设总体方案》的通知：国发〔2015〕64 号[A/OL]. (2015－11－05)[2020－10－10]. http://www.gov.cn/zhengce/content/2015－11/05/content _ 10269. htm。

育改革和发展规划纲要（2010—2020年）》提出，要开展多层次、宽领域的教育与合作，提高我国教育国际化水平，要培养大批具有国际视野、通晓国际规则、能够参与国际事务和国际竞争的国际化人才[1]，并对国际化人才应具备的基本要素给出了定义。对照国际人才培养标准，笔者发现，在电气工程及其自动化专业的国际化人才培养工作中，存在以下几点问题，制约了国际化办学水平的提升。

一是学生参加国际交流项目人数较少，出国（境）率不高，且提升难度较大。这一问题主要是由于国际合作与交流模式僵化，政策支持力度不够，导致交流项目以传统的联合培养和交换生项目为主，项目成本高昂或名额太少，实际参加的学生人数不多，且升学后人才流失现象严重。

二是学生的跨文化交际能力较低，主要表现为语言沟通的障碍和文化理解的障碍。在本科阶段出现这一问题首先是由于外语教学重理论轻应用，重输入轻输出，作为大学生必考的英语四六级考试，口试的报考率明显低于笔试，部分院校和专业将大学英语四级作为申请学位的前提条件之一，但对其中的口试则无明确要求，针对口语能力的考察环节较少，导致学生英文应用能力不足，口头表达能力较弱；其次是学校提供的跨文化交际语境较少，在纯中文的语言环境中，缺少跨文化交际需求，交际能力得不到应用，导致学生跨文化交际意识薄弱。

三是对工科类专业来讲，国际化教育在实践环节基本缺失，缺少与国际接轨的工程实训教育，无法较好地适应当前新工科应用型人才培养的需求。

（二）师资国际化水平有待提升

教师是高校人才培养、学科研究和社会服务的源动力，对于学生的国际化视野开阔、教授知识先进性保证、科学研究前瞻性引导起直接推动作用。电气工程及其自动化专业作为工科专业，其最大的特点在于其深厚的行业背景，这不仅表现在人才出口上，同时本专业教师与行业的联系也非常紧密，教师队伍本土化、行业化的程度较高，但国际化水平较低。这主要体现在以下几个方面：从人员构成来看，无论是高层次人才还是青年人才，外籍教师人数都很少，占比非常低，不足以提升师资的国际化水平；从学缘结构上讲，现有师资人员大多毕业于本校或者国内高校，海外知名高校毕业博士占比很低，教师海外交流经历不足；从科研情况来看，现有科研队伍承担的科研项目以横向企业项目为主，纵向国家级尤其是国际合作项目数量很少，跨区域重大项目参与度很低；从学术交流情况来看，科研教学人员参加国内行业大会或协会主办的会议和培训较多，与工业界和国内同行交流较多，但走出国门与世界一流大学的交流还较少，在国际上的影响力不大。在日益激烈的国际竞争中，关起门来谈发展是没有意义的，一流专业的建设必须要建设一支具有全球视野、国际化教育理念、跨区域合作能力的国际化师资队伍，才能促进跨区域跨文化的合作与协同发展，增强教育成果累积和人才培养质量。

（三）国际化科研合作水平有待提高

科学研究作为高校四大职能之一，直接体现了一所学校的学术研究水平。开放交流是科研机构与生俱来的本质属性和文化基因[2]，在全球化、信息化和网络化深入发展的背景下，知识与信息的流通也在加速，科学研究的国际化合作与国际化发展道路成为世界顶尖大学的发展战略[3]，"双一流"建设也明确要求推进科学研究领域的国际交流与合作，将国外优质教育资源有效融合到教学科研全过程。在实际工作中，科研国际合作的主要问题表现为合作渠道较少、层次不高、成效欠佳，科研国际化水平明显不够，究其根本原因还在于在国际影响力不大、国际学术话语权不够，成为制约科研合作国际化发展的巨大阻力。

三、电气工程及其自动化专业国际化办学水平提升实践

面对当前一流专业建设要求以及电力行业国际化人才输送需求，怎样整合资源、搭建平台、建立体系，切实提升国际化办学水平，成为电气工程及其自动化专业国际化发展战略的主要目标。国际化办学水平主要从人才培养、师资队伍、科研水平这几个方面体现出来，也是提升国际化办学水平的着力点，同时，这三个要素相辅相成，互相促进，缺一不可，只有做到三方面的内外兼顾、统筹协调、全方位立体化发展，才能提升高等教育的国际参与度、国际化视野、国际竞争力、国际话语权以及国际影响力，再反作用于国际化办学能力的提升，这是国际化发展道路的内在规律。四川大学电气工程学院依托电

力行业背景，围绕一流学科建设，结合国际化发展内在规律，建立起一套人才、师资、科研"三位一体"、产学研协同的国际化办学模式（如图1所示）。

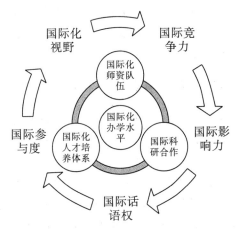

图1 人才、师资、科研"三位一体"的国际化办学模式

（一）全方位立体化国际化人才培养体系

在探索电气工程类国际化人才培养模式过程中，四川大学电气工程学院着力打造高水平国际化学习交流平台，与海外高水平大学建立了多元化、多层次长期合作机制。首先是推进"国际英才计划"，与专业机构合作，整合世界排名前50的高校资源，在优秀学生中选拔国际英才，帮助其申请进入全球最顶尖高校，提高国际升学率。其次，针对学生出国（境）人次少，出国（境）率低的问题，学院大力开发学院级别的"大川视界"大学生海外交流计划，为学生出国（境）学习提供多样化选择。2019年，学院针对电气工程专业，成功推出德国克劳斯塔尔工业大学暑期项目、中国澳门大学暑期项目，两个项目以电气类讲座教学为主，同时安排工业参观和文化体验，项目时长为10～15天，为鼓励学生参加，两个项目提供覆盖率为100％的奖学金，还推出学分转换与申请、专项奖励等措施，受到了学生的欢迎和喜爱。再次，与海外知名大学和研究机构合作，面向电气工程及其自动化专业建设海外实习实训平台。学院与世界领先的绿色能源实验室丹麦技术大学PowerLabDK实验室共建实习基地，打造与专业深度融合、兼顾工程实践性和学术探索性的实习项目，将国际化教育引入工程实训环节，培养国际化工程人才，第一批次已成功派出学生

22 人。最后，大力开展国际课程周项目，创造跨文化交际语境，为学生跨文化交流创造平台。2019—2021 年，学院邀请了 51 位来自包括英国的巴斯大学、诺丁汉大学，斯洛文尼亚的卢布尔雅那大学，瑞典的皇家理工学院等在内的海外知名院校学生参加为期两周的国际课程周活动，与本专业学生一起学习与交流，通过开展丰富多彩的学术及文化活动，提升了学生的交际能力。

（二）外引内培双引擎驱动国际化师资队伍打造

一流的师资队伍是世界一流大学和一流学科的人才保障，没有一流的师资就谈不上世界一流大学或学科[4]。在师资国际化建设中，电气工程学院坚持外引内培两手抓，双引擎驱动国际化师资队伍打造。首先，采用灵活引进方式，重点引进高层次海外人才。针对青年外籍教师，利用"一带一路"倡议带来的新机遇，加大沿线国家人才引进力度，吸引一批具有发展潜力的青年外籍教师，目前，本专业新增外籍青年教师和博士后均来自"一带一路"沿线国家；针对高层次外籍教师，通过柔性引才灵活引进，发挥高端人才虹吸效应，例如，学院已聘请 10 多位外籍院士、教授、专家担任学院的兼职外籍教师、客座教授、兼职博导等。其次，高度重视教师队伍人才的国际化培养，推进师资队伍国际化建设。利用留学基金委和学校的各类资源，积极鼓励教师申请学校、国家各类公派访学项目，同时根据专业特色与国际合作基础，与诺丁汉大学签订教师访学协议，资助教师赴英进行长期访学交流，与日本冈山县立大学签订教师互访协议，资助教师赴日进行短期交流，快速提升整体师资队伍的国际化水平。

（三）双模式推进高端国际科研合作

当前，国内高校主要采用自上而下和自下而上两种国际科研合作模式[5]，自上而下模式是指由学校主导的国际合作与交流，优势在于能够整合资源配置，支持力度大，平台影响大，聚集效果明显，缺点在于建设周期长，投入成本高；自下而上模式是指由教师团队主导的国际合作交流，主要基于某个具体的科研项目或人才联合培养，优势在于形式灵活、见效快，但往往规模不大，影响力较小。围绕清洁能源、能源互联网、智慧城市、能源大数据等研究领域，电气工程学院充分发挥电气工程类专业和电力行业优势，立足科学前沿，面向行业和国家重大需求，坚持两种模式并行，积极推进国际合作项目，促进高端国际科研合作。在自上而下方面，整合校内外资源，与加州大学伯克利分校合作，建立绿色能源研究中心，该中心建成后将设立由清洁能源领域知名专家构成的国际化理事会和学术委员会，建立以清洁能源利用、能源政策和能效等为主要研究领域的若干研究所（室），成为立足西部、服务全球的世界一流机构；同时，举办或申办具有行业影响力的国际学术会议，包括电力系统技术国际会议（POWERCON）、国际大电网会议（CIGRE）、可持续电力与能源国际会议（iSPEC）等。在自下而上方面，充分利用导师团队现有国际合作网，建立联合科研实验室，通过联合申报国际科研项目、联合发表文章等快速提升科研合作国际化水平；鼓励教师积极参与国际标准制定，鼓励教师到国际学术组织任职以及在国际期刊担任编委、编辑等职务。

四、电气工程及其自动化专业国际化办学水平提升效果

通过以上一系列措施，电气工程及其自动化专业在人才培养、师资队伍、科研合作等方面取得一定成效，建立起一套内外兼顾、统筹协调、产学研协同的国际化办学模式助力一流学科建设，国际化办学水平得到有效提升。

（一）在人才培养方面

在人才培养方面，通过联合培养、"国际英才计划""大川视界"等深度合作项目，四川大学电气工程学院建立了多种形式优化组合的国际化人才培养体系。2019年全面推进院级"大川视界"大学生海外访学计划后，学生总出国（境）人次比上一年度增加400%，学生出国（境）率提升效果非常显著；通过在国际课程周开设全英文课程，留学生"进课堂""入社团"等活动，营造多元互动的国际化人才培养文化氛围，提升了学生的跨文化交际能力；与丹麦技术大学合作，成功打造了面向电气工程及其自动化专业的首个海外实习项目，将国际化教育引入实习实训环节，实现了国际化教育贯穿课堂—科研—实践的全过程。

（二）在师资队伍建设方面

在师资队伍建设方面，通过全兼职并举，引进了一批有发展潜力

和国际影响力的外籍教师，形成了中外专家共建共享的科研团队，建立了青年教师传帮带制度，由世界一流科学家对团队青年教师进行指导；此外，成功实施教师海外交流合作计划，优先为无海外交流经历的教师创造交流机会，通过长短期交流结合的方式，选送优秀老师出国访问，2019—2021年教师海外学习及交流经历大幅度增加，师资整体国际化水平得到显著提升。

（三）在国际科研合作方面

在国际科研合作方面，通过自上而下和自下而上两种模式并行，开展国际协同创新，加强与国外高水平大学、顶尖科研机构的实质性学术交流与科研合作，取得了一定的成效，提升了国际影响力和国际学术话语权。与加州大学伯克利分校合作，筹建中美清洁能源研究中心，搭建清洁能源利用、能源政策和能效等研究领域的国际一流合作平台；举办或申办了一系列具有行业影响力的国际学术会议，例如，国际大电网会议（CIGRE）、IEEE电能质量及谐波会议（ICHQP）、中韩继电保护与自动化论坛等；教师团队的国际科研合作成果显著，例如，研究生的中外联合培养和互访，欧盟地平线计划的联合申报，国际合作文章的发表等；教师在国际学术组织任职以及担任国际知名期刊编委、编辑等职务的人数增加。

在一流学科建设的过程中，电气工程及其自动化专业结合专业特色与行业背景，立足学科发展前沿，面向行业和国家重大需求，开拓合作渠道，创新合作模式，通过创新国际化人才培养体系、打造国际化师资队伍、加强科研国际化合作，"三位一体"，全面发力，建立起一套内外兼顾、统筹协调、产学研协同的国际化办学模式，助力一流学科建设并取得一定的成效，为高校一流学科建设及国际化办学提升提供了可借鉴的经验。

参考文献

［1］中华人民共和国教育部. 国家中长期教育改革和发展规划纲要（2010—2020年）［A/OL］.（2010—07—29）［2020—05—14］. http：//www. moe. gov. cn/srcsite/A01/s7048/201007/t20100729 _ 171904. html.

［2］李文聪. 国际科研合作的网络演变及其对科研产出的影响研究［D］. 北

京：中国科学院大学，2016.

［3］张杰. 以高水平国际化推进国际一流科研机构的建设——世界科技强国大家谈［J］. 中国科学院院刊，2018，33（1）：1－8.

［4］叶前林. 中国顶尖大学离世界一流大学师资水平有多远？［J］. 黑龙江高教研究，2019，37（2）：7－11.

［5］李晓述，黄琳，刘晓黎. 国际科研合作助推世界一流大学建设——武汉大学的探索［J］. 世界教育信息，2019，32（9）：43－47.

体系与保障

基于平台共建的大学英语教学
信息化改革与创新实践①

黄丽君

（四川大学外国语学院）

【摘要】为摆脱大学英语课时缩减而同时教学要求不断提升的困境，深度推进探究式、互动式大学英语教学改革，大学英语教学团队本着"共建共享"基本原则，依托超星"一平三端"学习平台，建设四川大学大学英语网络教学平台。平台建设促进了大学英语教学模式交互式创新实践，打通了大学英语课堂内外的学习通道，有效调动学生自主学习的积极性，为学生的英语泛在学习提供新途径、新方式，实现信息技术与大学英语教学的有机融合。

【关键词】大学英语；信息化；教学平台；共建共享

一、信息化教学改革背景

（一）大学英语课程现状

大学英语是四川大学面向全体本科学生开设的一门必修公共基础课，教学内容包括英语语言知识及应用技能、学习策略和跨文化交际等。课程目标旨在进一步提高学生的听、说、读、写、译的能力，使学生达到能用英语有效进行口头和书面信息交流的水平，培养学生在

① 本文系四川大学新世纪教育教学改革工程研究项目"大学英语教学信息化改革"的研究成果之一。

学术或职业领域进行交流的能力以及跨文化交际能力。课程同时也服务于学校人才培养的总体目标。

大学英语是学校覆盖面较大、辐射力较强的一门课程。课程开设两年，全校有近2万名大一、大二学生纳入大学英语课程培养方案。学生人数多，覆盖文、理、工、医、经、管、法、史、哲、农、教、艺12个学科门类的不同专业，有不同的专业学习需求；学生的英语学习起点不同，个性化学习需求差异大。近年来，学校依据新的人才培养方案压缩了大学英语课程学分和教学课时，同时提高了实现课程目标的教学要求。在被压缩的课时和学校对课程提出的高阶性、创新性和挑战度的要求之间出现了缺口。如何填补缺口，如何在充分利用有限课时的基础上完成学校对大学英语课程教学的更高要求？本文认为，利用信息化手段来拓展教学时空、提升课程教学质量，是解决难题的一个可能的有效途径。

（二）信息技术对大学英语教学的影响

在高校教育改革背景下，教育信息化是改革发展的重要途径。在《大学英语教学指南》（教育部2017版）中对大学英语教学也提出了明确要求，大学英语应大力推进最新信息技术与课程教学的融合，继续发挥现代教育技术，特别是信息技术在外语教学中的重要作用。为主动适应信息化环境下教育发展的新形势和新要求，有关大学英语教学信息化改革的研究也层出不穷，探讨现代化信息技术与英语教学相互联结与促进的可能性和实践路径[1]，提出与信息化技术融合的外语课程生态系统框架[2]，研究优化整合的外语信息资源对学生自主学习能力提高的积极影响[3]，以及高校外语资源优化应用策略[4]，等等。这些研究从教学理念、范式转变、应用策略等方面讨论大学英语如何主动适应信息化教育发展的新形势和新要求，探索大学英语教学信息化改革的新路径、新方法，切实推进现代化信息技术与大学英语教学的有效融合。

近年来，四川大学也积极推进大学英语教学的信息化改革，主要方式是联合出版社开发基于教材和校园网的大学英语导学系统，为学生创设自主学习环境。随着智慧学习和移动学习浪潮的来临，四川大学英语老师从自身的课堂实际出发，自主使用学习通、蓝慕云、爱课堂、雨课堂等平台，加强教学和学生学习管理。老师们也借助微信、QQ等社交软件对学生进行线上辅导和接受学生咨询。以上教学平台和社交软件的功能较为单一，英语教师缺少一个多功能、整合的教学平台来有效融合线上和线下的英语教学。

为实现信息化技术与大学英语教学的有机融合，四川大学急需建设新的大学英语网络教学平台，充分利用智慧教学、移动学习方式，拓展教学时空，打通大学英语课堂内外的学习通道，调动学生自主学习的积极性，满足学生多元化、个性化学习的需求。

二、信息化教学改革的目标和内容

本改革举措借助信息化平台和新技术手段，旨在深度推进探究式、互动式大学英语教学改革，采用混合式教学、翻转课堂、构建线上线下结合的教学模式，打造四川大学"英语学习社区"，为学生营造全方位浸润式英语学习氛围，扎实提升大学英语教学质量。

超星公司开发的"学习通"被选用为大学英语网络学习的基本平台。超星学习通是基于网络资源，面向智能手机、平板电脑等移动终端的移动学习平台，"一平三端"智慧教学系统连通"移动端""教室端""管理端"，是比较理想的综合的教学平台，有利于拓展教学时空，实现课内外学习的联通和课内外学习的一体化管理。

大学英语教学信息化改革的主要内容是基于超星"一平三端"智慧教学系统建设四川大学的"英语学习社区"，内容涵盖技能训练（听、说、读、写、译）、考试辅导（四/六级、考研、托福、雅思等）、英语文化等。"英语学习社区"（一期）建设内容（如图1所示）以课程方式呈现，分为封闭式平台课程和开放式平台课程两大类。封闭式平台课程面向被纳入四川大学大学英语课程培养方案的大一、大二学生，内容包括综合课程在线课堂、听力在线课堂、阅读与文化在线课堂；开放式平台课程对学校所有在校学生开放，以英语测试技能训练为主，包括英语四级冲刺课程、英语六级冲刺课程和考研英语冲刺课程。

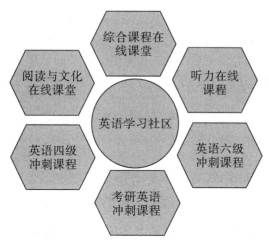

图1　"英语学习社区"（一期）建设内容

（1）综合课程在线课堂：内容包括课程章节知识点、微课学习视频、拓展阅读书目、作业、试题等。同时将开发的在线课程用于SPOC混合式教学，满足学生课前、课后自主学习需要。课中则开启翻转课堂，提升教学效率，并通过后台大数据统计随时监测学生的学习效果。

（2）听力在线：建设内容包括将现有大学英语听力教学迁移至平台，对教材进行二次开发，通过发放教案、资料、作业、测试题等，指导学生课外自学听力，同时，适量增加拓展听力材料，并在此基础上形成示范教学包。

（3）阅读与文化在线：建设内容包括将现有英语泛读教材迁移至平台，对教材进行二次开发，通过发放教案、资料、作业、测试题等，指导学生课外完成泛读任务，同时，适量增加人文通识阅读和学术文献阅读材料，并在此基础上形成示范教学包。

（4）四六级英语冲刺：提供四六级英语试题库与试题分项解析。

（5）考研英语冲刺：提供考研英语试题库与试题分项解析。

三、大学英语超星教学平台建设的方法和措施

超星英语教学平台建设的指导思想是资源共享、合作互利、共同开发。建设能满足实际外语教学需求的外语信息资源，在此基础上进行规范、有序、高效、统一的资源整合与优化，实现优质外语信息资

源的充分共享利用，形成师生共建共享的资源生态环境，是实现外语教学信息化的必由之路[4]。基于共建共享的基本方针，我们动员和组织全体大学英语老师集思广益、群策群力，共同开发建设超星平台教学资源。把老师们原有的零星、分散的英语资源进行整合、改选、开发，开放为多来源、多层次、多类型的学习资源，实现资源的优化和整合，以开放创新的方式，提高学生的学习兴趣、提升学生的语言能力。

（一）团队建设

基于信息化教学平台资源共建共享的原则，组织动员全体大学英语老师参与资源建设。老师们基于自身的优势和资源建设兴趣加入不同的超星英语教学平台建设团队。平台建设一期项目共有 5 个建设团队，分别为综合课程在线课堂团队、听力在线课堂团队、阅读与文化在线课堂团队、四六级考试团队和考研英语团队。每个团队有 15～20 名老师，由团体负责人召集，明确各团队的平台建设目标、方法、路径、分工、预期成效以及建设工作重要的时间节点。在建期间，各团队定期召开资源建设工作会，讨论并解决问题，在甄别、筛选的基础上整合、改写、编辑素材和资源，共同开发建设优质英语学习资源。

（二）资源建设

平台资源建设是一项常态化的工作。"英语学习社区"版块内容随着课程的需要以及学生英语学习的实际需求不断地增加、扩容和丰富，平台（一期）建设的资源包括：（1）综合课程：《全新版大学英语综合教程》1—4 册的章节知识点、课后习题精选；（2）听力在线：《新标准大学英语听说教程》1—4 册听力材料和听力练习精选，听力拓展材料优选；（3）阅读与文化在线：《大学跨文化交际与阅读教程》1—4 册阅读与练习精选，跨文化拓展阅读材料优选；（4）四六级考试资源：大学英语四六级考试题精选、解题技巧详解、试题分项解析；（5）考研英语资源：考研英语试题精选、考点梳理、试题详解；（6）英语词汇题库资源：大学英语四六级 5000 词汇题校审、翻译、注释。

（三）平台建设

建设团队以创建课程的方式把整编完成的资源上传至超星平台，

同时把所有纳入大学英语课程学习的学生信息和老师信息导入平台，师生进入课程建立班级管理。老师依据线下课程进度安排线上平台课程的学习内容，布置章节作业、拓展听力训练、拓展阅读训练、单元小测验、专题测试等，同时管理学生的学习进度，了解学生学习的效果，从数量和质量两个维度管理学生平台学习的过程。

平台建设本着"共建同享共同维护"的基本原则，老师在使用过程中持续维护已建课程内容，在使用中改进、优化课程内容。同时，在已建资源的基础上不断增添新的平台课程内容，为大学英语教学持续供给优质资源。平台建设是一个经常的、长期的过程，平台课程动态生长，不断优化不断丰富，实现英语教学资源的可持续发展。

四、信息化教学改革的成效[①]

目前，平台前期建设已初具成效，完成了封闭式课程和开放式课程的架构。封闭式课程系列已完成综合英语在线－2、综合英语在线－4、英语视听说在线－2、英语视听说在线－4、阅读在线－2、阅读在线－4的建设，并在2020年春季学期全面投入使用。2020年春季学期，全校2018级和2019级两个本科年级共有586个班次、16316名学生参与了平台课程学习（见表1）。所有平台内容对学生开放，学生可按需、按要求选取平台上的内容进行学习，部分平台学习内容纳入学生该学期的过程考核。开放式课程已完成英语四级冲刺、英语六级冲刺和考研英语辅导课程的建设。四六级冲刺课程在2020年春季学期投入使用，四川大学共有近3000名学生加入课程，系统学习四六级考试备考知识点和解题技巧，提升英语应考技能和英语综合能力。

表1 2020春季学期平台课程使用情况

平台课程	班次	学生人数	主要教学内容
综合英语在线－2	307	8262	词汇　翻译　篇章练习
综合英语在线－4	279	8054	词汇　翻译　篇章练习
英语视听说在线－2	307	8262	音频　视频练习
英语视听说在线－4	279	8054	音频　视频练习

① 四川大学英语超星平台课程网址：http：//i. mooc. chaoxing. com/space/index. shtml。

平台课程	班次	学生人数	主要教学内容
阅读在线－2	307	8262	跨文化阅读 批评思维训练
阅读在线－4	278	8054	跨文化阅读 批评思维训练
四级冲刺	1	242	四级真题测试及试题详解
六级冲刺	1	2644	六级真题测试及试题详解
考研英语	拟开设		考研英语试题测试及试题详解

此外，近 5000 词条的英语词汇题库建设已完成，为老师课堂测试以及课程的综合测试提供了优质资源。利用平台已建题库资源，2020 年春季学期顺利完成了 2018 级和 2019 级 400 多名学生的大学英语－1 和大学英语－2 的补缓考超星平台在线考试，同时，基于平台学习和测试资源，2019 级艺术英语班 400 名学生顺利完成 2020 年春季学期在线期末考试。

信息技术与课程整合的成功与否在于丰富的资源。但是这些丰富的资源只有跟教学过程结合起来，与社会生活联系起来，才能真正具有"丰富"的内容，才能赋予整合课程的现实意义[5]。四川大学的超星平台资源围绕大学英语课程进行建设，丰富了大学英语课程的教学手段，提高了英语课堂教学的效率，增加了课程教学的呈现方式，延伸了英语课堂教学的范围，为学生营造了更加开放、多元和创新的教学氛围。平台课程学习方式促进了大学英语教学模式的交互式创新实践，增加了师生之间的教学沟通和学生之间的互助合作学习。师生的教学互动更加多元化，不仅有课堂上的教学指导，还有课前和课后的监督和指导，有利于老师全面掌握学生的学习情况，了解学生的学习进度，从而进一步加强教学的针对性和有效性。平台课程学习促进了教学评价模式的不断改善，老师可通过平台全方位收集学生的学习数据，并根据数据进行综合评价，以确保大学英语课程过程考核的客观性和准确性。平台的优质题库为课程测试提供了资源，老师可以基于题库组卷用于随堂测验和课后测试，也可以基于题库组卷用于大学英语课程综合性考试，为学校建设基于平台的"教、学、测"一体化教学体系打下良好基础，同时也为全面提升大学英语课程质量打下坚实基础。

五、结语

基于平台建设的大学英语教学信息化改革以平台建设与课程融合为前提，将分散资源有效整合，优化信息资源，共建共享，初步建成有效服务于大学英语课程的多类型教学资源网络。在已建平台资源的基础上，一方面要完善现有的资源网络，增加博雅阅读、学术阅读、口语空中课堂、出国英语考试训练等板块，满足学校学生多样化、个性化学习的需要；另一方面，还要加快大学英语微课、视频课、慕课的建设，最终建立从电子教案到数字资源再到精品网络课程的立体化教学资源体系。

参考文献

［1］张喜华，郭平建. 信息化背景下大学英语教学改革研究［M］. 北京：北京交通大学出版社，2017.

［2］陈坚林. 计算机网络与外语课程的整合——一项基于大学英语教学改革的研究［M］. 上海：上海外语教育出版社，2010.

［3］冯霞，黄芳. 基于自主学习的外语信息资源整合优化研究［J］. 外语电化教学，2013（2）：47—52.

［4］史光孝，邹佳新. 我国高校外语信息资源优化应用策略研究［J］. 外语电化教学，2013（3）：54—58.

［5］何立新. 信息技术教学与创新思维培养［M］. 北京：北京大学出版社，2012.

高校学困生防控与帮扶的思考与对策

徐 仁 王 君 黄 燕 张艳霞

（四川大学教务处）

【摘要】学生学业发展状况是体现高校办学水平，衡量人才培养质量的重要指标。自教育部召开以"以本为本、四个回归"为主题的教育工作会后，学困生这一特殊群体愈来愈受到学校的重视和社会的广泛关注。本文通过阐述目前高校学业预警与帮扶制度的缺陷，提出了高校对学困生应采取早期防控，并从帮扶机制、管理方式、管理流程、帮扶举措等方面施策，建立学生摆脱学业困境的有效途径。

【关键词】高校学困生；防控；帮扶

高校学业困难学生（以下简称学困生）是指那些在学业上出现困难，无法跟上专业教学计划进度，严重情况下会受到学业预警，面临留级甚至无法毕业的特殊学生群体。根据博雅数据库对 2018 年全国高校教学质量报告和就业质量报告相关数据统计分析，包括清华、北大、浙大、川大等 53 所重点高校，本科退学和延期毕业的学生人数平均为 4.8%。这当中还不包括通过补考、重修以及学校组织的毕业前重新学习等形式通过了课程考核，赶上了当年毕业的末班车的学困生。由此可见，学困生在高校学生中占有不小的比例，是影响高校人才培养质量和学风建设的重要因素之一。2019 年 9 月，教育部《关于深化本科教育教学改革全面提高人才培养质量的意见》明确提出，严把考试和毕业出口关，加强考试管理，严肃考试纪律，坚决取消毕业前补考等"清考"行为。完善学分标准体系，严格学分质量要求，建立学业预警、淘汰机制。这一指导思想对学困生来说既是鞭策同时也为他们敲响了警钟。因此，如何有效地预防学困生的产生，并帮助学困生摆脱学业困境是高校管理者应加以重视并深入研究的现实问题。

一、现行学业预警与帮扶制度的缺陷

随着教育教学理念的发展，多数高校对学困生的管理普遍经历了一个从最初的重预警处理到学业帮扶与预警处理并重的转变过程。目前普遍的做法是对达到学业预警指标的学生给予学业警示并做出相应的学籍处理，然后再对被预警的学生开展学业帮扶。这种方式的缺陷在于目前的学业帮扶只针对被预警的学生，而未能囊括学业刚出现问题的学生。对于被预警的学生，其学业困难已成既定事实，学生普遍存在学习态度消极、学习动力不足等现象，而课程重修以及预警后的学籍处理更是让学生背负沉重的心理压力，此时，开展学业帮扶工作困难较大，效果往往不理想。因此，学校如能在学生出现学业问题初期，就采取有效的防控措施，开展针对性的学业帮扶，则能最大限度地避免学生陷入被预警的境地。

二、学困生的防控

学生在进入大学后，由于环境的突然改变、自我认识的偏差、人际关系的冲突、学习动机的缺失等原因，部分学生难以适应大学的学习和生活。如果这些学生不能在短时间内做好自我调节，就会出现学业问题，表现为对学习放松、不按时完成作业、缺勤、逃课，直至发展到厌学。因此，学校应从学生入学开始就全过程介入学困生的防控工作，主动对各种可能诱发学生出现学业困难的因素进行干预和遏制，让学生的学业问题消除在萌芽阶段。具体措施如下：

（1）开展心理测试。对有性格偏执、抑郁、双向情感障碍等心理疾病的学生采取相应的心理干预和药物治疗。

（2）学习规章制度。特别是对学籍管理、纪律处分、违纪作弊等有关条例的学习，有助于学生约束自身行为。

（3）学科专业宣讲。让学生清楚学科专业发展动向，明确专业培养目标和课程修读的要求，激发学生学习学科专业的热情，指导学生做好学业生涯发展规划。

（4）家庭经济调查。对经济困难的学生要及时予以资助并提供勤工助学机会，消除学生的后顾之忧，让学生能安心学习。同时对学生奢侈消费行为予以规劝，避免同学之间出现消费攀比现象。

（5）学业基础摸排。关注特殊招生类型的学生，如高水平运动员，享受民族政策入学的学生、港澳台学生等。这些学生的学业基础相对薄弱，一旦出现学业困难，很容易自暴自弃。应提早采取朋辈帮扶和结对学习，让其及时跟上学习进度。

（6）教学活动了解。了解学生的自习和课堂表现，对不认真听讲，不能按时完成作业，有迟到、早退、旷课行为的学生及时给予批评教育。

（7）课外活动了解。了解学生参加学生会、社团及社会兼职活动情况，对因活动频繁、耗费精力过多而影响学业的学生，指导其合理取舍。

（8）校外社交了解。关注学生是否有抵触和逃避集体活动的情况，对不假离校、与社会闲杂人员交往密切、出入各类娱乐场所的行为，应及时制止并纠正其不良习气。

（9）作息规律检查。定时查寝，做好早晚自习、到课情况监督，了解学生是否有明确的学习规划和良好的作息规律。一旦发现学生有沉溺网络的情况要及时制止，避免学生陷入网络游戏无法自拔。

（10）定期召开班会。了解学生对学校满意度、专业的认可度、同学之间相处情况以及个人的诉求等。留意学生之间存在的对立情绪和潜在的矛盾，及时给予规劝化解。

当然，出现学业问题的学生不一定会成为学困生，但学困生的产生必定因学生出现各种学业问题引发。在学生出现学业问题初期主动采取防控措施虽然会让管理者额外付出更多的时间和精力，但相对于待学生被预警后再对其进行帮扶却是非常有必要的，帮扶效果也更为显著。

三、学困生的帮扶对策

（一）建立学业帮扶机构

学校应建立和健全学业帮扶机构，组建专职的学困生帮扶团队。

清华大学为了解决学困生的问题，早在 2009 年就已建立了"学生学习与发展指导中心"。北京市教委在 2014 年以文件形式对高校学业辅导工作提出了明确的要求，即各高校要建立学业辅导中心，负责学业辅导工作的总体设计、统筹协调、条件保障、考核评估等日常工作；中心可挂靠学生工作部门，配备专职工作人员。专职的学业帮扶机构可改变以往由教务、学工、学院管理分散、职责不清、工作推诿的局面。有利于资源整合，集中开展学业发展测评、学业发展规划、学业帮扶、学业咨询、课程讲座、帮扶经验交流等活动，确保帮扶工作责任到人、落实到位，使帮扶工作能持续稳定和卓有成效地开展下去。

（二）建设学业监控平台

高校智慧校园的建设为实现高效、精确、智能的学生学业监控提供了条件保障。负责学业帮扶的老师可通过学业监控平台全面客观地了解学生的选课情况、课堂表现、课程成绩、奖惩记录、自习时长、图书借阅、食堂消费、作息规律、体育锻炼等大数据信息，并依据学业发展测评指标智能分析和预测学生身心健康状况、学业水平、学业行为、学业负担、学业认同、学业效能、学业进步、学业需求等不同维度中的表现和差异，对潜在的学困生进行辨识，进行风险评估，再将评测报告和改进方案发送给学生，以达到早期提醒和协助学生自我改进的目的。

（三）规范帮扶工作流程

规范帮扶工作流程（如图 1 所示）有助于统一思想、明确目标、精准定位。专职帮扶人员在统一指挥下，按照既定流程逐步开展帮扶工作。学业帮扶机构监督帮扶人员的工作进展情况，对反馈的帮扶效果进行分析和评价。如帮扶未能达到预期效果时，应重新审视，及时调整帮扶策略或更换帮扶人员。规范的帮扶流程可有效避免帮扶人员自行其是，在对学生情况还不甚了解的情况下，草率上阵，一旦帮扶措施走偏，可能引起学生反感或逃避，错过最佳帮扶期，也能防止避免帮扶人员走过场，帮扶工作浮于表面、流于形式。

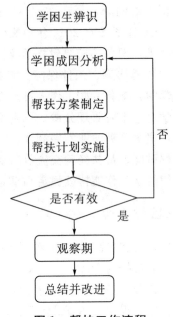

图 1　帮扶工作流程

（四）帮扶开展应以学困成因为导向

导致学生出现学业问题的成因较为复杂，帮扶工作人员需根据学生的日常行为表现以及与学生本人、学生家长、同学、辅导员、任课教师等进行深入细致的交流后，方可做出较为准确的成因断定，以免被表面现象所蒙蔽。通常高校学困生成因的表现类型主要有七种：网络成瘾型、专业厌倦型、知识脱节型、动机缺失型、心理障碍型、方法不适型和事务缠身型，其中网络成瘾型学困生比例最高，占半数以上。开展帮扶应坚持以学困成因为导向，遴选合适的帮扶人员，在适当的时机、以学生较易接受的方式介入帮扶，设法排除诱发学困的各种因素，培养学生自主解决问题的能力，帮助学生树立学习信心，释放心理压力，激发其内在学习动力，帮助学生摆脱学业困境。

（五）帮扶措施应注重灵活实效

帮扶工作绝不可拘于形式和套路，对于相同的学困成因帮扶方式也要因人而异。学困生通常自控力较差，并且有自卑的心态，部分学困生在与老师面谈时会有抵触情绪和回避心理，即使当面表示接受，过后仍我行我素。因此，帮扶工作应特别注意方式方法，一是平等对话比说教更易为学生所接受。与学生交流应由心而发，当学生感受到你对他的关爱、信任、理解和尊重时，学生才会向你敞开心扉，认真听取你的建议。二是果断行动比一味督促更有效果。拖延症和畏难情绪在学困生身上表现得尤为明显，督促学生改变不如老师亲自采取行动，如查寝、监督学生早晚自习、课堂到课情况，迫使学生养成良好的学习习惯。三是言传身教更易激发学生内在学习动力。采取让学困生与优秀同学结对学习，从优秀学生身上感受到榜样的力量；让学困生协助教师值班、值勤，在工作过程中培养其责任感和担当精神；让学困生进入老师的科研团队，在参与科研活动中体会到自身的价值，从而激发学习热情。

对学困生的帮扶不是一朝一夕就能完成的，学困生的学习状态也时有起伏，帮扶老师要有极大的耐心，并做好持久战的准备。同时，还要收集和整理帮扶过程中好的做法和成熟的经验以及典型的案例，不断加以总结和推广，真正把帮扶工作落到实处。

四、结语

学困生现象是高校不可回避的现实问题，需要运用科学管理手段进行早期辨识和防控，及早帮扶，才能最大化地减少学困生的产生。这对学校学风建设，人才培养质量都有较好的促进作用。同时也体现出学校对学生个人成长的关爱，对社会应尽的使命和责任担当。

参考文献

［1］中华人民共和国教育部. 教育部关于深化本科教育教学改革全面提高人才培养质量的意见：教高〔2019〕6 号［A/OL］.（2019—10—08）［2020—11—16］. http://www. moe. gov. cn/srcsite/A08/s7056/201910/t20191011 _ 402759. html.

［2］人民网. 北京高校全面推进学业辅导工作［EB/OL］.（2015—01—17）［2020—11—17］. http://edu. people. com. cn/n/2015/0117/c1053—26403106. html.

［3］孔倩倩，张雅文. 学业预警制度及帮扶计划研究——以新疆师范大学美术学院为例［J］. 高等教育在线，2020（3）：175—176.

［4］吕红胤，连德富，聂敏，等. 大数据引领教育未来：从成绩预测谈起 ［J］. 大数据，2015，1（4）：118—121.

［5］崔怀将. 高校学困生的类型诊断与矫正策略 ［J］. 中国电力教育，2010（35）：132—134.

培育时代新人背景下高校学生
大数据画像构建研究①

周　锐　杨　磊　范嘉祺

（四川大学公共管理学院）

【摘要】实时、动态以及精准掌握高校学生信息，对于提升高校培育时代新人的能力具有重要作用。本文将用户画像理论应用于高校培育时代新人过程，研究高校学生大数据画像的构建目的、参与主体、主要内容、时空展示以及构建策略。以四川大学学生大数据画像构建为例，描述高校学生大数据画像构建的应用场景。最终从突破"数据孤岛"、聚焦具体数据画像构建方法以及关注数据隐私与安全角度对未来研究提出构想。

【关键词】大数据；用户画像；时代新人；高校学生

　　大数据时代，物联网、AI 等新兴现代信息技术的发展为高校学生治理提供了新的手段，高校在信息化建设方面所做的努力正在逐渐成为学生治理的重要组成部分。技术进步倒逼高校对学生培育与管理的创新与改革，以实现对学生的精准治理。党的十九大提出了"培养担当民族复兴大任的时代新人"[1]的战略要求。在全国宣传思想工作会议上，习近平总书记又提出新形势下宣传思想工作"育新人"[2]的使命任务。因此，为什么要培育时代新人，培育怎样的时代新人以及如何培育时代新人，成为新形势下思想政治教育必须明确的问题。因

---

　　① 该论文系四川省教育厅高校思想政治工作队伍培训研修中心（西南交通大学）思想政治教育研究课题（高校辅导员专项）（CJSFZ20－16）的研究成果。

此，明确新时代的育人需求，厘清时代新人的基本特质，是培育时代新人的前提。物联网、大数据、人工智能等新兴信息技术的发展，为实现精准掌握时代新人的基本特征与需求提供了技术支持。

在高校培育时代新人过程中，学界和业界对高校学生数据的认知发生转变，逐渐从"物理空间—社会空间"二元空间向"物理空间—社会空间—信息空间"三元空间转变[3]，空间结构的转变改变了传统高校培育学生的思维范式与应对途径。这也为高校学生治理带来了新的机遇和挑战，新兴现代信息技术支撑下的数据信息可以帮助从"三元空间"对高校学生进行解构，从而帮助高校提升在培育学生过程中的决策能力。

因此，本文尝试运用用户画像理论对高校学生大数据进行描述与分析，将用户画像理论与高校学生特征相联系，研究高校学生大数据画像构建的目的（Why）、参与主体（Who）、主要内容（What）、时空展示（When、Where）以及构建策略（How）等问题。

一、高校学生大数据画像构建目的

高校学生大数据画像是用户画像理论在高校时代新人培育管理层面应用的拓展，是在大数据环境中，将用户画像理论与方法应用于高校学生管理研究中的一种探索。1998 年，Alan Cooper 提出了用户画像的概念。通过抽象用户的统计信息、社会关系、消费行为和习惯偏好等对真实的人进行描绘，以将人在物理世界中的情况反映到信息世界，其本质是一种标签化画像[4]。用户画像需要依赖技术，以物联网、大数据和人工智能等为代表的新兴现代信息技术的发展为用户画像提供了实现的可能[5]。通过对用户的行为进行分析并实现标签化，以此实现对用户需求的精准预测和供给，这便是用户画像的本质和内核。为了明确高校学生大数据画像的最终目的，也为了让用户数据画像的构建更加具有现实意义，需要考虑高校学生最主要的主体类型，包括学工、教务、招就、团委等。总之，为了构建高校学生大数据画像，把高校学生在物理空间和社会空间内所产生的数据和信息投影到信息空间内，需要对高校学生所产生的数据进行搜集、清洗、关联融合和对比，同时，为了更加直观地辅助高校学生治理决策，还需通过可视化技术进行可视化，实现高校学生信息的全方位、多角度的时空呈现。

高校学生大数据画像构建的主要目的是将高校学生发展过程中所产生的大数据进行可视化，从而提高高校培育时代新人的能力[6]。具体来看，高校学生大数据画像构建的目的主要包括：（1）依托海量信息数据支撑，在科学预测、实时管控、趋势预判，以及及时响应过程中，为高校培育时代新人提供充分的科学依据；（2）依托物联网、大数据、人工智能等新兴信息技术，确保高校实时把握学生状态；（3）依托有效的信息，提出高校培育时代新人的解决方案，及时优化以实现需求的精准识别与满足；（4）通过描绘高校学生大数据画像，及时向高校各部门提供真实、准确的信息，引导各部门精准掌握学生的信息并进行有针对性的治理。

二、高校学生大数据画像构建过程与方法

高校学生大数据画像的构建，需要解决的是为什么进行数据画像构建（Why）、由谁负责或参与数据画像构建（Who）、数据画像的内容（What）、数据画像的时间与空间信息（When、Where）、数据画像构建策略（How）等问题。

（一）高校学生大数据画像参与主体

1. 以学工为中心的协调主体

在精准培育时代新人时，学工系统负责学生日常教育管理工作，且在对高校学生管理工作中产生和储存了大量的高校学生相关数据，学工系统在高校培育时代新人的过程中发挥着不可替代的作用[7]。学工系统主要包括院校领导、学工部干部、院系学工干部、专职兼职辅导员、学业指导教师、班级以及学生。学工体系负责学生思想政治引领、学业管理、奖贷资助、日常管理、就业升学、班团组织建设等。学工系统具有完备的依赖于辅导员、班主任、学生干部的信息沟通与反馈机制。学工管理工作以明确的权责划分为基础，以规章制度的严格执行为前提，通过严格的规章制度、量化的数据和考核指标对学生进行管理[8]。基于此，本文认为，在学校总体发展目标之下，学工在高校学生大数据画像构建过程中，发挥着中心主体地位，承担着总体规划与把控的职能。学工通过高校学生大数据画像构建顶层规划、数据传播以及向相关部门反馈监测结果，有效整合教务处、招就处、团委等部门资源，通过各部门关于学生信息的良性互动与有效合作，为

高校学生大数据画像的构建提供多角度、全过程的数据。

2. 以教务处、招就处、团委、对外交流处等部门为核心的信息主体

来自教务处、招就处、团委、对外交流处等相关部门的信息及信息管理机制对于制定精准的时代新人培育决策具有重要意义。进行高校学生大数据画像构建时，需要充分发挥教务处、招就处、团委、对外交流处等部门在高校学生大数据画像构建中的核心信息主体地位，使这些学校部门能在构建高校学生大数据画像的过程中，提供真实有效的数据。在发挥教务处、招就处、团委、对外交流处等部门核心信息主体功能时，需要重点关注三方面的内容：一是需要建立健全各部门数据开放与共享机制，实现来自不同部门数据的开放共享；二是不同部门、不同结构的数据构成高校学生大数据的多源异构特征，需要逐步建立健全数据融合机制，实现跨部门数据融合；三是不同部门的数据往往容易出现数据冗余、数据重复、数据差异等问题，需要建立健全数据清洗机制，尽量保证学生数据的精确性与准确性。

3. 高校学生实际主体

高校培育时代新人过程中，高校学生既是对象又是主体，而高校学生大数据的实际主体则是高校学生。高校学生自进入学校开始学习生活起，产生了一系列线上、线下数据。线上数据包括学生腾讯空间信息、微博等；线下数据包括学生的属性信息（性别、姓名、年龄、家庭等信息）、课程、兴趣、业余活动等。在进行高校学生大数据画像构建过程中，一方面需要充分收集、挖掘、分析不同来源的学生信息，另一方面还需要做好思想政治引导与价值引领工作，以培育时代新人。不同来源的信息收集方式有所不同。对于来自微博、腾讯空间等渠道的网络信息，可以通过文本分析、数据采集等技术进行信息采集；对于学生线下的成绩数据、社团参与情况等，主要通过各部门之间的信息融合进行信息采集。

（二）高校学生大数据画像构建内容

高校学生大数据画像构建的数据来源多，数据结构差异大，如何实现高校学生多源异构数据融合，是数据画像构建的重点也是难点。

1. 高校学生数据分类

目前，将用户画像理论用于描述高校学生的文献还比较少，本文以"坚持中国特色社会主义教育发展道路，培养德智体美劳全面发展

的社会主义建设者和接班人"为总原则，以培育时代有理想、有本领、有担当的时代新人为目标，从德育、智育、体育、美育和劳动教育五个维度出发，参考用户画像理论中的标签体系[9]，构建由"德智体美劳"和"属性标签、行为标签、偏好标签、专业标签"两个维度构成的高校学生大数据画像矩阵，如图1所示。

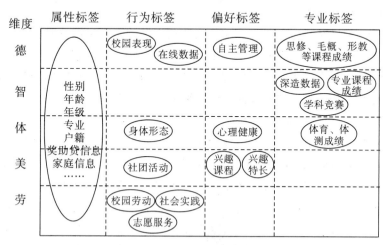

图1 高校学生大数据画像数据集分类矩阵

（1）德育维度主要考查学生品德认知与行为表现方面的特征，主要包括四个维度，包括校园表现、自主管理、在线数据，以及《思想道德基础与法律修养》（简称"思修"）《毛泽东思想概论》（简称"毛概"）《形势与政策教育》（简称"形教"）等课程成绩。校园表现主要涉及学生在校期间的奖励、惩罚情况，归属于行为标签；自主管理主要涉及学生参与班级、学校各级学生组织的情况，体现学生对于公共事务投入的偏好情况，归属于偏好标签；在线数据主要包括学生在腾讯空间发布的信息，归属于偏好标签；《思想道德基础与法律修养》《毛泽东思想概论》《形势与政策教育》等课程成绩则从侧面体现学生的思想政治情况，归属于专业标签。

（2）智育维度主要考查学生各科成绩的情况，包括深造数据、专业课成绩以及学科竞赛成绩，归属于专业标签。

（3）体育维度主要考察学生的身体健康与心理健康情况。主要包括身体形态、心理健康以及体育、体测成绩。其中，身体形态包括学生身高、体重等情况；心理健康涉及学生心理咨询的人数、参加心理治疗的人数，反映学生的心理健康等；体育、体测成绩反映学生体育达标情况和身体机能情况。

（4）美育维度主要考查学生的审美情况与个人爱好等。主要包括社团活动、兴趣课程与兴趣特长三个维度。其中，社团活动主要包括学生社团、社团相关主题活动以及学生参与情况；兴趣课程主要包括本校开展兴趣课程学生参与情况；兴趣特长主要包括学校统计的学生特长以及获奖情况。

（5）劳育维度主要考查学生的劳动情况。主要包括校园劳动、社会实践以及志愿服务情况。校园劳动主要涉及学生校园平均劳动次数；社会实践主要涉及学校统计的学生参与实践次数与获奖情况；志愿服务主要涉及学校统计的学生志愿时长以及获奖情况。

2. 高校学生大数据融合

由高校学生数据分类可以看出，这类数据来源多且结构差异较大。对初步形成的高校学生数据做进一步细分，得到如图2所示的四类数据，主要包括：自然属性，用于刻画高校学生的基本信息与基本情况，具体包括性别、年级、年龄、户籍、专业、奖助贷信息、家庭情况等；偏好兴趣，用于刻画高校学生的自主管理、心理健康、兴趣课程以及参加非专业竞赛情况等；学生行为，包括线上数据与线下数据两类，线上数据主要是指学生在腾讯空间发布的数据，线下数据包括学生的校园表现数据、身高等身体形态数据、志愿服务数据、社团活动数据、社会实践数据等；学业情况，主要包括《思想道德基础与法律修养》《毛泽东思想概论》《形势与政策教育》课程成绩、深造数据、专业成绩、学科竞赛成绩和就业数据，以及体育体测成绩等。

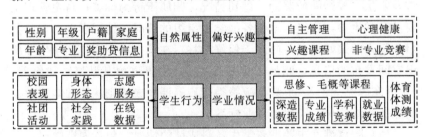

图 2　高校学生大数据分类

借鉴 Dasarathy 信息融合模型[10]，通过数据层融合、语义层融合和服务层融合，以实现对多源异构数据的融合与集成。

（1）数据层融合。主要对数据进行分类整合存储与规范化。首先，进行数据分类整合存储，高校学生大数据描述学生在校学习期间产生的多样元素的实时状态，包括个人与家庭基本信息、学籍信息、专业成绩、社团参与情况和志愿服务情况、深造和就业情况、QQ空间等数据，对这些来源广泛、结构异质的数据进行采集分类和整合，需要使用数据导入、多源数据接口开发和网络数据采集的方法。其次，规范学生大数据，一方面，包含空间信息的家庭基本信息、包含时间戳的志愿服务数据等这些不同来源的数据模式存在很大差异。另一方面，不同来源数据的元数据标准也存在较大差异，尤其是在QQ空间数据，由于发布内容的多元化使得部分学生所发布的动态上的内容结构存在较大差异。即使用描述同一种类型的数据，也存在很大的差异，比如有的用"分"为单位对学生成绩进行描述，而有的则使用"绩点"来描述。构建统一的元数据模型以实现对多源异构数据的统一化、规范化描述[11,12,13]，最终实现统一标准化格式的数据输出以解决上述问题。

（2）语义层融合。通过数据层融合，将数据以统一的格式进行输出，最终形成了一系列标准化的数据，实现了对数据的统一存储和管理。但是，还需要进一步对目前的数据进行操作，因为当前的数据还不能被直接使用。语义层融合主要通过语义提取、语义标准化和语义聚类对相关数据进行语义处理和分析，以实现对高校学生大数据进行语义分析。首先，进行语义提取。为了实现对高校学生大数据的语义分析和处理，需要对融合后的数据进行文本识别、语义标引和标注。例如，对获得的文本数据进行语义提取，可以通过关键词提取、主题分析的方法。然而，之所以还需要对语义进行标准化，是因为语义抽取所形成的信息仍然呈现碎片化。其次，进行语义规范。语义规范是为更进一步的语义处理打下基础，即在这个过程中通过规范化操作，处理之前的碎片化、非结构化数据。高校学生各个维度所构成的数据库是一个具有等级、同义词等内容的受控词表[14]，为了达成"数据—模型"的投影目的，可以采用文本标注的方法。还需要对规范化后的各类信息进行聚类分析，这是因为这些信息还比较分散。最后，进行语义聚类。信息经过语义提取和语义规范，形成了一系列结构化、统一、标准化的数据。但这部分信息还存在一些问题，如某些内容冗余或存在差异，可以将以关系为根据的方式对这些内容进行聚类，从而解决这些问题。

（3）服务层融合。通过语义层融合，高校学生大数据实现了可读性和可理解性，可为高校在培养时代新人过程中的决策提供辅助数据。

然而，决策者很难依靠当前的数据进行深入分析，这是由于数据量仍然巨大且结构复杂，有时甚至为决策者的理解增添了障碍。可以通过设计数据检索服务、可视化显示和多维相关分析，帮助决策者快速检索和更加直观地理解信息。①数据检索服务。数据检索服务可以提高决策者信息的检索效率和质量，通过建立检索渠道和发布渠道，为决策者快速获取相关信息提供支持。②可视化展示。可视化展示可以帮助决策者多维度、快速地理解信息，可以通过服务报告、地图和界面等多种形式，真实准确地展示信息内容。③多维度关联分析。多维度关联分析可以根据决策者的实际需求和特殊问题实现全方位、多视角的数据分析，通过对地理信息技术分析内容的空间信息和时间监测工具，对大学生信息进行序列化，进而实现各种信息的相关性分析。

3. 基于可视化技术的时空信息动态展示

在构建高校学生大数据画像过程中，还需要实现地理空间信息和时间序列的展示，这主要通过数据可视化技术得以实现。在当前对城市和用户等对象的现实描述和管理规划中，数据可视化技术已被广泛应用[15]。可视化技术能够帮助用户有效整合数据，使信息从"二维空间"向"三维空间"延伸，从对象的"静态描述"向"动态描述"过渡，将数据从"时间序列"向"空间信息"投送。

人、社会和环境经过可视化技术进行时空信息动态展示可以被看作是一种开放系统，与外部信息的交流可以通过该系统实现，即这是对数据信息的一种动态实时的展示。经过对高校学生数据的可视化，复杂的数据通过友好的界面、易理解的内容，科学地得以呈现，最终使决策者更加容易理解数据以达到辅助决策的目的，也方便了利益相关主体最大限度参与到高校学生治理过程中。同时，高校学生大数据画像的可视化时空展示，能够最大程度上解决学生信息不对称的问题，避免出现不同部门统计的学生数据不一致等情况。通过物理空间与虚拟空间的融合，地理空间与时间序列的融合，对大学生进行深入、全面的展示，为培养新一代人才的科学决策提供支持。

4. 高校学生大数据画像构建策略

（1）顶层设计，宏观部署。高校学生大数据画像的构建随着新兴现代信息技术的发展已经成为培育时代新人的战略性规划。为了构建高校学生大数据画像，要从战略视角进行布局，需在数据画像构建过程中对各方面资源进行统筹与管理，包括数据、要素、主体等。首先，加强高校培育时代新人的统一部署，在清晰界定高校内各部门职责与角色基础上，充分调动各部门的参与积极性，实现高校学生数据资源的统一调配与管理[16]。其次，高校学生大数据画像需要打破传统的各部门各自为政的局面，破除高校学生治理中的"数据孤岛"问题，实现各系统与部门数据的开放、协同与共享。最后，要切实以提升高校培育时代新人决策能力为目标，以提供高校学生实时、动态、精准信息为具体目的，协调各部门的相关诉求，拓展高校学生大数据画像应用的广度与深度。

（2）虚实同体，空间重构。现代信息技术的发展创造出了一个虚拟空间，这个虚拟空间边界模糊且拥有丰富的内容，同时也蕴含了巨大的能量，这是由于信息技术的发展将人类社会在物理空间中的活动范围与能力进行了延伸。高校学生大数据在这个虚拟空间中以多源异构的形式呈现，在这个过程中，物理空间与虚拟空间逐步融合，现实生活与虚拟生活之间的边界开始模糊，实体空间与虚拟空间相互嵌入、相互影响。所以，有必要做好"物理空间"向"信息空间"的转变，以实现高校学生大数据的构建，通过在数据空间映射物理数据，做到物理空间的"实"与数据空间的"虚"的有机结合。

（3）动静结合，实时精准。新兴的现代信息技术的革新为实现对高校学生的实时洞察提供了技术支持，通过挖掘大数据以探索时代新人的特征、状态及发展趋势，更好地解读人类行为探索社会重大问题[17]。地理科学和人工智能等多学科融合的发展为高校学生大数据画像构建提供了理论支持，更是帮助实现了动态信息的时空特征的正确识别。所以，有必要充分考虑时间序列背景下信息情景化、时间感知等特征，空间分布背景下信息多源异构等特征，动态信息碎片化、模糊化以及价值密度低的特征，更好地进行高校学生大数据画像构建[18]，以"静态维度"思考高校学生的实体空间信息，以"动态维度"思考高校学生的时间序列信息，以"动静双维度"实现对高校学生的实时、动态与精准描述。

（4）持续优化，动态治理。时代新人的培育是一件复杂的系统工程，因此，需要对高校学生信息进行实时监控，并结合高校学生的时空情境对高校学生大数据画像进行持续优化与动态治理。为了保障持续优化与动态治理高校学生大数据画像，各类主体各自的职责与作用需要被充分发挥，建立健全时代新人培育的组织体系，改变传统高校学生信息管理机制，实现对高校学生的跨时空信息管理。

三、高校学生大数据画像的场景运用：以四川大学为例

自习近平总书记在党的十九大报告中提出"培养担当民族复兴大任的时代新人"①以来，各高校都在积极探索培育时代新人的机制与路径。作为国家重点部署在我国西部地区的"985"高校与"双一流"建设高校，四川大学在实践中积极探索时代新人培育机制与路径。本文尝试用前文构建的高校学生大数据画像流程与方法，对四川大学学生大数据画像构建实际进行分析，为四川大学制定时代新人培育决策提供全方位、多视角、实时、动态与精准的信息，具体如图3所示。

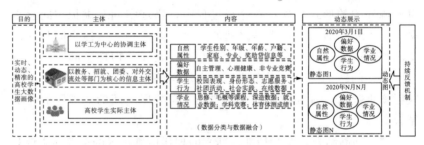

图3 四川大学学生大数据画像构建示意图

（一）四川大学学生大数据画像构建的主体

按照高校学生大数据画像构建对主体的要求，四川大学在构建学生大数据画像时，可以从以下三方面进行：（1）完善四川大学学生大数据画像构建的顶层设计，主要包括建立健全学生大数据画像构建的规章制度；（2）明确学工、教务、招就、团委、对外交流等各部门的职责定位与相互关系，确定学工为中心的协调主体地位，明确以教务、招就、团委、对外交流处等部门为核心的信息主体，最终需要关注高校学生数据产生的载体——高校学生；（3）建立健全高校学生信息传播管理的规章制度，既要能够确保学生信息的及时更新，又要确保信息的真实性与可靠性。

---

① 吴东莞. 培养担当民族复兴大任的时代新人[EB/OL]. (2018−10−15)[2020−11−13]. http://theory. people. com. cn/n1/2018/1015/c40531−30340719. html。

（二）四川大学学生大数据画像构建的内容

（1）自然属性，是高校学生大数据画像的基础属性，主要包括学生及其相关的基础信息，如学生性别、年级、年龄、户籍、家庭情况、专业情况、奖助贷信息等。

（2）偏好数据，反映学生对待某一事物的情感偏好或付出情况，主要包括自主管理、心理健康以及非专业竞赛。

（3）学生行为，反映学生行为情况，主要包括学生的校园表现、身体形态、志愿服务、社团活动、社会实践以及在线数据等。

（4）学业情况，主要包括学生《思想道德基础与法律修养》《毛泽东思想概论》等课程成绩、深造数据、就业数据、学科竞赛，以及体育体测成绩等。

（三）四川大学学生大数据画像的时空信息动态展示

高校学生在不同阶段、时间点呈现出的数据是有差异的，尤其是成绩数据。因此，以某个时间点构建学生大数据画像，这可以理解为某一时间点学生静态数据视图。基于静态数据视图，继续加入时间因素在学生成长发展中的影响，对二维空间的学生大数据进行时间采样，最终形成连续且变化的动态数据画像。

所以，四川大学学生大数据画像可以被分为静态画像和动态画像，这是根据时间维度不同进行划分的。一般用"位图"的形式对数据进行可视化展示形成静态画像，如图 3 中的静态图 1，表示的是2020 年 3 月 1 日新学期开始学生的特征。而动态画像则可以理解为包含了 N 张静态图像的"动图"，如图 3 中的静态图 N，N 张静态图在时间序列中连续展现成为动态图。静态画像是静态描绘高校学生的基本特征。动态画像是描述学生成长的规律，通过认知数据可以动态观察学生发展，以此精准探讨时代新人的培育路径。

四、研究展望

物联网、大数据、人工智能等新兴信息技术的发展，倒逼高校学生管理创新与变革。高校学生大数据已经成为高校培育时代新人的重要战略资源，如何实时、动态、精准掌握高校学生数据信息，并以此为基础构建培育时代新人的精准路径，成为当下亟须思考的理论与实践问题。高校学生大数据画像的相关研究是高校学生相关信息的一种直观的、可视化的应用模式，以此为基础构建可持续发展的高校时代新人精准培育路径，具有重要的研究价值与现实意义。本研究也存在着一定的局限性，今后的研究主要从三个方面进行思考与完善。

（一）突破"数据孤岛"，为高校学生大数据画像构建提供更开放的数据基础

目前，我国各高校学生数据分散于教务、学工、招就、学院等不同组织或部门。高校学生大数据仍然存在一些问题，如重数据存储轻数据分析与利用、数据分散存储于高校各部门，以及担忧数据隐私与安全问题，这是由传统思维和组织机制的限制而产生的，这些分散的、碎片化、孤立的学生数据形成了系列的"数据孤岛"，使得高校学生大数据被闲置。正是"数据孤岛"的存在，使得相关部门难以对高校学生信息进行全方位、多维度的收集与管理，最终影响高校时代新人决策的质量与效果。因此，需要在后期研究中提高对高校学生大数据画像构建中的多源异构数据融合问题的关注度，实现各部门信息的收集与融合，这也是未来进行高校学生大数据画像构建的重点与难点。

（二）聚焦画像构建方法，为高校学生大数据画像构建提供技术支持

本文并未详细探究构建大学生数据画像具体的流程和技术方法，仅提出了如何构建高校学生大数据画像的思维路径和框架，并对高校学生大数据画像构建的目的、主体、内容、展示方式以及实施策略等内容提出了解决办法。在高校学生大数据画像构建过程中，需要大量技术支持，包括数据获取技术、标签提取技术以及可视化技术等，其中数据获取技术，依据数据来源的不同主要分为文本挖掘技术、网络爬虫技术、数据库采集技术和行为监测技术等；标签提取技术则主要包括基于本体、基于规则、基于叶贝斯网络、基于聚类算法等技术；实现数据可视化技术较多，如 Word Art、Python 等。当前学界针对用户数据画像涉及的技术开展了较多的研究，然而高校学生大数据画像的构建具有特殊性，需要结合高校学生这一群体所特有的情况对具体的流程与技术进行调整。多源异构数据融合在众多数据画像构建技术中仍属于研究的重点与难点，需要在未来研究中解决。

（三）关注高校学生大数据画像构建中的数据隐私与安全问题

如前所述，依托大数据、物联网、人工智能等新兴信息技术而构建的高校学生大数据画像，囊括了学生成长成才过程中产生和发生的全部数据，体量巨大的数据为提高高校时代新人培育的精准治理能力起到了重要的参考作用。但我们必须深刻认识现代信息技术是一把"双刃剑"，如果使用不当则将增大网络犯罪与个人隐私泄露等风险[19]，从而影响高校学生大数据画像构建。因此，在今后对高校学生大数据画像的构建的研究中更要关注可能发生的数据隐私与数据安全问题。

参考文献

［1］习近平. 决胜全面建成小康社会 夺取新时代中国特色社会主义伟大胜利——在中国共产党第十九次全国代表大会上的报告［M］. 北京：人民出版社，2017.

［2］新华社. 习近平出席全国宣传思想工作会议并发表重要讲话［EB/OL］.（2018－08－22）［2020－11－16］. http://www. gov. cn/xinwen/2018－08/22/content_5315723. htm.

［3］徐宗本，冯芷艳，郭迅华，等. 大数据驱动的管理与决策前沿课题［J］. 管理世界，2014（11）：158－163.

［4］宋美琦，陈烨，张瑞. 用户画像研究述评［J］. 情报科学，2019，37（4）：171－177.

［5］刘海鸥，刘旭，姚苏梅，等. 基于大数据深度画像的个性化学习精准服务研究［J］. 图书馆学研究，2019（15）：68－74.

［6］王高玲，别如娥. 社会管理视角下突发公共卫生事件中政府职能的探析［J］. 中国行政管理，2011（11）：20－23.

［7］赵丽丽，申怡添. 北京高校安全防控组织结构转型研究［J］. 中国青年社会科学，2020，39（2）：71－79.

［8］黄厚明. 我国高校学生管理中学生主体问题：研究视角与改革路径［J］. 高教探索，2010（2）：112－116.

［9］赵宏田. 用户画像：方法论与工程化解决方案［M］. 北京：机械工业出版社，2020.

［10］徐学强. 多传感信息融合及其应用研究［D］. 南京：南京邮电大

学，2013.

[11] 马捷，葛岩，蒲泓宇，等. 基于多源数据的智慧城市数据融合框架 [J]. 图书情报工作，2019，63（15）：6—12.

[12] 丁遒劲，曾建勋. 文献元数据集成管理研究 [J]. 情报学报，2019，38（6）：568—577.

[13] 刘婧. 基于元数据的多源异构海洋情报数据交互共享研究 [J]. 情报杂志，2016，35（9）：168—173.

[14] SMIRNOV A V, PASHKIN M P, CHILOW N G, et al. Ontology—driven information integration for operational decision support [C]//IEEE 7th International Conference on Information Fusion. Philadelphia, 2005(1):8.

[15] TYRVAINEN, GUSTAVSSON, KONIJNENDIJK, et al. Visualization and Landscape Laboratories in Plannin, Design and Management of Urban Woodlands[J]. Forest Policy and Economics, 2008, 8（8）:811—823.

[16] 黄静，周锐. 基于信息生命周期管理理论的政府数据治理框架构建研究 [J]. 电子政务，2019（9）：85—95.

[17] 马费成. 推进大数据、人工智能等信息技术与人文社会科学研究深度融合 [J]. 评价与管理，2018，16（2）：1—5.

[18] 马晓悦，薛鹏珍. 大数据环境下的信息时空分析与应用研究评述 [J]. 情报理论与实践，2020，43（2）：164—170.

[19] 张彬，彭书桢，金知烨，等. "大智物云"时代数据治理国家战略比较分析——数据开放、网络安全保障与个人隐私保护 [J]. 电子政务，2019（6）：100—112.

课程全过程考核的质量管理研究①

罗　骏　周小丁　杨　杰

（四川大学公共管理学院）

【摘要】 本文用质量管理方式对课程全过程考核进行探索，提出课程全过程考核的质量管理包括：质量概念的界定、质量策划的六个内容、质量保证的六个方面、质量控制的四个步骤、质量改进的四个阶段。希望用质量管理理念能够解决不同学科、不同课程的差异性课程全过程考核，提高课程全过程考核质量，帮助教师及时改进教学过程，提高学生学习效果。

【关键词】 课程全过程；考核；差异化；质量管理

2018 年 12 月，四川大学《以课堂教学改革为突破口的一流本科教育川大实践》教学成果获国家级教学成果特等奖，实现了四川大学国家级教学成果特等奖"零"的突破，也填补了自 1997 年国家级教学成果奖更改奖项设置以来，四川高校"零"的空白。四川大学国家级特等奖教学成果的核心是"探究式—小班化"改革。从 2010 年起，四川大学实行的"探究式—小班化"课堂教学改革，紧紧抓住"课堂"与"考试"这两个关键环节，全面实行启发式讲授、互动式交流、探究式讨论、全过程学业评价和非标准答案考试，推动本科教育教学发生深刻变革[1]。截至 2017 年，"全过程学业评价"已基本实现

① 本文系四川大学新世纪教育教学改革工程（第八期）研究项目《基于质量控制的课程全过程考核的课程建设实践》的研究成果之一。

体系与保障

全覆盖。将课堂讨论情况和平时作业完成情况计入总成绩，期末考试成绩原则上占总成绩比例不超过50％，平时考核不少于6次，教师根据学生的日常考勤、课堂表现、平时作业、阶段考核、期中和期末考试等考核结果对课程成绩进行综合评定，引导学生全过程、全身心投入学习。根据四川大学教务处及教学督导委到文、理、工、医各学院的调研结果和各学院的反馈情况，课程全过程学业评价（以下简称"课程全过程考核"）实施过程中存在的问题主要集中在四个方面：第一，虽然四川大学在文、理、工、医都实施了课程全过程考核，但是如何根据文、理、工、医学科课程特点，因课制宜，设置课程差异化全过程考核要求；第二，如何探索多元化课程全过程有效考核的考核目标、考核内容、考核方式、考核标准、考核评价，提高课程全过程考核质量；第三，如何充分利用教学资源和发挥助教能动性，线上线下相结合开展全过程教学和考核，建立即时、有效的考核反馈机制，实现教学过程的及时改进；第四，如何通过课程全过程考核提升学生学习内驱力，提高学生学习效果。前三个问题与教师有关，第四个问题与学生有关，也就是说，全过程学业评价实施的效果要兼顾教师与学生。

本文在四川大学新世纪教育教学改革工程（第八期）研究项目实践的基础上，从质量管理的视角对上述四个问题进行分析，期望能够为课程全过程考核实施提出可参考的解决方案。

一、课程全过程考核的"质量"概念的界定

国际标准化组织（ISO）ISO9000：2000《质量管理体系基础和术语》对"质量"的定义：质量为一组固有特性满足要求的程度。在这个定义中有三个关键词："一组固有特性""满足要求""程度"。在课程全过程考核实施过程中，"一组固有特性"表现为考核目标、考核内容、考核方式、考核标准和考核评价；"满足要求"表现为考核目标的依据、考核内容的依据、考核方式与考核内容相关性、考核标准的依据，以及考核评价是否达到预期；"程度"表现为课程全过程考核实施达到策划的程度。因此，本文把课程全过程考核的"质量"界定为在课程全过程考核实施过程中的考核目标、考核内容、考核方式、考核标准和考核评价达到策划的程度。

二、课程全过程考核的质量策划

按 5W1H 方法将课程全过程考核的质量策划划分为考核做什么、谁来做、何时做、何地做、采取什么方式做、做的结果六个方面。

（一）做什么

课程全过程考核要根据文、理、工、医学科差异，学科内不同课程差异，以培养学生的能力和素养为目标，因课制宜，设置差异化课程全过程考核目标。以公共管理大类专业《管理信息系统》课程为例，由于没有公共管理类《管理信息系统》教学基本要求，参照教育部高教司全国普通高等学校工商管理类《管理信息系统》教学基本要求，结合公共管理专业的人才培养特点，在实际中确定了公共管理类管理信息系统课程四个方面的总要求和九大类教学要求，共计 192 个教学知识点。四个方面的总要求包括掌握管理信息系统的基本概念及其发展趋势；学习并掌握应用电子计算机对管理数据进行存储、处理和使用的基本知识和初步能力；熟悉管理信息系统分析、设计、实施和评价的原理和方法；懂得人的因素和社会因素在实现和发展管理信用中的重要作用。九大类教学要求包括信息系统与管理、管理信息系统概论、管理信息系统的技术基础、管理信息系统的战略规划和开发方法、管理信息系统的系统分析、管理信息系统的系统设计、管理信息系统的系统实施、信息系统的管理、决策支持系统。

把课程考核目标分为 A（掌握类）、B（熟悉类）、C（了解类）三类，并将 A、B、C 三类进行目标分解，分解为一个一个的知识点，三个知识点分解表包含所有知识点。以《管理信息系统》课程为例，将 192 个教学知识点分解为 81 个 A 类（掌握类）知识点、61 个 B 类（熟悉类）知识点、50 个 C 类（了解类）知识点。根据分解的知识点和课程培养目标，按课程发展模式，确定考核点、考核类别、考核内容、考核方式和考核标准，编制《以目标为导向的全过程考核表》，见表 1。

表1 以目标为导向的全过程考核表

课程目标	考核目标	考核活动	考核点	考核内容	考核方式	考核标准
知识	记住并理解课程核心知识点	课堂提问；课程设计；期末考试	A	A	课堂提问；课程设计；期末考试	见相关标准
	能够运用核心理论进行课程设计并形成自我反思的习惯	课程学习感想	A	A	课堂提问；课程设计；学习感想心得；期末考试	见相关标准
能力	能结合课程相关理论解决实际问题	需求分析	A	A	课堂提问；课程设计；期末考试	见相关标准
	理解本课程与相关学科的联系并展开学习与思考	课程设计	A	A		
	能对社会现象进行分析和评价，形成观点	调查报告	A	A		
	能发现管理中的新问题、提出解决方案	调查报告	A	A		
	能完成管理课程实践项目任务的分配与协调工作	课程设计记录	A	A		
素养	完整课程设计知识框架	课程设计；课堂展示	A	A	课堂提问；课程设计；期末考试	见相关标准
	积极开展合作性学习	课程设计记录	A	A		
	找准团队中的自我定位	课程设计记录	A	A		
	在项目设计开展中培养人际交往能力	课程设计记录	A	A		
	发展对课程设计的兴趣	课程设计记录	A	A		
	合理地完成课程设计	课程设计记录	A	A		

（二）谁来做

课程全过程考核的考核人可以是教师，也可以是学生。根据考核类别和考核内容进行安排，学生可以以个体或小组等多种方式参与。不管考核人是谁，考核结果的记录都要保留。

（三）何时做

课程全过程考核要实现三覆盖，即覆盖课程的全部上课时间、覆盖上该课程的全体学生、覆盖课程的全部知识点，体现及时性、公开性。

（四）何地做

课程全过程考核根据需要可以在课堂上或者课堂外进行考核，也可以在线上或在线下进行考核，或者以线上与线下相结合的方式进行考核。

（五）采取什么方式做

考核方式参考现有的实践做法和理论，结合课程具体实际确定。

在实践方面，李晓云等[2—5]对文、理、工、医课程全过程考核方式的研究，有基于成果导向的考核方法、全过程考核机制下的研讨式教学"教—评"新模式、学业能力鉴定模式、形成性评价等方法和模式。

在理论方面，美国课程论学者埃利尔特·艾斯纳、埃利泽布斯·瓦伦斯在其《五种课程概念》一文中，将以课程论和课程思想为取向的课程发展归纳为五种模式：①着眼于认知过程发展的课程模式；②着眼于技术作用的课程模式；③着眼于学习者的自我实现的课程模式；④着眼于社会需要和社会发展的课程模式；⑤着眼于学科知识内在逻辑体系的课程模式[6]。

为完成质量目标，根据以目标为导向的全过程考核表，实行分类考核、分类控制。以《管理信息系统》课程为例，A 类（掌握类）课程考核目标与课程设计、质量目标紧密相关，考核方式和内容主要有课堂提问、课程设计、期末考试和课程学习感想心得等。B 类（熟悉类）和 C 类（了解类）与知识相关，B 类（熟悉类）的考核方式主要有课堂提问、期末考试考核。C 类（了解类）的考核方式为课堂提问。课堂提问考核标准实行 5 分制，期末考试考核标准见相应试题评分标准，课程学习感想心得考核标准实行 5 分制，课程设计考核标准见相应管理信息系统课程设计评分标准。这样采用层层分解的方式，将考核落地到每一个具体知识点，使每一堂课、每一个学生，实现三覆盖考核。由于 A 类（掌握类）与课程设计、质量目标紧密相关，可编制甘特图（见表 2）进行考核管理。

表 2　课程设计时间安排

设计过程	课程设计时间安排（周）															
	1	2	3	4	5	6	7	8	9	10	11	12	13	14	15	16
初步调查	▬	▬	▬													
项目确定				▬												
可行性分析					▬											
系统规划							▬									
系统分析									▬	▬						
系统设计												▬				
系统总结														▬		
项目发表																▬

（六）做的结果

课程成绩综合日常考勤、课堂表现、平时作业、阶段考核、期中和期末考试、课程学习感想心得等，在第一次或第二次课堂教学上要清楚地告知学生考核内容、考核方式和考核比例。

三、质量保证

课程全过程考核主要从教学组织、学生自组织、沟通反馈、信息技术辅助、课程全过程考核的前置告知和全过程分类考核方式六个方面实现质量保证。

（一）教学组织

教师应在课前提前告知学生课程的知识点，让学生做好预习；课前抽学生回答上次课的知识点；课中进行知识点讲授，以课堂提问、课堂测试等方式进行考核；课后给学生布置作业。对有课程设计的课程，随机抽小组在课堂发布课程设计阶段成果，对每个小组进行全覆盖抽查，被抽到的小组上台展示阶段成果，其他同学提问，教师点评；对没有被抽到的小组，教师对课程设计记录表进行审查，考核学生课程设计情况。针对课堂小组发布课程设计阶段的成果，如果存在共性问题及课程设计记录表的共性问题，教师及时通过 QQ 上传相关辅助材料。

（二）学生自组织

课程设置课代表，成立课程设计小组，每组原则上不超过 6 人，与甘特图中课程设计的六部分内容对应，原则上一人负责一部分内容，组长负责课程设计统筹和协调。

（三）沟通反馈

建立 QQ 群或微信群，实现时间和空间的全方位沟通和交流。如果设有助教，还可以让助教与学生进行课前、课中、课后的沟通交流。

（四）信息技术辅助

如果课程选课学生较多，学生考勤是一个比较困难的问题，可以借助于信息技术解决这一问题，例如，利用艾课堂在线学习平台进行考勤。若教师想了解上课效果及课堂考核效果，可以利用腾讯课堂的回放功能，课后及时进行分析。

（五）课程全过程考核的前置告知

课程的目标全过程考核安排、内容、考核形式和考核标准，遵循课程内在逻辑体系和教学策略要素相结合的原则，特别将 A 类（掌握类）的教学知识点与课程设计关联，提供课程设计相应的参考资料，并讲述理由，使学生理解考核安排、内容、考核形式和考核标准等，有助于课程全过程考核。

（六）全过程分类考核方式

选择合适的考核方式，例如，课堂提问、课堂测试、课程设计考核、期末考试考核和课程学习感想心得等，通过对各种考核的分析，发现存在的问题，及时改进，保证课程全过程考核质量。

四、质量控制

课程全过程考核本身就是提高课程教学质量的一种质量控制的手段。课程教学质量控制有四个步骤。

（一）确定课程全过程考核目标

各个专业的各门课程根据考核目标按质量策划内容将课程教学知识点分为 A（掌握类）、B（熟悉类）、C（了解类）三类，对三类实行目标分解，实现三覆盖（即覆盖课程的全部上课时间、覆盖课程的全部上课学生、覆盖课程的全部知识点）考核，并让全体学生知晓课程考核点、考核类别、考核内容、考核方式、考核标准和考核比例。

（二）课程全过程考核实施情况监测，比较与目标的偏差

通过教学、课堂回答问题、作业展示、作业点评、课外作业贡献跟踪、课程学习感想心得、课程考试等多种考核方式，对学生是否达到考核点要求进行监测，并比较实际情况与目标的偏差。例如，通过小组课程设计阶段内容发布、课程设计记录表审查，看学生是否按要求完成了设计内容，以及完成的设计内容是否达到了设计的考核标准等。

（三）对偏离考核目标的偏差地方进行纠偏

通过各种方式得到比较结果，发现偏差地方及其偏差程度。如果是学生的共性问题，教师要及时在课堂或者 QQ 群中提出纠偏的方法。如果是个别课程小组或者个别学生存在的问题，教师应及时帮助小组或者学生解决问题。

（四）纠偏的问题是否归零

教师督促学生或者让助教督促学生及时对偏离过程考核目标存在的问题进行纠正，保证纠偏的问题归零。

五、质量改进

按 PDCA 循环进行质量改进。对照质量策划内容（P），从课堂回答问题、课堂测试、学生主动提出的问题、课堂课程设计阶段性成果发表、课程设计集中展示、课程设计记录表、期末考试、学生感想心得等八个方面检查执行情况（D），评价课程全过程考核的效果（C），从而进行改进（A）。根据课程全过程考核执行的情况分析，有以下四个方面可以改进。第一，由于选课学生较多，课程全过程考核的工作量太大。为提高课程全过程考核质量，可以考虑选择助教辅助教师进行课程全过程考核，提高课程全过程考核的质量，保证全过程考核的效果。第二，对学生上课不按时签到，上课不认真、开小差等问题，缺乏有效管理手段，需要借助信息技术手段进行管理。第三，除了检查影响课程全过程考核的客观因素外，教师还需要检查影响课程全过程考核的主观因素。第四，对于教学中学生提出的共性问题、课程设计阶段成果及最终成果出现的问题、课程设计信息记录表中出现的共性问题、期末考试中存在的问题等，教师要及时采取对策加以解决。

本文用质量管理方式对课程全过程考核进行了探索，提出课程全过程考核的质量管理包括质量概念的界定，质量策划的六个内容，质量保证的六个方面，质量控制的四个步骤，质量改进的四个阶段。希望用质量管理理念能够解决不同学科、不同课程的差异性课程全过程考核，提高课程全过程考核质量，帮助教师及时改进教学过程，提高学生学习效果。通过学生课程学习感想心得，可以看出质量管理在公共管理大类专业的应用有一定的效果，但是在其他学科、其他课程的课程全过程考核应用中还有待实践和验证。

参考文献

［1］四川在线. 四川大学获得国家级教学成果特等奖填补了四川高校零的空白［EB/OL］.（2018－12－29）［2021－3－16］. https://news. scu. edu. cn/info/1146/27926. htm.

［2］李晓云. 基于成果导向的全程化课程考核方法改革探索与实践［J］. 河南工业大学学报（社会科学版），2019，15（4）：99－106.

体系与保障

［3］陆仁强，汤汩. 全过程考核机制下的《理论力学》研讨式教学"教—评"新模式［J］. 湖南科技学院学报，2017，38（12）：129—131.

［4］何必繁. 基于全过程考核的高校课程鉴定模式研究［J］. 职业，2018（20）：28—29.

［5］文锦琼，肖世维，青思含. 医学生全过程考核与形成性评价的实践与探索［J］. 四川生理科学杂志，40（4）：327—329.

［6］薛天祥，陈玉琨. 高等教育学［M］. 桂林：广西师范大学出版社，2001.